石河子大学哲学社会科学优秀学术著作出版基金资助
石河子大学青年创新培育人才项目(社会科学类)
"'双一流'建设背景下新疆高校教师资源配置研究"研究成果(项目编号:CXPYSK202001)

中国西部地方高校教师资源配置研究

马 萍 著

华中科技大学出版社
中国·武汉

图书在版编目(CIP)数据

中国西部地方高校教师资源配置研究/马萍著.—武汉:华中科技大学出版社,2023.12
ISBN 978-7-5772-0249-5

Ⅰ.①中… Ⅱ.①马… Ⅲ.①地方高校-师资队伍建设-研究-中国 Ⅳ.①G645.12

中国国家版本馆 CIP 数据核字(2023)第 236190 号

中国西部地方高校教师资源配置研究 马 萍 著

Zhongguo Xibu Difang Gaoxiao Jiaoshi Ziyuan Peizhi Yanjiu

| 策划编辑：胡天金
| 责任编辑：谢 源 陈 骏
| 封面设计：原色设计
| 责任校对：阮 敏
| 责任监印：朱 玢
| 出版发行：华中科技大学出版社(中国•武汉)　　电话：(027)81321913
| 　　　　　武汉市东湖新技术开发区华工科技园　　邮编：430223
| 录　　排：华中科技大学惠友文印中心
| 印　　刷：武汉市洪林印务有限公司
| 开　　本：710mm×1000mm　1/16
| 印　　张：13.5
| 字　　数：278 千字
| 版　　次：2023 年 12 月第 1 版第 1 次印刷
| 定　　价：78.00 元

本书若有印装质量问题,请向出版社营销中心调换
全国免费服务热线：400-6679-118　竭诚为您服务
版权所有　侵权必究

前　言

　　本书以中国西部地区十二个省(自治区、直辖市)的地方政府所属高校(下称西部地方高校)为研究对象。作为西部高等教育的主体和我国高等教育系统的重要组成部分,西部地方高校在西部地区经济社会发展中发挥着重要作用。但长期以来,区域高等教育发展和教育资源配置呈现非均衡的差序格局,西部地方高校由于所处区位处于劣势,发展基础薄弱,一直处于"高等教育洼地"。作为高等教育发展的稀缺战略资源,西部地方高校教师资源的合理有效配置,不仅关系着西部高等教育的质量和系统效率的提升,也影响着区域高等教育的协调发展。

　　本书有机融合教育经济学、区域经济学等学科理论和思想,形成以人力资本理论和区域协调发展理论为主线的理论构架,以教师资源配置为切入视角,立足于西部高等教育与区域经济社会发展的现实情况,探讨区域高等教育协调发展问题。本书通过系统分析西部各省区教师资源的数量和质量配置情况,宏观上客观呈现西部地方高校教师资源配置的空间格局,采用科学的方法测量和评价西部省区间和省区内地方高校教师资源配置的均衡性、西部地方高校教师资源配置效率水平及省区间和不同类型地方高校间的差异,并从政府、市场和高校三个配置主体出发,厘清西部地方高校教师资源配置均衡性和效率与相关影响因素的数量关系。

　　本书核心内容共有六章,第一章"相关理论及其在本书中的应用",主要包括人力资本理论与高校教师资源配置、区域协调发展理论与高校教师资源的区域配置以及本书的理论框架;第二章"西部地方高校教师资源配置的现实审视",通过西部地方本科院校的状态数据和全国教师调查数据的综合分析,概括西部地方高校的发展现状,客观呈现西部地方高校教师资源在数量配置现状、质量配置现状和教师的工作负荷与岗位聘用现状等方面的情况;第三章"西部地方高校教师资源配置的均衡性",从时间和空间两个维度,深入探究西部省区间和省区内地方高校教师资源配置差异的变化规律以及对配置总体差异的影响程度,最终解析出总体差异的主要来源和影响配置差异的关键区域单元;第四章"西部地方高校教师资源配置的效率",构建了西部地方高校教师资源配置效率评价指标体系,选取了五个教师资源的数量和质量指标,从人才培养、人文社科研究与发展以及科技活动三个维度,选取了十六个教育产出指标,作为配置效率的评价指标,采用数据包络分析方法对

2014—2017年西部地方高校教师资源配置静态效率和动态效率进行了系统评价，并对其时间演变趋势、省区差异和高校异质性进行了分析；第五章"影响西部地方高校教师资源配置均衡性和效率的因素"，先通过定性分析探讨市场、政府、高校三个资源配置主体视域下多维因素的影响，再选择合适的评价指标，使用面板 Tobit 模型的三种估计方法进行回归分析发现，西部地方高校教师资源数量和质量配置的均衡性和配置效率都受到市场、政府和高校三方多维因素的影响；第六章"研究结论与政策建议"，提出了加强政府、市场和高校多元配置主体的协同治理，优化西部地方高等教育财政投入和管理制度，提高西部高校教师薪酬待遇，建立教师流动补偿机制，构建西部地方高校教师资源共享机制，推动区域高等教育联动和协调发展等优化配置策略，以期促进新时代西部地方高等教育的振兴和发展。

书中运用了实证分析和规范分析相结合的方法，全面调查和分析了西部地方高校这一特定类型高校组织的教师资源配置状况，采用纵横交错的视角探究了西部地方高校教师资源配置的空间格局变化；采用数据包络分析方法测量和评价了西部地方高校教师资源配置的静态和动态效率，并选取面板 Tobit 模型的三种估计方法，定量分析了市场、政府和高校三个配置主体视域下，区域经济发展水平、城镇化水平、市场化程度、区域高等教育学生规模、地方高等教育财政投入和高校财力物力资源等多维因素对西部地方高校教师资源配置均衡性和效率的影响，最终提出了西部地方高校教师资源优化配置的策略。本书成果不仅可为西部地方高校教师资源配置的区域状况判断提供数量依据，还可为优化西部地方高校教师资源配置，制定具有前瞻性的师资战略规划提供政策参考，有利于促进西部地方高校教师资源配置的相对均衡和配置效率的提升，从而推进区域高等教育的协调发展。

本书在本人博士学位论文基础上修改完成，特别感谢我的博士生导师沈红教授，在本书的选题论证、撰写过程、修改完善等方面给予的悉心指导。本书在撰写和出版过程中，得到了石河子大学各级领导和同事们的关心和支持，获得了石河子大学哲学社会科学优秀学术著作出版基金的资助，在此一并表示感谢。由于时间仓促，本书不足之处在所难免，敬请各位同行和读者不吝赐教。

马萍

2023 年 3 月

目　录

绪论 ··· 1

第一章　相关理论及其在本书中的应用 ······································ 25
- 第一节　人力资本理论与高校教师资源配置 ······························ 25
- 第二节　区域协调发展理论与高校教师资源的区域配置 ·············· 33
- 第三节　本书的理论框架 ·· 40

第二章　西部地方高校教师资源配置的现实审视 ·························· 44
- 第一节　西部地区高校的发展现状 ·· 44
- 第二节　西部地方高校教师资源的数量配置现状 ······················· 50
- 第三节　西部地方高校教师资源的质量配置现状 ······················· 57
- 第四节　西部地方高校教师的工作负荷与岗位聘用现状 ············· 67
- 第五节　本章小结 ·· 71

第三章　西部地方高校教师资源配置的均衡性 ····························· 72
- 第一节　西部地方高校教师资源配置均衡性的评价指标和测度方法 ··· 72
- 第二节　西部地方高校教师资源配置的均衡性分析 ···················· 76
- 第三节　西部地方高校教师资源配置均衡性的总体特征 ············· 84
- 第四节　本章小结 ·· 91

第四章　西部地方高校教师资源配置的效率 ································· 93
- 第一节　高校教师资源配置效率评价的研究设计 ······················· 93
- 第二节　西部地方高校教师资源配置的静态效率 ······················· 109
- 第三节　西部地方高校教师资源配置的动态效率 ······················· 117
- 第四节　本章小结 ·· 125

第五章　影响西部地方高校教师资源配置均衡性和效率的因素 ······ 127
- 第一节　影响高校教师资源配置的要素 ··································· 127
- 第二节　影响西部地方高校教师资源配置均衡性的因素 ············· 136
- 第三节　影响西部地方高校教师资源配置效率的因素 ················ 146
- 第四节　本章小结 ·· 153

第六章 研究结论与政策建议 ·· 159
 第一节 主要研究结论 ··· 159
 第二节 西部地方高校教师资源优化配置的策略 ··············· 163
结语 ·· 174
参考文献 ·· 176
附录 ·· 190

绪论

一、选题缘起

(一)研究背景

1. 区域人力资源配置优化是区域协调发展的重要诉求

西部地区在我国发展的战略棋盘中具有极其重要的地位。西部地区土地面积约占全国土地面积的72%,常住人口约占全国人口总数的29%,西部地区地域广阔、人口稀少。西部大开发战略实施以来,国家不断加大投入力度,西部地区综合经济实力显著增强,在一定程度上改变了西部地区的面貌。但受历史、地理区位和自然条件等多方面因素的影响,西部地区经济结构不合理、内生增长动力不足、基础设施薄弱的问题仍然存在[①],经济社会发展水平仍然偏低。据国家统计局的数据显示,2020年全国居民人均可支配收入32188.8元,西部12个省(自治区、直辖市)居民人均可支配收入均低于全国平均水平,而东部地区居民人均可支配收入平均水平为41239.7元,是西部地区平均水平(25416元)的1.62倍。《人类减贫的中国实践》白皮书显示,2020年贫困地区农村居民人均可支配收入为12588元,其中,青海、贵州和甘肃3个省区农村居民人均可支配收入还低于全国贫困地区的平均水平。

优化人力资源配置是缩小区域发展差距的有力手段。西部经济社会发展相对滞后的根本原因在于人力资源的质量不高,特别是面对以知识创新和高新技术产业化为核心的知识经济的兴起,西部地区现代化建设面临着人力资源不足和素质不高的短板。不同经济发展水平的区域之间的关联和互动主要通过要素的流动来体现,人力资源作为生产力要素中最积极、最活跃的要素,其充分自由的流动不仅有利于效能的发挥,还可以促进生产要素的优化组合和人力资源的优化配置。由于我国区域经济发展水平的不平衡,在可供利用的资源、资金、人才等较为有限的条件约束下,区域之间就必然要进行资源和要素的争夺,尤其是对高素质人才的争夺。经济发达和处于多方面优势地位的东部沿海地区逐渐形成了人才的集聚效应,增强了区域经济的竞争力。而西部欠发达地区因多方面的劣势形成了人才的

---

① 国家发展改革委:《关于印发西部大开发"十三五"规划的通知》2017年1月11日,http://www.gov.cn/xinwen/2017-01/23/content_5162468.htm,2017年8月16日。

离散效应,人力资源流失,这种严重的不对称流动不仅会使区域经济之间的互补性减弱或丧失,而且会对国家社会经济的可持续发展产生许多不容忽视的消极影响。因此,西部地区人力资源的优化配置问题成为我国区域协调发展中亟待研究的关键问题。

2. 高等教育资源配置双重藩篱下西部地区发展面临人力资源开发的困境

受地域经济发展和投入水平等的制约,东西部高等教育一直呈现出非均衡发展的差序格局,东部较强、中西部较弱,且存在差距越来越大的现象和趋势①。一方面,优质高等教育资源的区域分布差距悬殊。从全国看,西部地区高校不仅数量不足,国家重点支持建设的大学数量也偏少。全国39所"985工程"重点建设高校中,中东部有32所,西部地区却只有7所;116所"211工程"重点建设高校(包括"985工程"高校在内)②中中东部地区有92所,西部地区仅有24所。2017年首批入选一流大学建设的高校中,西部十二个省区市仅有9所,只占全国总数的21.43%,与东部十个省市入选高校数(22所,占比52.38%)相差较大。同时,西部入选一流大学建设的高校主要集中在陕西、四川等地,还有多个省区没有一流大学。另一方面,西部地方普通高校的办学层次和水平普遍不高。改革开放以来,为了适应地方经济发展对人才的需求,全国各大中心城市先后投资兴办了一批地方高校,逐步形成了中央和省(自治区、直辖市)两级政府办学、以省级统筹为主的格局。随着高等教育大众化的推进,地方高等教育规模迅猛发展并肩负着为地区经济、社会发展提供人才和智力支撑的重任,"已经逐渐成为不同区域显示其改革发展新成果,体现经济社会发展新进步,科技文化发展新水平,以及人民群众生活质量新内涵的一个新'地标'"③。截至2020年底,全国共有普通高校2738所,其中,地方普通高校2620所(地方本科院校1152所),占全国普通高校的95.69%,成为我国高等教育体系的主力军;西部12个省区④共有普通高校734所,其中地方普通高校716所(地方本科院校291所)⑤,地方普通高校占西部普通高校总数的97.55%,其中地方本科院校只占地方普通高校总数的40.64%,专科院校数量偏大,办学基础普遍比较薄弱。

---

① 袁占亭:《振兴中西部高等教育:我国高等教育现代化的必由之路》,《中国高教研究》2019年第11期,第5-8页。

② 全国共命名112所高校,但由于其中华北电力大学(分别在北京和保定)、中国石油大学(分别在华东和北京)、中国地质大学(分别在武汉和北京)、中国矿业大学(分别在北京和徐州)均拥有两个校区,而且各自互不隶属,所以实际211高校为116所。

③ 谢维和:《高等教育:区域发展的新地标》,《中国高教研究》2018年第4期,第12-15页。

④ 本书中的"省区"特指内蒙古、广西、重庆、四川、贵州、云南、西藏、陕西、甘肃、青海、宁夏、新疆十二个省(自治区、直辖市)。

⑤ 地方普通高校指处于省级及其以下级别政府管辖范围内的普通高校,不包括西部地区的18所中央部属普通高校,具体为重庆大学、西南大学、四川大学、西南交通大学、电子科技大学、西南财经大学、西南民族大学、中国民用航空飞行学院、西安交通大学、西北工业大学、西安电子科技大学、长安大学、西北农林科技大学、陕西师范大学、兰州大学、西北民族大学、北方民族大学、公安消防部队高等专科学校。

东西部高校间、部属高校与地方高校间形成了高等教育资源配置的双重藩篱。以行政为主导,基于身份的、固化的资源配置方式导致我国高等教育资源在重点与非重点高校之间的配置极度失衡①。"占高等院校80%的地方院校被不断地边缘化,区域间高等教育配置差距也在不断扩大。"②即使同一省区内,地方高校与部属高校的办学水平也存在极大的差距。部属高校教育资源配置主要来自中央政府,地方高校的教育资源配置则取决于省级财政。2020年西部12个省区地方普通本科院校教育支出占地区国家财政性教育经费的比例均低于20%,西藏和新疆两个自治区都低于10%,最低的西藏自治区占比仅为8.94%。与东部高校和部属高校相比,西部地方高校受地方经济发展水平和其办学实力等条件的制约,其教育资源短缺阻碍了服务区域经济社会发展的能力提升。特别是西部地方高校经费投入不足,维持学校正常运行的经费相对短缺。从地方普通高等本科学校生均一般公共预算教育事业费支出来看,2020年广西、重庆、甘肃、云南、陕西、四川六个省区市均低于全国地方普通本科学校的平均水平(21511.16元),其中,最低为广西壮族自治区,仅为13896.42元。与2020年中央属普通高等本科学校生均一般公共预算教育事业费支出的平均水平(29307.36元)相比,差距更为悬殊。西部地方高校由于财力资源投入的不足,教学仪器和设备、图书资源等方面的办学条件较差,生师比超标、高层次的人才引进困难且流失严重以及师资队伍结构不尽合理等问题凸显,影响了人才培养的质量和服务区域经济发展的能力。高等教育作为区域人力资源开发的重要阵地,其发展竞争性更强,西部地方高校具有发展不充分和明显滞后的典型特点,在高校间教育资源的竞争中常常处于劣势,也影响了西部地区经济社会发展所需的人力资源质量和开发效果。

3. 地方高校教师资源配置的持续优化是西部高等教育振兴的内生动力

西部地方高校作为西部地区人才汇聚的阵地和培育高素质应用型人才的重要基地,其肩负的人才培养、科技创新和社会服务等使命的实现离不开高校教育资源的合理配置。高校教师资源作为西部地方高校成长和发展中最重要的教育资源,其配置和利用水平的高低直接决定了高校组织效率、办学水平和竞争实力的高低。"双一流"建设背景下,高校间面临日趋激烈的竞争,教师资源成为高校争夺的主要对象,哪个高校具有人才优势,哪个高校就占据竞争的制高点。而对于长期处于发展劣势的西部地方高校来说,无疑又面对着教师资源配置和管理方面的巨大挑战。如何通过西部地方高校教师资源配置的不断优化来促进区域教育的公平,并提高教师资源的使用效率,最大限度地发挥教师资源的作用和潜能,不仅直接影响学校其他资源的合理利用和战略目标的实现,也最终关系着西部高等教育的振兴和区域高等教育的协调发展。

---

① 董泽芳:《公平与质量:高等教育分流的目标追求》,武汉:华中师范大学出版社2018年版,第352页。
② 鲍威,刘艳辉:《公平视角下我国高等教育资源配置的区域间差异》,《教育发展研究》2009年第23期,第37-43页。

2013年,教育部、国家发展改革委和财政部联合制定的《中西部高等教育振兴计划(2012—2020年)》,明确指出支持中西部地区高等教育加快发展。之后,2016年国务院办公厅发布的《关于加快中西部教育发展的指导意见》中进一步提出在资源配置、高水平人才引进等方面加大倾斜力度,支持中西部高校建设一流大学和一流学科。2021年中共中央办公厅、国务院办公厅印发的《关于新时代振兴中西部高等教育的意见》,强调要激发中西部高等教育内生动力和发展活力,提出将实施新时代振兴中西部高等教育攻坚行动,全面提升中西部高等教育发展水平。随着新一轮中西部高等教育振兴计划的实施,国家将从师资力量、学科建设、科研建设、人才培养、区域均衡等多个方面,实施一系列工程(项目),西部高等教育的发展将获得前所未有的机遇。

"十三五"期间,教育部强调把优化存量高等教育资源摆在首要位置,推动高等教育协调发展。其中要求"各地积极探索建立不同类型高等学校的拨款标准、质量评估、人事管理、监测评价等管理制度,充分发挥资源配置和政策引导作用,逐步形成不同类型高等学校之间各安其位、相互协调,同类型高等学校之间有序竞争、争创一流的发展格局"[①]。2021年《中华人民共和国国民经济和社会发展第十四个五年规划和2035年远景目标纲要》在建设高质量教育体系中强调"优化区域高等教育资源布局,推进中西部地区高等教育振兴"。这都迫切要求西部地方高校紧密结合国家政策和战略导向以及内外部环境的变化,制定适宜的教育资源配置和师资建设战略规划,引导西部地方高校教师资源的优化配置,进而促进西部高等教育振兴和区域高等教育的协调发展。

(二)问题的提出

西部地方高校作为西部高等教育的主体,在西部地区经济社会发展中发挥着重要作用。但长期以来,区域高等教育发展和教育资源配置不均衡,西部地方高校由于区位和发展基础的双重劣势,一直处于"高等教育洼地"。高等教育资源,特别是教师资源属于极其稀缺资源,其作用的充分发挥与教师资源的合理配置密不可分,西部地方高校教师资源配置问题也成为区域高等教育协调发展中的难点问题。由于教师资源这种特殊的人力资源,倾向于向发展空间大、社会声誉和经济效益好的高校组织流动,因此,高校教师资源的非均衡配置使教师资源分布的区域间和校际存在较大差异。在建设高等教育强国的背景下,只有不断增加西部高等教育资源的投入,吸引和稳定更多的人才,优化高校教师资源配置才能使西部高等教育得到高质量的发展。

首先,西部地方高校教师资源的相对均衡配置是促进区域高等教育公平的基础保障。当前,高等教育资源配置的非均衡性现象已成为我国高等教育公平理念

---

① 教育部:《关于"十三五"时期高等学校设置工作的意见》2017年2月4日,http://www.moe.gov.cn/srcsite/A03/s181/201702/t20170217_296529.html,2017年8月20日。

实现的主要障碍之一①。高等教育发展要实现公平而有质量,要求政府在高等教育资源配置上,扭转资源配置失衡的局面,大力推进高等教育资源的均衡配置②。西部地方高校数量和占比较大,其中很多本科院校是由专科学校升格而来。一方面,与东部地区高校和西部部属高校相比,西部地方高校教师资源的数量和质量都存在巨大的差距。西部地方高校教师队伍力量较为薄弱,普遍存在着学科骨干和拔尖人才数量不足,学历、年龄和学缘结构失衡,教师队伍的知识和能力结构已经不能适应人才培养和科学发展的要求等一系列问题。另一方面,西部地方高校还面临引进优质师资困难、人才流失严重等问题,教师资源区域配置严重失衡。由于西部地方高校所在的区域经济社会发展水平、高校的办学条件、学科建设水平、师资主要来源、薪酬待遇以及校友分布情况等存在差异,因此引进海外和国内的优秀人才更加困难,学科领军人物奇缺。加之,近年来在东部地区地方政府的大力支持下,东部高校大幅度地提高了人才的薪酬待遇和引进力度。"双一流"建设工程启动后,全国人才争夺战愈演愈烈,西部地方高校的资源劣势决定了其对人才和教师资源缺乏吸引力,人才流失的速度在不断加快,具有高学历和高职称的教师、学科带头人和学术骨干流失更加严重,教师队伍人心思动,而缺少流入的人才补充,这种状况严重制约了西部地区高等教育和区域经济社会的发展。对于区位处于劣势和发展基础薄弱的西部地方高校而言,不仅对人才的吸引力非常不足、引进人才极度困难,而且培养的高级人才还在相继流失,使得本就不富裕的财政和欠充分的人才储备情况雪上加霜。区域高等教育发展的不均衡导致了西部地区的人才流失,而人才流失又反过来进一步加剧这种不均衡。作为最具有能动性和创造力的教育资源,"教师资源均衡化布局是实现教育公平的基本要求之一"③,也是促进区域高等教育公平的重要基础。因此,有必要客观分析西部地方高校教师资源配置均衡性以及区域空间格局的变化,并以此为基础研究区域间教师资源的合理配置和区域高等教育协调发展问题。

其次,西部地方高校教师资源有效配置是西部高等教育高质量发展的核心条件。地方高校在招生、专业和机构设置、教师招聘和职称评聘、岗位总量和类别以及薪酬发放等方面自主权受限,因此其受地方教育行政部门的制约较多。教师资源配置不是主要依靠市场调节,而是通过政府部门的行政指令层层下达用人计划和编制管理来决定教师资源的数量和配置方向。高校作为学术组织缺乏办学自主权,改善教师资源配置的手段也往往受到限制,容易造成教师资源配置的低效率和错配。此外,地方高校内部由于人事管理中形成的"能上不能下、能高不能低"的积弊和退出机制的缺失使得冗员流不出,人力资源利用效率偏低,且存在教师资源短缺和浪费并存的现象。一些地方高校为了保持教师资源存量的稳定,采取苛刻的

---

① 鲍威:《未完成的转型 高等教育影响力与学生发展》,北京:教育科学出版社2014年版,第118页。
② 董泽芳:《公平与质量:高等教育分流的目标追求》,武汉:华中师范大学出版社2018年版,第363页。
③ 文雯:《高等教育规模扩张中资源布局的实证研究》,《高等教育研究》2010年第4期,第53-59页。

强留人才政策以限制人才流动,部分优秀教师的积极性和主动性得不到充分发挥,通过"隐形流失"方式来实现自身利益最大化,也造成了人力资源的浪费,影响了人才效能的发挥和地方高校组织效率的提高。因此,有必要对西部各省区地方高校教师资源配置情况及其效率进行科学评价和深入分析,这也是研究地方高校教师资源合理有效配置以及促进西部高等教育高质量发展的客观基础。

再次,在地理区位、办学层次和发展财力的三重约束下,西部地方高校教师资源配置亟待优化。地方高校的办学经费主要依靠地方政府划拨,经费的来源渠道单一,其自主办学的能力较弱,而由于缺少有力的政策引导和保障机制,同时受高等教育资源分配方式等因素的影响,西部地方高校一直处于政府资源配置的边缘,在公共高等教育资源的分配中处于最弱势的地位,学校用于发展的经费、人才和设备等各种教育资源相对不足。在目前资源匮乏和财力约束条件下,要实现西部地方高校的可持续发展,对高校教育资源的结构调整和配置优化已成为必然选择。由于教育部制定了高校基础办学条件指标并做出了明确规定,因此,财力和物力资源配置的弹性较小,相对而言,教师资源配置的弹性较大。在相同的教师资源约束条件下,教师资源配置合理与否和配置效率的高低会影响到其他教育资源的使用效益和办学成本,也会形成不同的教育产出,从而直接影响高校的办学效益和质量。另外,区域间长期存在行政壁垒和体制机制障碍,西部省区更注重区域内高等教育规模的扩大和数量的增加,忽视教育投入要素的质量提升,缺乏区域内教育资源的科学合理配置以及区域间地方高校联合开发和利用资源。因此,研究西部地方高校教师资源的优化配置既是高校教育资源配置实践中值得挖掘的领域,也是寻找西部地方高校在地理区位、办学层次和发展财力约束下区域地方高校协同发展的有效途径。

最后,深入探讨西部地方高校教师资源配置问题是实现区域高等教育协调发展中一个值得持续探索的研究问题。本书聚焦以下研究问题:第一,西部地方高校教师资源在数量和质量上的配置现状如何?第二,西部省区间和省区内地方高校教师资源配置的均衡性如何?配置效率如何?第三,影响西部地方高校教师资源配置均衡性和效率的因素有哪些?第四,如何促进西部地方高校教师资源的优化配置以推动区域高等教育协调发展?这些长期困扰当前西部地方高校发展的问题都亟待进行深入的剖析。

(三)研究意义

1. 理论意义

(1)有助于拓展区域高校教师资源配置的理论研究。本书将西部地方高校作为研究场域,有机融合教育经济学、区域经济学等学科理论和思想,形成以人力资本理论和区域协调发展理论为主线的理论构架,以教师资源配置为切入视角,探讨区域高等教育协调发展问题,有益于丰富区域高等教育协调发展研究,为欠发达地区高校教师资源配置研究提供理论支撑。

(2)为有关其他区域的地方高校教师资源配置研究提供理论参考。本书通过对西部地方高校教师资源配置均衡性和效率的深入剖析,进一步探究内外部因素对高校教师资源配置的影响和作用,通过规范分析探寻优化路径、研究框架和范式,为有关其他区域及同类型高校的教师资源配置研究提供参照。

2. 实践意义

(1)有利于政府全面了解西部地方高校教师资源配置状况及其优化方向。本书通过系统分析西部各省区教师资源的数量和质量配置情况,宏观上客观呈现了西部地方高校教师资源配置的空间格局和配置效率,以期能引起各级政府的足够重视,采取有效措施优化西部地方高校教师资源的配置结构,促进西部地方高校教师资源配置的均衡性和配置效率的提升。

(2)有助于为区域高等教育的协调发展提供政策参考。本书通过科学的研究方法,客观分析了西部省区间和省区内地方高校教师资源配置的均衡性、西部地方高校教师资源配置效率水平及省区间和不同类型地方高校间的差异,可以为西部地方高校教师资源配置的区域状况判断提供直接的数据支撑,并有助于缩小高校教师资源区域配置差距,推进区域高等教育的协调发展。

(3)有益于为西部地方高校探寻教师资源优化配置的路径。本书在客观评价西部地方高校教师资源配置均衡性和效率的基础上,从市场、政府和高校三个配置主体出发,厘清西部地方高校教师资源配置均衡性和效率与相关影响因素的数量关系,为优化西部地方高校教师资源配置,制定具有前瞻性的师资战略规划提供数量依据和合理建议,从而促进地方高校更好地服务西部经济社会发展。

二、核心概念界定

(一)人力资源及其配置

1. 人力资源

目前学者普遍使用的人力资源概念源自著名的管理学家彼得·德鲁克(Peter F. Drucker)于1954年出版的《管理实践》一书。该书中人力资源概念表达了与传统"人事"概念不同的含义。他把人当作企业最大的资源,其拥有其他资源所没有的素质,即组织员工所拥有并能自主支配使用的协调能力、融合力、判断力和想象力[①]。

目前国内外对于人力资源的定义很多,专家学者从不同的角度给出了不同的定义。对人力资源概念的理解可以分为三类。第一类是从劳动人口的角度解释,把人力看作劳动力,人力资源是具有劳动能力的全部人口,即16岁以上的具有劳

---

① Drucker P: The practice of management, New York and Evanston: Harper & Row, Publishers, 1954, p264.

动能力的全部人口①。第二类是从人的角度来解释,指能够推动社会和经济发展的具有智力和体力劳动能力的人的总和②。第三类是从能力的角度解释,指依附于人身上的能力综合。如萧鸣政(2005)认为"人力资源指在一定区域范围内,被管理者运用以产生经济效益和实现管理目标的体力、智能和心力等人力因素的总和及其形成基础,包括知识、技能、能力与品行素质等"③。

经济学把可以投入到生产中去创造财富的生产条件/要素通称为"资源"。人力资源是相对于资本资源、自然资源、信息资源而言的。人力作为资源形态,同其他用来满足人类需要的资源相比,也具有可用性和有限性,是人类生存和发展所需要的可利用的财富;其区别在于人力附着于人体内,与人体不可分离,是"活"的资源,且具有能动性、社会性、时效性、可塑性等显著特点。因此,本书倾向在人力资源的概念中突出"人力"这一区别于其他资源的核心特征,认为人力资源是一定时间和空间范围内,具有潜在或现实劳动能力的人口总体所具有能够推动整个社会和经济发展的智力、体力和劳动能力的总和,通常用从事智力和体力劳动,并能为社会创造物质和精神财富能力的人的数量和质量来表示。在这里,"推动整个社会和经济发展"强调的是人力资源的价值,"智力和体力劳动"包括形成人力的知识、技能、体力、经验、品德、性格等。

在分析人力资源时,很多学者在许多场合下,基于"人力"这一基点,将人力资源与人力资本(由人们通过对自身的投资所获得的有用能力所组成的,即知识和技能④)两个概念通用或互换,认为两者都是以人的能力的质的规定性为核心,但其实两者的差别也很明显。两者的区别表现在以下方面。①研究视角和关注的焦点不同。人力资本从投入与产出的角度,聚焦人力的投资和收益问题;人力资源则是将人力作为资源投入到生产过程中,从财富的源泉来看,强调人力的开发、使用和合理配置。②价值创造性上存在差异。在财富与价值的创造方面,人力资源可以参与或者不直接参与,当其处于闲置状态时还可能消耗财富。而人力资本是把人的能力当作一种资本投入生产过程,其最基本的含义与财富、价值创造及分配紧密联系。③外延不同。人力资源的外延比人力资本更宽。人力资源包括自然人力资源或称简单劳动能力和开发后的人力资源;而人力资本仅指通过投入经济领域并带来新价值的资本,只是人力资源中全部教育性投资的凝结,即从事复杂劳动的能力和知识。

2. 人力资源配置

《现代经济词典》中资源配置是指"资源在不同用途或不同使用者之间进行分

---

① 张晋,赵履宽:《劳动人事管理辞典》,成都:四川科学技术出版社1987年版,第215页。
② 陈远敦,陈全明:《人力资源开发与管理》,北京:中国统计出版社1995年版,第5页。
③ 萧鸣政:《人力资源开发与管理——在公共部门的应用》,北京:北京大学出版社2005年版,第8页。
④ [美]西奥多·W.舒尔茨:《论人力资本投资》,吴珠华,等译,北京:北京经济学院出版社1990年版,第205页。

配"①,资源配置问题实质上是对稀缺资源使用的选择问题②。资源配置可以分为较高和较低两个层次,较高层次的配置是指资源在不同地区、部门和生产单位的分配,该层次的合理性反映在将资源有效地配置在最适宜的使用方面。较低层次的配置是指资源分配方向既定情况下,资源如何被一个地区、部门或者生产单位组织并利用,这一层次配置的合理性反映在资源如何被有效地利用,并尽可能地发挥其作用③。

人力资源配置的理论基础在于人力资源的稀缺性。人力资源配置是指在一定时间和空间范围内,依据一定的经济目标,以某种方式、结构和数量比例,将现有或现存的人力资源同其他生产要素进行科学、合理的搭配和组合。从研究视角来看,宏观层面的人力资源配置是指一个国家或地区根据其经济发展水平、环境资源的情况及分布、预期发展战略目标等,做到全体劳动力人口与经济结构合理有效结合,达到充分就业与经济高速发展的目的。从微观视角来看,人力资源配置是指组织内部的人员配置,即按照组织设定的劳动工作岗位,选拔和安排适合的从业人员,做到量才录用、人岗相适、合理高效、人尽其才④。人力资源配置既是人力资源管理的起点,又是人力资源管理的终点,实际上就是如何合理用人,发挥组织内部人力资源的作用,提高工作效率和组织效率⑤。

本书的人力资源配置主要聚焦在宏观层面人力资源的区域配置,即以不同地区经济社会发展的需求为目标,结合区域人力资源的供给情况进行的人力资源规划和配置。要实现人力资源有效的区域配置,不仅需要实现人力资源的数量、质量和地区分布等在内的多种均衡,而且要实现人力资源充分的就业和人力资源利用效率的提高,从而促进区域人力资源分布结构的优化和人力资源配置环境的改善。

(二)高校教师资源配置

高校的发展与其人力资源水平密切相关,高校人力资源的定义可以从人力资源的内涵演绎而来。从广义上来看,高校人力资源是指高校教职工和学生身上蕴含的知识、技能、潜力及创新思想等的总和。从人力资源主体的类别上来看,高校人力资源包括教学科研人员、学生、管理人员以及后勤人员等。从狭义上来看,高校人力资源主体是指高校所有的教职员工,包括专业技术人员、管理人员和工勤人员,其中教学科研人员是核心,也是本书的主要关注对象。

作为高校人力资源中的核心组成部分,高校教师资源是一种高层次的人力资源,属于学有所长的专门性人力资源,主要是指高校教师身上蕴含着的知识、技能、经验及创新思想等的总和,主体是以教学育人活动和科研创新活动所产生的重大

---

① 刘树成:《现代经济词典》,南京:凤凰出版社2005年版,第1292页。
② 王善迈:《教育经济学简明教程》,北京:高等教育出版社2000年版,第30-31页。
③ 厉以宁:《非均衡的中国经济》,北京:中国大百科全书出版社2019年版,第3页。
④ 陈明立:《人力资源通论》,成都:西南财经大学出版社2004年版,第249页。
⑤ 颜爱民:《人力资源管理经济分析》,北京:北京大学出版社2010年版,第119-120页。

社会价值为外显的教师。教师负责高深知识的创造、发现、传授和应用,维系着高等学校的运行和发展。高校教师资源包括以下内涵:第一,高校教师资源是学校教师资源的主体,高校外部教师资源(如外聘教师)是必要的补充;第二,高校教师资源是高校教学和科研的核心,其数量体现在高校拥有的教学科研人员数量,质量体现在教学科研人员的工作能力及其在人才培养和科学研究中的贡献程度上,其数量、质量及结构决定着高校功能,直接影响着其教育质量和办学效益;第三,高校教师资源具有类别和层次特征,这与高校职位设置紧密相关,在其使用过程中具体表现为劳动的非同质性。因此,不同类别和层次的教师资源对高校目标和功能实现的价值和作用是不同的。

依据资源配置较高和较低两个层次的划分,本书认为高校教师资源配置也可以分为宏观和微观两个层次。宏观层次的高校教师资源配置是指一个国家或地区高校教师资源总量一定的条件下,在不同区域、类型和层次高校之间的分配。微观层次的高校教师资源配置是指在高校结合自身的办学定位、外部环境和未来发展等方面的需求基础上,以一定方式对教师资源进行科学合理规划、组合和调配,将合适的人配置到合适的岗位,最大程度地调动教师资源主体的积极性和创造性。高校教师资源的优化配置是在一定约束条件下,对区域间和区域内高校教师资源进行空间配置和优化的过程。教师资源分配的合理性和教师资源使用的有效性是其配置优化的重要判断标准,即不仅要促进高校教师资源的数量、质量等在不同区域、类型和层次的高校分布的相对合理性,还须不断提高教师资源的配置和使用效率,以充分发挥教师资源在人才培养和科学研究中的作用,实现教育效益的最大化。

(三)西部地方高校

1. 西部

西部特指中国西部地区。根据 2001 年《关于西部大开发若干政策措施实施意见的通知》[①]中对西部地区范围的限定,本书中的西部地区包括四川、贵州、云南、陕西、甘肃、青海 6 个省,宁夏、新疆、内蒙古、西藏和广西 5 个自治区以及重庆 1 个直辖市的内陆地区。西部地区疆域辽阔,土地面积 683.54 万平方千米,占全国陆域面积的比重为 71%。西部地区人口稀少,经济欠发达。根据第七次全国人口普查结果显示,2020 年西部地区常住人口 38285.23 万人,占全国总人口的 27%。2020 年西部地区生产总值为 213291.9 亿元,占国内生产总值的 21%;西部人均地区生产总值为 55337 元,仅为全国人均国内生产总值的 74%;西部地区居民人均可支配收入为 25416 元,为全国居民人均可支配收入的 79%。西部地区居住着 44 个少数民族,是我国少数民族分布最集中的地区。西部地区有着丰富的自然、历史和

---

① 国务院:《关于实施西部大开发若干政策措施的通知》2000 年 10 月 26 日,http://wap.moe.gov.cn/jyb_xxgk/gk_gbgg/moe_0/moe_7/moe_445/tnull_5921.html,2017 年 6 月 15 日。

人文资源,但经济基础薄弱、生态环境脆弱,是国家重点关注和扶持的地区。自西部大开发战略实施至今,西部地区基础设施和生态环境明显改善,经济社会发展速度明显加快。2013年"一带一路"倡议将西部地区推向了对外开放的前沿,使其成为重要节点和关键枢纽。2020年中共中央、国务院印发了《关于新时代推进西部大开发形成新格局的指导意见》,从6大方面推出36项举措以促进西部地区经济发展与人口、资源、环境相协调,推动西部地区高质量发展,自此,西部地区迎来了开放发展的最好时机。

2. 西部地方高校

西部地区的高等教育体系主要是在中华人民共和国成立后建立起来的,经过70多年的发展,西部地区普通高校已从1949年中华人民共和国建立时的55所[①],发展到2020年的716所,形成了较为完善的高等教育层次结构、比较齐全的学科专业类别,在我国高等教育体系中扮演着日益重要的角色。地方高校是指地方所属高校,是从隶属关系上划分的,具体指由各省(自治区、直辖市)及以下级别的人民政府管辖范围内的全日制普通高校。根据学校的规格,可大体分为省属国家"211工程"重点大学、省部共建大学、地方性(省或市)直属大学和地市政府管理的专科(高职)院校等类型。地方高校是我国高等教育中一种以培养应用型人才为主要任务和目标的相对独立的院校,其具有以下几个特征:从管理体制来讲,凡是由省(自治区、直辖市)及地方政府直接管理或者以地方政府管理为主的高校都属于地方高校;从服务对象来讲,主要是面向地方办学,为区域经济社会发展培养所需的专门人才;从经费来源来讲,主要来自省级财政或市级财政。这些特征赋予地方高校独特的内涵与特质,在其发展中也需要面对与各级政府、市场、社会的诸多复杂关系,并承担相应的责任。

鉴于地方高校是与部属高校和高职高专相区别的一种高等教育的类别或类型[②],本书中的西部地方高校指西部12个省区由地方政府投资和主管的具有本科办学资格的公办普通高校,不包括中央部属高校和高职高专。这些院校以服务区域经济社会发展为目标,在我国高等教育体系中占据着十分重要的地位。根据教育部公布的《2020年全国普通高等学校名单》,按上述口径统计,剔除西部地区18所中央部属高校[③]和民办本科院校以及高职高专学校,西部地方公办普通本科院校共计195所(具体名单见附表1),其中大学94所,其他各类学院101所。由于西部地方高校数量较多,不同类型和层次的地方高校有着不同的办学定位,在人才培

---

① 王根顺:《西部开发与西部高等教育发展》,《教育发展研究》2001年第2期,第30页。
② 尚钢:《高校分类与地方高校定位》,《黄冈师范学院学报》2006年第2期,第55页。
③ 18所中央部属高校具体包括:重庆大学、西南大学、四川大学、西南交通大学、电子科技大学、中国民用航空飞行学院、西南财经大学、西南民族大学、西安交通大学、西北工业大学、西安电子科技大学、长安大学、西北农林科技大学、陕西师范大学、兰州大学、西北民族大学、北方民族大学、公安消防部队高等专科学校。

养类型和规格方面也具有多样性。根据学位授予级别的不同，可以划分为具有博士学位、硕士学位和学士学位授予权的地方高校。2020年西部地区共有普通高校716所，以专科层次的高校为主，具有本科以上学位授予权的公办高校仅占29.75%。由于研究能力和资料获取途径所限，在具体论述时，研究对象主要为可以查找到的官方公开数据的西部地方公办普通本科院校。

三、研究综述

教师资源是一种高层次的人力资源，高校教师资源配置既是高校教育资源配置的主要内容，也是人力资源管理的核心问题。因此，对已有的人力资源及其配置、高校教师资源配置和西部地方高校教师资源管理的相关理论和实践研究成果的梳理，都对研究的开展有借鉴和启发意义。

（一）有关人力资源及其配置的研究

相对于人的需求，人类可以使用的资源总是稀缺的，如何在资源稀缺的条件下对各种有待满足的目标进行选择，以使稀缺资源得到有效率的使用就成为经济学必须研究的课题。也正如英国经济学家马克·布劳格（Mark Blaug）在 *Economics of Education: A Selected Annotated Bibliography* 的第一版序言中所指出的那样，正是从教育作为一项产业消耗物质资源和人力资源的这一特殊性中，教育经济学才找到了其存在的依据[①]。

人力资源是组织中的第一资源，对人力资源理论形成和发展产生影响最大的是人力资本理论的创立，其揭示了人力资源在市场经济中的资本本质，并为人力资源管理实践提供了有力的指导。人力资本理论的开创者西奥多·W. 舒尔茨（Theodore W. Schultz）认为，人力资源投资回报率是各类投资中最高的，加大教育投资能有效提升人力资源存量，从而促进经济的增长[②]。人力资本理论产生初期，主要针对经济增长、收入分配等宏观经济问题进行研究，分析人力资源形成时，对微观方面内因的探讨不足。1964年加里·贝克尔（Gary S. Becker）出版的《人力资本理论：关于教育的理论和实证分析》中，从个人资源分配和家庭生产的角度系统地论述了人力资本及其投资问题，为人力资本理论提供了微观理论基础并最终得以成型。他认为在人力资源形成中，家庭、生育、婚姻等因素都会对其产生影响，人力资本投资包括用于增加人的能力和提高其收入的投资[③]。继舒尔茨、贝克尔等人的开拓性研究之后，经济理论界对人力资源开发和人力资源市场等问题展开研

---

① Blaug M: Economics of education: A selected annotated bibliography(3th Edition), Oxford: Pergamon Press, 1978, p1.

② Schultz T W: Capital formation by education, Journal of Political Economy, 1960, 68(6), pp. 571-583.

③ Becker G S: Human capital: A theoretical and empirical analysis, with special reference to education, Revue économique, 1967, 18(1), pp132-133.

究,将人力资源与资本和土地同等看待,认为它们是具有同等重要的生存要素,同样是财富的源泉。人力资源管理学就是研究如何建立积累、开发和保护人力资本的有效管理机制,发现、获取和培养人才以及充分发挥人力资源的潜质[①]。

20世纪80年代后期以来,在竞争日益激烈的背景下,组织对人力资源管理的需求不断提高,资源基础论(resource-based view, RBV)从战略的视角上,认识到人力资源开发是一个长期、动态和系统的过程。沃纳菲尔特(Wernerfelt)1984年创立了资源基础观,提出企业的竞争是基于资源和资源组合的竞争,必须在管理上强化资源效率,积累和培养资源优势,从而形成长期且持续的竞争优势[②]。巴尼(Barney)在资源基础观上,建立了资源基础理论。他提出企业所拥有的战略资源是其竞争优势的来源,其具有价值性、稀缺性、难以模仿性和不可替代性这四个特性(VRIN模型)[③]。资源学派的核心思想是:组织的可持续发展必须构建在一系列具有"有价值、稀缺、难以模仿"的资源组合基础上。当然,仅有资源是不够的,关键是组织使用、开发和融合这些资源的能力,即"能够配置资源的能力"(Kamoche,1991)[④]。

人力资源作为组织发展的核心资源,具有有价值、稀缺和难以模仿的特点,很多学者运用资源基础理论分析人力资源及其实践是否可以成为企业的重要战略资产。Wright和McMahan(1994)区分了人力资源及其实践的含义。他认为人力资源是指企业内部的人力资源存量(human resource pool),包括企业内部存在的高技能、高满意度的员工和隐含的知识等。而人力资源实践(human resource practice)是指用来管理人力资源存量的人力资源工具,由于其容易被竞争对手复制,因此无法成为企业的战略资产,但人力资源库最有可能成为持续竞争优势的源泉[⑤]。Lado和Wilson(1994)[⑥]认为人力资源实践是持续竞争优势的来源,人力资源管理体系是不可模仿的。Boxall(1996)[⑦]认为人力资源优势(human resource advantage)由人力资本优势和人力整合过程优势构成,其获取的过程中,人力资源管理实践发挥着重要作用。与竞争对手相比,人力资源优势依赖于较好的雇员发

---

① Goetz S J, Hu D: Economic growth and human capital accumulation: Simultaneity and expanded convergence tests, Economics Letters, 1996, 51(3), pp. 355-360.

② Wernerfelt B: A resource-based view of the firm, Strategic Management Journal, 1984, 5(2), pp. 171-180.

③ Barney J: Firm resources and sustained competitive advantage, Journal of Management, 1991, 17(1), pp. 99-120.

④ Kamoche K: Understanding human resource management, Buckingham Philadelphia: Open University Press, 2001, pp. 46-47.

⑤ Wright P M, McMahan G C, McWilliams A: Human resources and sustained competitive advantage: a resource-based perspective, International Journal of Human Resource Management, 1994, 5(2), pp. 295-326.

⑥ Lado A A, Wilson M C: Human resource systems and sustained competitive advantage: A competency-based perspective, Academy of management review, 1994, 19(4), pp. 699-727.

⑦ Boxall P F: The strategic HRM debate and the resource based view of the Firm, Human resource management journal, 1996, 6(3), pp. 59-75.

展质量和组织内部利益的整合。

作为人力资源管理和开发的关键性问题,人力资源配置一直是各类管理人员关心的重点。Hall(1988)提出战略性的人员配置是通过招募、选拔、晋升和调动等行动计划以获得必需人才的过程[①]。Prahalad 和 Hamel(1990)认为核心竞争能力的配置主要是人力资源的配置问题,保证把最优秀的人才配置到最具潜力的竞争能力上[②]。Gary(1997)认为人力资源配置计划应该与企业战略调整相适应[③]。Lepak 和 Snell(1999)认为技能型和知识型两种人力资源及其配置的合理性对企业发展来说至关重要。在企业不同发展阶段中,若两种类型的人力资源配置比例和适应状态好,其合作的收益就高,否则两者的竞争会加剧,其收益也会出现不同程度的降低[④]。Gomes(2008)研究认为,政府对收入分配的调控可以提高人力资源配置效率,市场这只"看不见的手"促进了人力资源的自由流动与配置。但在地域社会文化等因素的影响下,其自由配置的速度会较为缓慢,这也给人力资源的合理配置带来了一定的客观障碍[⑤]。

(二)高校教师资源配置的相关研究

1. 高校教育资源配置中的相关研究

相较于企业和行政组织等有关人力资源管理的研究而言,无论从文献的数量还是内容来看,国外学者对于高校教师资源配置问题的研究涉及较少,大多数的研究将其作为高校教育资源配置的一部分来进行分析,并且主要聚焦在高校财力和物力等资源的配置上。正如舒尔茨在《人力资本投资》一书中指出的一样:高等教育所从事的生产活动有三种主要形式,即发现人才、培养人才和研究活动。但是过去人们并没有充分重视由老师和学生的生产效率所带来的收益[⑥]。

早在 20 世纪 80 年代,由于财政的波动性和预算危机,高校教育资源配置成为一个重要的研究课题。Hackman(1985)[⑦]、Melchiori(1982)[⑧]、Morgan(1984)[⑨]有

---

① Lengnick-Hall C A, Lengnick-Hall M L: Strategic human resources management: A review of the literature and a proposed typology, Academy of Management Review, 1988, 13(3), pp. 454-470.

② Prahalad C K, Hamel G: The core competence of the corporation, Harvard Business Review, 1990, 68(5), pp. 79-91.

③ Gary D: Human resource management, Prentice Hall International Ine1997, pp. 246-317.

④ Lepak D P, Snell S A: The human resource architecture: Toward a theory of human capital allocation and development, Academy of management review, 1999, 24(1), pp. 31-48.

⑤ Gomes O: Decentralized allocation of human capital and nonlinear growth, Computational Economies, 2008, 31, pp. 45-75.

⑥ [美]西奥多·W. 舒尔茨:《人力资本投资》,北京:商务印书馆 1990 年版,第 22-39 页。

⑦ Hackman J D: Power and centrality in the allocation of resources in colleges and universities, Administrative Science Quarterly, 1985, pp. 61-77.

⑧ Melchiori G S: Smaller and better: The university of michigan experience, Research in Higher Education, 1982, 16(1), pp. 55-69.

⑨ Morgan A W: The new strategies: Roots, context, and overview, New Directions for Institutional Research, 1984, (43), pp. 5-19.

代表性地研究了大学内部不同的学院的系部安置。公共压力迫使许多西方国家政府去寻求方法来满足社会的需要而不花太多纳税人的钱。一种回应这些压力的方法是将资金与绩效挂钩(Williams,1997①;Van Vught,1997②;Layzell,1998③)。资金方式的变化,也就是收入来源或资源配置方式的变化,对大学行为和内部资源配置有重大的影响。Mace(1995)④、Wagner(1996)⑤、Schmidtlein 和 Taylor(1996)⑥等一些学者的研究表明,高等教育行政人员和机构会响应不断变化的资源配置机制。面对收入的减少,无论是联邦支持下降,还是国家拨款减少或减少净学费收入,大部分高等院校都会选择紧缩预算、推迟非经常性费用或推迟聘用新的教师和工作人员(Zemsky 和 Massy,1995⑦)。要获得大量的资金,竞争力是必要的,大学必须提供高质量的教学研究,资源配置的变化也直接影响到负责教学和研究的教师个体。Layzell(1996)⑧、Levin(1991)⑨研究了以大学重组为特征,使教育资源配置的研究重点转移到以部门内部基于教师绩效的生产力衡量指标作为分析单位。Honan 和 Teferra(2001)发现在一些预算限制特别是有经费问题的机构中,不仅会终止学术课程或缩减行政人员,还会强制退休或者解聘教职员工。许多机构选择更多的兼职人员和非终身教职员工以便减少对其的财务承诺,并使他们灵活地适应外部经济和金融形势的变化。在财务紧张的学术环境中,教师的招聘有时候被推迟,在这种情况下,在职人员必须承担额外的教学和监督工作。研究活动资源有限,教师被迫去做更多的教学,依据学术成果的晋升可能会受到影响。在经费紧张的情况下也更倾向于促进更多的行政集权,这往往有悖于教师的自主文化和学术自由。Honan 和 Teferra 认为美国教授职位现在面临着教师任用和教师工

---

① Williams G: The market route to mass higher education: British experience 1979—1996, Higher Education Policy, 1997, 10(3-4), pp. 275-289.

② Van Vught F A: Combining planning and the market: an analysis of the government strategy towards higher education in the Netherlands, Higher Education Policy, 1997, 10(3-4), pp. 211-224.

③ Layzell D T: Linking performance to funding outcomes for public institutions of higher education: The US experience, European Journal of Education, 1998, 33(1), pp. 103-108.

④ Mace J: Funding matters: A case study of two universities' response to recent funding changes, Journal of Education Policy, 1995, 10(1), pp. 57-74.

⑤ Wagner A: Financing higher education: New approaches, new issues, Higher Education Management, 1996, 8(1), pp. 7-17.

⑥ Schmidtlein F A, Taylor A L: Responses of American research universities to issues posed by the changing environment of higher education, Minerva, 1996, 34(3), pp. 291-308.

⑦ Zemsky R, Massy W F: Expanding perimeters, melting cores, and sticky functions toward an understanding of our current predicaments, The Magazine of Higher Learning, 1995, 27(6), pp. 43-49.

⑧ Layzell D T: Faculty workload and productivity: Recurrent issues with new imperatives, The Review of Higher Education, 1996, 19(3), pp. 267-281.

⑨ Levin H M: Raising productivity in higher education, The Journal of Higher Education, 1991, 62(3), pp. 241-262.

作生活领域的一些重大政策挑战[①]。Liefner(2003)的研究认为在"面向市场的体系"中资源配置直接影响个别教员的绩效。在"以国家导向的系统"中,没有任何绩效指标,资源配置通常是非常稳定的,增量变化只会发生在当教师退休或辞职时。就组织和结构而言,有一个明显的趋势是对需求变化反应较小和较保守[②]。Caballero 和 Galache(2004)采用数据包络分析和多准则决策两种方法,在人员规划方案中平等地对待全体教师和科研单位以及在财力资源配置上更加透明两个方面对高校进行监控,研究所获得的效率水平结论为高校教育资源配置提供决策参考[③]。

2. 高校教师资源配置的专题研究

(1)高校教师资源配置模式。部分学者沿用企业人力资源的计划配置、市场配置、计划与市场相结合的综合配置三种方式对高校教师资源配置模式进行了扩展研究。如韩延明、李春娇(1997)认为我国现行的教师资源配置模式就是由政府借助法律和权力实现的对教师的分配与安置。该模式具有法律和权力的强制性、各级学校之间教师配置的差别性以及偏向性,并提出通过走出单一的法律、权力配置,提高教师地位,增加教师这一职业的职业引力,以市场法则配置好教师资源,改造现行的教师资源配置模式为多维模式[④]。王瑞娟、吴锁柱(2005)认为应进一步加快高校人事制度改革,引入市场化配置机制。建议从强化高校自主用人的调控机制,发挥人才市场的基础性配置作用,建立公开、公平、择优的招聘制度等方面,促进教师资源的优化配置[⑤]。管培俊(2008)认为高等教育具有准公共产品属性,其人力资源的配置方式应是政府供给与市场配置相结合,以人员流动为基本途径的学校内部劳动力市场的调节,是高校人力资源配置的显著特点之一[⑥]。

另有部分学者还提出了按照学科建设需要配置、教师外包配置、职称—职能配置等模式。如杨学义(2005)认为计划仍然是高校师资配置的主要方式,会制约人才流动的范围和人才市场的发展,提出了根据学科建设需要配置师资、实施全员聘任制以及师资全社会共享等配置模式[⑦]。陈惠雄等(2007)认为目前我国高校对不同职能类型教师大多采用统合管理模式,有可能加剧高校教师需要承担教学与科研双重任务在职业生涯选择与时间资源配置中的矛盾,并引发高校人力资源的较

---

① Honan J P, Teferra D: The US academic profession: Key policy challenges, Higher Education, 2001, 41(1), pp. 183-203.

② Liefner I: Funding, resource allocation, and performance in higher Education systems, Higher Education, 2003, 46(4), pp. 469-489.

③ Caballero R, Galache T, Gómez T, et al. : Budgetary allocations and efficiency in the human resources policy of a university following multiple criteria, Economics of Education Review, 2004, 23(1), pp. 67-74.

④ 韩延明,李春桥:《教师资源配置的现行模式与改造》,《教育与经济》1997 年第 1 期,第 21-24 页。

⑤ 王瑞娟,吴锁柱:《高校教师资源市场化配置研究》,《社会科学论坛》2005 年第 12 期,第 116-117 页。

⑥ 管培俊:《论教育人力资源配置的二元结构》,《高等教育研究》2008 年第 8 期,第 60-66 页。

⑦ 杨学义:《高校教师资源配置模式研究》,《中国高教研究》2005 年第 5 期,第 15-16 页。

大浪费,研究提出高校教师职称—职能配置定位的分类管理模式①。刘建(2010)提出了高校教师外包配置模式,即除了最具竞争优势的核心专业课程,其他课程可交由外部最优秀的专业人员或者组织代理②。

(2)高校教师资源优化配置的标准。李祖超、陈学敏(2000)认为成本最小、收益最大是衡量教师资源优化配置的标准,并提出了精干、合理、高质、高效四个特征③。翟志成、罗明姝(2000)认为教师资源配置最优均衡的三个标准为:吸引高校所需和质量最优的人才从教、在各高校和各专业领域中这些人才实现了最优配置、尽可能使每个教师具有符合理想意义的素质④。袁东(2009)从高校人力资源管理的视角,提出了高校人力资配置优化的标准:职位设置合理、人员配置合适、人员流动顺畅有序、配置方式具有弹性和配置成本合理等⑤。

(3)高校教师资源配置存在的问题。美国著名管理学家莫里斯·库克(Morris Cooke)在1910年出版的《学院的效率和工业效率》一书中较早提及了大学教师资源配置与管理的一些问题:"近亲繁殖"、学系自行其是、教师工资不以业绩为依据、管理效率低下、大学缺少衡量效率的标准等⑥。从20世纪90年代开始,随着高等教育体制改革逐步由宏观向微观深入,人事分配制度改革推动了高校教师资源的优化配置。之后,国内学者们开始针对高校教师资源配置与管理中的问题进行以定性为主的分析和阐释,大部分学者认为高校教师资源配置存在结构不合理、效率低下和流动性差等问题。张业超(2000)认为高校教师资源配置和利用方面存在的主要问题有:高校人才积压与人才短缺并存,且结构布局不合理,浪费严重;高校教师资源流通渠道不畅;高校教师资源被动地服务于社会;高校教师的积极性没有充分调动起来⑦。顾志勇(2014)认为高校教师资源配置中存在跨学科师资整合力度不够和学科专业内教师团队建设力度不够等问题⑧。陈清森(2017)认为供给侧改革中的高校教师资源配置存在教师数量不足,优秀教师资源严重匮乏,教师的流动意识和流动性较差,教师合理使用、激励、退出机制等缺乏制度性建设的问题⑨。

(4)高校教师资源配置的影响因素及问题的成因。有关影响因素的研究相对

---

① 陈惠雄,胡孝德:《基于职称—职能配置定位的高校教师分类管理模式研究》,《高教探索》2007年第5期,第118-121页。
② 刘建:《高校教师外包配置:内涵、功能与策略》,《教育发展研究》2010年第10期,第26-29页。
③ 李祖超,陈学敏:《高校教师资源的优化配置》,《现代教育科学》2000年第5期,第52-54页。
④ 翟志成,罗明姝:《二元结构下高校教师资源配置和素质的缺陷及其优化》,《教育与经济》2000年第3期,第49-52页。
⑤ 袁东:《高等学校人力资源配置机制与优化》,北京:经济科学出版社2009年版,第80-83页。
⑥ 马洪,孙尚清:《现代管理百科全书》,北京:中国发展出版社1991年版,第661页。
⑦ 张业超:《适应市场经济需要合理配置使用高校教师资源》,《中国高校师资研究》2000年第2期,第38-42页。
⑧ 顾志勇:《基于人力资本视角的高校教师队伍建设》,《教育探索》2014年第4期,第64-66页。
⑨ 陈清森:《供给侧改革中的高校教师资源配置对策研究》,《中国成人教育》2017年第1期,第46-48页。

较少,教师资源配置问题的成因都是在问题分析之后顺便提及。马海燕、周俊敏(2008)认为高校教师资源未达到最佳的资源配置状态,从分工制度安排的缺陷、管理模式僵硬、价值意识混乱三方面分析了主要原因。[①] 刘海洋等(2010)认为我国多数高校存在"近亲繁殖"现象,优秀科研人才流失严重,优秀研究人员得不到与其能力相称的职位,主要原因是新教工的加入导致决策者的利益稀释效应和职位冲击效应[②]。吴伟伟(2017)认为提高高校师资配置效率,是增加高等教育产出的充分条件。高校严格的流动管制制度会降低教师的工作努力积极性,引起师资错配[③]。黄泰岩等(2007)认为,教师管理权限、教学培养计划、教师考核评价、收入分配及校内资源管理都影响着高校教师资源的优化配置[④]。高等教育发展战略研究中心(2010)提出影响高校教师资源动态配置的外部因素集中体现在社会经济环境和意识形态环境,内部影响因素为发展定位、招聘录用、培训开发和教师构成比例(包括生师比、高级职称比例、博士比例和专任教师比例等)[⑤]。王卫平(2012)通过统计分析发现,教师的学历结构、职称结构、教师薪酬水平对教师资源配置的影响较大,教师的培训投入、高校科研投入对其影响程度相对较小[⑥]。李青(2019)认为影响教师资源配置的因素有市场经济、高校的定位和高校内部因素(具体包括师职比、学历、职称、年龄、专业、学缘等结构因素,生师比、科研数量和质量、经济社会环境等效益因素)[⑦]。

(5)高校教师资源优化配置的策略。Ball(1980)认为学术人员的任命和其他资源配置可以考虑采取问题分散决策和允许一些自由选择[⑧]。Glavatskih(2002)认为大学的发展伴随着其组成部分人力资源的有目的的改革,大学教职员工的结构和数量是为了确保实现经济和社会领域的专业人士资质培训的战术和战略目标[⑨]。Bouillard(2016)采用多目标优化方法展示了如何进行与大学战略计划相匹配的(人力)资源配置。该方法不再是以教学指标(学生人数、教学负荷)为基础去

[①] 马海燕,周俊敏:《高校教师资源配置的经济学分析》,《当代教育论坛》2008年第12期,第56-57页。
[②] 刘海洋,袁鹏,苏振东:《精英治理、人才引进与高校教师资源配置》,《南开经济研究》2010年第6期,第137-150页。
[③] 吴伟伟:《高等学校教师流动管制与师资配置效率》,《高教探索》2017年第6期,第110-113、118页。
[④] 黄泰岩,赵雪梅,边金鸾:《关于新时期高校教师资源优化配置的几点思考》,《中国高校师资研究》2007年第6期,第6-9页。
[⑤] 高等教育发展战略研究中心:《高等学校贯彻实施〈国家中长期教育改革和发展规划纲要(2010—2020)〉指导手册(下卷)》,北京:中国教育出版社2010年版,第834-836页。
[⑥] 王卫平:《新疆独立学院教师资源配置影响因素分析》,《南昌教育学院学报》,2012年第8期,第77-78页。
[⑦] 李青:《高校师资管理研究》,天津:天津大学出版社2019年版,第66-70页。
[⑧] Ball R:Allocation of academic staff in universities,Higher Education,1980,9(4),pp.419-427.
[⑨] Glavatskih O B:Strategy formation of university human resource development,PhD Thesis, Izhevsk,2002,p161.

配置资源,而是在实施人力资源配置的同时可以较容易地扩展到学校预算配置中①。

面对高校教师资源配置存在的诸多问题,国内学者们从宏观层面市场主导的高校教师资源配置机制的建立、资源共享到微观操作层面高校教师资源结构优化、激励、评价和流动机制的优化等方面提出了一些相关建议。姚淑云(2002)从领导的创新思想和理念、完善人才管理体系、优化配置教师队伍、建立动态目标管理的绩效评估体系、全面提高教职工的素质五个方面探讨了如何开发以及优化配置高校人力资源②。王秋燕(2004)认为应注重教师潜能开发,改善人力资源结构,科学合理地使用人才并创造资源开发环境③。于海棠(2006)认为高校知识管理要求从知识和人的协调、持续发展的视角,调和学术和行政二元权力,彰显组织文化,完善高校人力资源管理的流动、评价和培养机制④。李云等(2013)提出师资布局的优化调整应重视教师的质量和结构,中西部高校应积极创造条件吸引高层次教师人才,并采取有效措施防止高水平教师的流失⑤。吴伟伟(2017)提出要优化高校师资配置效率,对教师薪资待遇、考核标准、退出机制等人事制度进行改革⑥。

(三)有关西部地方高校教师资源配置的研究

国内现有一部分研究集中在地方高校教师人力资源管理和教师队伍建设的问题分析和策略建议。陈东红(2010)认为建立人力资源的约束和退出机制,对提高地方高校人力资源管理效率和优化人力资源配置具有积极作用⑦。王德广(2010)认为当前地方高校在人力资源开发中存在重"引进"、轻"稳定",重"培养"、轻"使用",重"数量"、轻"质量",重"管理"、轻"配置",重"单干"、轻"协作"等问题,对此,地方高校应进行总体规划,重视开发内部人力资源⑧。部分学者围绕地方高校教师队伍建设探讨了其中存在的问题和相应的改进措施。谭冠中(2012)认为在高校内涵发展战略实施的过程中,师资配置成为高校知识管理的核心。要求高校应从知识和人的协调、持续发展的视角,建立培养和激励机制、流动和自由发展机制以及发展导向与评价机制⑨。杜友坚(2014)认为通过完善制度建设、"外引内培、专

---

① Bouillard P. A multi-objective method to align human resource allocation with university strategy, Perspectives: Policy and Practice in Higher Education, 2016, 20(1), pp.17-23.
② 姚淑云:《合理开发和优化配置高校人力资源》,《科技管理研究》2002 年第 2 期,第 17-19 页。
③ 王秋燕:《高校人力资源配置情况研究》,《科技与管理》2004 年第 4 期,第 121-123 页。
④ 于海棠:《基于知识管理的高校人力资源配置》,《研究与发展管理》2006 年第 1 期,第 122-127 页。
⑤ 郭明维,杨倩,何新征:《实施途径探析西部地方高校教师分类管理》,《中国高校师资研究》2012 年第 1 期,第 41-46 页。
⑥ 吴伟伟:《高等学校教师流动管制与师资配置效率》,《高教探索》2017 年第 6 期,第 110-113,118 页。
⑦ 陈东红:《地方高校人力资源管理机制探析》,《人民论坛》2010 年第 12 期,第 164-165 页。
⑧ 王德广:《地方高校人力资源开发面临的困境与对策》,《中国高教研究》2010 年第 9 期,第 57-58 页。
⑨ 谭冠中:《知识管理视阈的地方高校教师队伍建设》,《广东技术师范学院学报(社会科学版)》2012 年第 2 期,第 108-110 页。

兼结合"、重视师资队伍的培养和培训、强化校企合作等措施来加强高素质、强能力和专业化的师资队伍建设[①]。高岩(2015)认为地方高校教师队伍建设还存在创新意识不足、合作深度不够、制度缺失等问题,高校应重视组建长久的研究团队,制定协同创新的制度和推行合理的教师考核[②]。赵翔宇、向朝春(2015)认为应健全事业编制制度,优化资源配置;完善职称评审和师资培训制度,激发应用型师资队伍的工作积极性,促进其能力提升[③]。

目前深入研究地方高校教师资源配置的成果不多。如孙士杰(2000)以我国地方本科高等师范院校为研究对象,认为其人力资源利用效率近年有了较大的提高,其效率优于部属高等师范院校,但劣于全国高校的平均水平,更劣于国外高校。要优化其配置,应扩大招生规模,深化其内部管理改革,精简机构,减少冗员[④]。吴务南、朱俊兰(2005)针对地方高校人力资源数量不足、结构不合理、人才外流严重、目标不准的现状,从新旧体制并存、政策导向、资源配置理念相对落后三个方面分析了地方高校人力资源开发的制约因素,并提出以人为本设计制度安排、优化支持系统、创新激励机制等地方高校人力资源开发和优化配置的政策建议[⑤]。

国内聚焦西部地方高校教师资源配置的研究相对较少,相关研究主要围绕西部地方高校教师队伍建设和管理的相关问题和策略展开。沈堰奇(2008)认为,西部高校实施教师互聘制,可以促进人才有序流动,并有利于优质资源共享和降低办学成本[⑥]。赵荣侠(2009)认为西部一般地方高校要加大制度创新和组织管理体系创新;营造浓郁的学术和创新文化氛围;强化激励措施,支持鼓励高学历青年教师脱颖而出;完善科研评价体系,加大对教师科研的政策激励力度[⑦]。杨光瞕(2015)认为西部地方大学师资队伍建设面临着人才引进处于劣势地位、"近亲繁殖"现象较为严重、学术创新受到抑制等困境,提出了用政策杠杆平衡人才市场、尽量避免"近亲繁殖"、调整评价体系等建议[⑧]。王叙红等(2017)认为,西部地方高校教师专业发展的主要制约因素是教师主观态度、社会和高校内人文环境,提出了完善资金

---

① 杜友坚:《地方高校师资队伍建设发展研究》,《黑龙江高教研究》2014年第10期,第79-81页。
② 高岩,陈琪:《地方高校教师队伍建设研究——基于协同创新的视角》,《中国高校科技》2015年第4期,第58-60页。
③ 赵翔宇,向朝春:《地方高校应用型师资队伍建设的制度研究》,《教育与职业》2015年第19期,第57-59页。
④ 孙士杰:《论我国地方本科高师人力资源配置的现状及其优化》,《教育与经济》2000年第4期,第45-48页。
⑤ 吴务南,朱俊兰:《论地方高校人力资源的优化配置》,《南昌大学学报(人文社会科学版)》2005年第6期,第177-181页。
⑥ 沈堰奇:《论在西部高校实行"教师互聘制"》,《教育评论》2008年第2期,第110-112页。
⑦ 赵荣侠:《新时期西部一般地方高校增强科研实力探讨》,《科技管理研究》2009第8期,第236-238页。
⑧ 杨光瞕:《西部地方大学师资建设的问题与对策》,《西安电子科技大学学报(社会科学版)》2015年第2期,第127-131页。

政策保障体系,建立教师参与决策机制等建议,以促进高校与教师的共同发展①。

(四)研究评述

通过文献研究和梳理发现,国内外对人力资源及其配置、高校教师资源配置和西部地方高校师资管理和教师队伍建设等方面的研究取得了一定的成果,丰富了教师资源配置研究的理论与方法,对进一步研究和解决西部地方高校教师资源配置中的问题奠定了理论和实践基础。但是,已有的研究还存在以下不足,为进一步研究留下了空间。

1. 已有研究对多元配置主体下教师资源配置方式的探讨不足

政府和市场是影响教师资源配置格局的根本性因素,在教师资源配置方式的选择上,部分研究立场不清,观点比较含糊,忽略了地区的经济社会发展环境和高校的历史、制度的影响。因此,对于西部欠发达地区的地方高校而言,如何兼顾区域相对均衡和效率,结合西部地方高校的内外部环境探讨多元主体下教师资源优化配置的方式值得深入探究。

2. 已有研究多集中单一学科视角,缺乏多学科视域的相关研究

应用单一学科视角的理论和原理进行分析的研究较多,大多数文献仿照人力资源管理的理论和方法进行了移植或修正,对高校教师资源的聘用、配置、激励、培训和绩效评价等各个方面展开研究。但运用多学科理论,针对区域高校教师资源配置均衡性和效率研究较少,更缺乏将均衡性和效率测度有机关联的综合分析。

3. 已有研究对宏观视角下教师资源配置问题的研究有待加强

国外的研究相对微观,更关注高校人力资源配置与管理中细节问题的讨论,注重运用实证方法进行分析。目前国内学界多集中在高校层面教师资源配置的研究,但从宏观区域视角探讨高校教师资源配置问题的研究相对较少,对高校教师资源区域配置格局的关注不够,也缺少对高校教师资源配置均衡性和效率的实证分析以及对影响因素的定量研究。

4. 已有研究针对西部这一特定区域和特定类型高校的研究有待凸显

国外研究比较注意高校间的差异,国内研究较多属于普适性的研究,针对特定类型的高校组织的研究较少。大量的文献都是按照从问题到对策的主线进行的,较少区分地域、高校类型和层次,部分研究结论和建议并不适用特定类型高校组织,如西部高校或地方高校的管理实践,鲜有较大参考价值的文献。

综合而言,已有研究成果为本书奠定了必要的理论基础和方法参照。本书基于教育经济学、区域经济学等学科的视角,采用实证分析和规范分析相结合的研究方法,全面调查和分析西部欠发达地区地方高校这一特定类型高校组织的教师资源配置状况,探讨西部区域地方高校教师资源配置的均衡性和效率问题,并在此基

---

① 王叙红,赵丽,冯鸿:《西部地方转型高校教师专业发展问题与对策研究》,《成都师范学院学报》2017年第2期,第18—22页。

础上深入剖析影响西部地方高校教师资源配置的内外部因素,探索西部地方高校教师资源优化配置的策略和实践改革路径。

四、研究思路与方法

(一)研究思路

本书基于理论导向下的实证研究,采用定量和定性相结合的研究方法,探讨地方高校这一特定类型高校组织的教师资源配置问题,研究的技术路线图见图0-1。

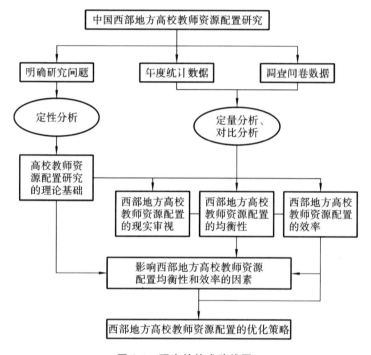

图0-1 研究的技术路线图

本书在人力资本理论和区域协调发展理论定性分析的基础上,通过相关统计数据和调查资料的整理与分析,客观呈现西部地方高校教师资源数量和质量的配置现状以及教师的工作负荷与岗位聘用情况,通过数理分析方法评价教师资源配置的均衡性和效率情况,并对比分析西部省区间和省区内地方高校的差异。本书在以上分析的基础上,再定量分析影响西部地方高校教师资源配置均衡性和效率的内外部因素,为西部地方高校教师资源的优化配置提供政策建议。

(二)研究方法

西部地方高校教师资源配置问题是一个较为复杂的系统问题,对此问题的研究需要多学科理论指导和科学的多元方法支持。在方法论层面,本书以实证分析和规范分析相结合,静态分析与动态分析相结合的研究范式,对西部地方高校教师资源配置问题进行系统分析和综合探讨。实证分析部分是以西部地方高校为单位,主要采用极差、标准差、差异系数和泰尔指数等统计方法分析教师资源配置的均衡性,采用运筹学的数据包络分析方法评估西部地方高校教师资源配置效率,通过面板回归模型分析教师资源配置均衡性和效率的影响因素。另外,规范分析部分将基于理论分析和实证结果,提出改进西部地方高校教师资源配置的政策建议。在研究过程中,通过收集和研究相关的面板数据,从静态视角呈现西部地方高校教师资源配置的现实状况,从动态的角度审视西部地方高校教师资源配置均衡性和效率情况,对比分析省区间、高校间的差异,并在此基础上探讨内外部多维因素的影响。研究中采用的具体研究方法如下。

1. 文献研究法

本书通过广泛查阅、收集、鉴别和整理国内外有关高校教师资源配置、区域高等教育发展、区域教育资源配置、地方高校教师管理、西部高校教师队伍建设以及教育经济学、区域经济学和人力资源经济学等方面的各种图书、期刊、学位论文、政策文件、新闻报道、统计年鉴等资料,在对文献进行全面解读和比较、归纳分析的基础上,厘清教师资源及其配置的内涵,梳理相关理论发展的历史脉络和主要观点,分析和归纳教师资源的配置方式、特点和合理配置的标准,筛选教师资源配置均衡性和效率评价指标和方法,为研究的开展夯实基础。

2. 调查研究法

本书采用了"知识社会中的学术职业"(Academic Profession in Knowledge Society, APIKS)国际合作调查中国大陆子项目负责人沈红教授的部分相关数据。APIKS中国大陆调查开展于2018年6—8月,共发放网络问卷6070份,回收有效问卷2632份,覆盖22省120所高校,其中研究型大学40所,四年制本科院校80所。调查涉及的西部地区高校共31所,其中有7所教育部直属高校和24所地方高校[①],回收有效问卷562份,其中西部地方本科院校405份。该调查涉及职业与受教育状况、工作状况、教学、研究、外部活动、治理与管理等方面的内容。本书结合问卷调查的结果,深入分析西部地区高校教师学缘结构、教学科研工作负荷与岗位聘用情况等,以全面呈现西部地方高校教师资源配置的现状。另外,在教学和科研工作量对比分析时,还运用沈红教授主持的国家自然科学基金面上项目"2014年中国高校教师工作与发展调查"的相关数据,从5186个有效样本中选取西部21

---

① APIKS中国大陆调查包括的7所教育部直属高校为:电子科技大学、四川大学、西安电子科技大学、西安交通大学、长安大学、西南财经大学、西南交通大学;24所西部地方高校具体为:广西民族大学、广西师范大学、昆明理工大学、甘肃农业大学、兰州理工大学、陕西理工大学、四川师范大学、西安工程大学、西安理工大学、西北大学、延安大学、成都理工大学、西华大学、西华师范大学、西南石油大学、西南政法大学、重庆理工大学、重庆师范大学、石河子大学、新疆大学、新疆农业大学、云南大学、云南农业大学和云南师范大学。

所高校①的 1156 个样本(其中地方高校 14 所,有效样本 338 个)作为数据参考。

3. 数理分析法

本书采用指标分析方法呈现西部地方高校教师资源的数量和质量状况。采用指数分析方法,通过极差、标准差、差异系数和泰尔指数(Theil Index)等分析西部省区间和省区内地方高校教师资源配置的均衡性状况。针对地方高校的特点,在保证可测性和可获得性的基础上构建西部地方高校教师资源配置效率评价的投入和产出指标体系,并利用主成分分析方法对教育产出变量进行降维,将教育产出变量的主成分作为进行数据包络法效率分析的指标,采用 CCR 和 BCC 模型分析西部地方高校教师资源配置的静态效率,使用 Malmquist 指数评估教师资源配置的动态效率。在西部地方高校教师资源配置均衡性和效率实证结果的基础上,采用面板数据的 Tobit 回归模型,进一步分析区域经济发展水平、城镇化水平、市场化程度、区域高等教育学生规模、政府地方高等教育财政投入和高校财力与物力资源等因素对西部地方教师资源配置均衡性和效率的影响。

---

① "2014 年中国高校教师工作与发展调查"包括的 21 所西部高校具体为:四川大学、西安交通大学、电子科技大学、长安大学、西安电子科技大学、西南大学、西南财经大学、西北大学、云南大学、成都理工大学、西华大学、西南科技大学、成都大学、西华师范大学、西安理工大学、西安科技大学、西安工程大学、陕西理工大学、昆明理工大学、昆明大学、云南师范大学。

第一章 相关理论及其在本书中的应用

教师资源作为高校最核心的专门性人力资源,其人力资本的特殊性,决定了教师资源配置的独特性和复杂性。本章对研究所依据的人力资本理论和区域协调发展理论进行系统梳理,在这一基础上探寻基础理论和研究问题的结合点,具体论述教师人力资本的内涵、特点、类型和教师人力资本配置的特殊性,高校教师资源的优化配置,以及区域高等教育协调发展和高校教师资源的区域配置及其优化,在此基础上搭建理论框架。

第一节 人力资本理论与高校教师资源配置

一、人力资本理论

(一)人力资本的内涵

人力资本(human capital)的概念和思想的发展与完善经历了一个长时期的演化过程。人力资本的概念最早可以追溯到亚当·斯密等古典经济学家的观点。斯密较深刻地阐述了人力资本以及教育的经济意义,明确论述了知识作为投资结果的思想,他认为人们学习有用的技能是一种投资活动,所花的费用"可以得到偿还,赚取利润[①]"。但斯密没有将人力资本概念引入理论框架,后来到了19世纪,很多经济学家如萨伊、李斯特、马歇尔开始将人的技能和能力看成一种资本。其中,马歇尔明确地指出"所有的投资中,最有价值的是对人本身的投资[②]"。直到20世纪50年代末,以西奥多·W. 舒尔茨、加里·S. 贝克尔、雅各布·明塞尔等人为代表的经济学家,才将传统的资本理论的概念和方法系统地应用于人力因素及其相关行为的分析中。

目前对人力资本概念的界定大多沿用了美国经济学家舒尔茨和贝克尔对人力资本的解释。舒尔茨认为"人力资本是由人们通过对自身的投资所获得的有用的

---

① [英]亚当·斯密:《国民财富的性质和原因的研究(上卷)》,郭大力,王亚南,译,北京:商务印书馆1972年版,第257-258页。
② [英]马歇尔:《经济学原理(上卷)》,北京:商务印书馆1965年版,第125页。

能力所组成的""人力资本即知识和技能①""人力资本的显著标志是它属于人的一部分。它是人类的,因为它表现在人的身上;它又是资本,因为它是未来满足或未来收入的源泉或两者的源泉②"。贝克尔在坚持人力资本就是人的才能的基础上,强调人的这种能力将对其"未来货币收入和心理收入"产生重要影响,他认为"人力资本是一种非常不能流动的资产③"。自舒尔茨将教育作为一种重要的人力投资形式之后,人力资本概念逐渐得到充分发展。现代西方主流经济学家认为"人力资本是体现在人身上的技能和生产知识的存量④"。

总体来说,人力资本是指通过投资所形成的、凝聚在劳动者身上的知识、技能及其所表现出来的能力的总和。广义的人力资本还包括身心健康以及获取信息的能力等⑤。这些能力是具有经济价值的资本,劳力者的这些能力越强,其人力资本存量就越大。如果从群体角度(如一个国家或地区)分析,人力资本是指蕴含于人口群体中每个人体内,后天获得的具有经济价值的知识、技能、能力及健康等质量因素的综合⑥。

(二)人力资本的特征

与物质资本相同,人力资本也具有稀缺性、增值性和可变性的特征。除此以外,人力资本还具有依附性、能动性、时效性、变动性、替补性和外部性等特征。

(1)依附性。人是人力资本的天然载体,人力资本与其承载者不可分离,其价值的实现和新增价值的创造,只有在生产劳动过程中,与物质资本相结合,通过人力资本载体的工作或劳动来实现。

(2)能动性。由于人具有主观能动性,人力资本载体可以凭借自身的知识、能力和素质,"主动"去选择和非人力资本结合。当人力资本载体得不到有效激励时,会减少其人力资本的供给;当人力资本载体受到激励时,会表现出很强的适应性和创造性。因此,物质资本、货币资本等非人力资本的价值的实现和发挥受其承载者个人偏好的影响。

(3)时效性。人力资本的形成和使用具有时间上的限制,若得不到及时、有效地开发和利用,就会降低或丧失其价值。因此,在有限的时间内,人力资本主体需要通过不断学习和丰富知识和经验,使人力资本保持增值。

---

① [美]西奥多·W. 舒尔茨:《论人力资本投资》,吴珠华,等,译,北京:经济学院出版社1990年版,第205、43页。
② [美]西奥多·W. 舒尔茨:《人力资本投资——教育和研究的作用》,蒋斌,张蘅译,北京:商务印书馆1990年版,第40页。
③ [美]贝克尔:《人力资本》,梁小民,译,北京:北京大学出版社1987年版,第64页。
④ [英]约翰·伊特韦尔,等:《新帕尔格雷夫经济学大辞典(第2卷)》,陈岱孙,译,北京:经济科学出版社1992年版,第736页。
⑤ 岳昌君,吴淑姣:《人力资本的外部性与行业收入差异》,《北京大学教育评论》2005年第4期,第31-37,49页。
⑥ 李宝元:《人力资本与经济发展》,北京:北京师范大学出版社2000年版,第21页。

(4)变动性。人力资本的存量、增量及其构成要素的价值都在不断变动之中。一般来说,随社会需求和供给的变化,人力资本构成要素的价值也会发生变动。

(5)替补性。高质量的人力资本,不仅可以促进其他资本的充分利用,还可以弥补或替代其他稀缺资本的不足,有利于增加产出总量。

(6)外部性。人力资本也是生产性资本,是生产过程中必不可少的生产要素和重要的经济资源,还是一种含义更为丰富的社会资源。当人力资本被使用时,可以创造经济价值,并产生知识和创新能力的溢出效应,直接或间接地带来社会收益,对经济发展起着促进作用。

(三)人力资本的类型

人力资本的意义在于强调劳动力的异质性,要准确把握人力资本存量的异质性,就必须对人力资本进行分类。从不同的角度,按照不同的划分标准可以把人力资本分为不同类型。

根据人力资本的用途和使用范围的不同,可以将其划分为通用性人力资本和专用性人力资本。前者由基础性和普遍实用性的知识和技能构成,后者由特殊行业或组织内部可用性的知识和技能组成。一般来说,人力资本投资程度(时间和额度)决定着其专用性程度,投资程度越强,人力资本专用性也越强。通用人力资本可以通过教育、培训和更多的"干中学"向专用性人力资本转化。

按照人力资本所具有的生产力的不同形态,可分为同质型人力资本与异质型人力资本。同质型人力资本是指在一段时间内,具有边际报酬递减生产力形态的人力资本。异质型人力资本是指具有边际报酬递增的优质人力资本形态,也是促进经济增长的主要力量。当然,异质型人力资本的边际报酬递增属性会发生变化,主要受社会经济和个人的发展变化的影响,并且在配置上也因人而异。具体表现为,个体的异质型人力资本类型会存在不同,或者类型相同但数量上不同。正是因为异质型人力资本配置的差异,使得个人的经济价值和权能结构等有很大的区别。

(四)人力资本配置的特殊性与目标

1. 人力资本配置的特殊性

人力资本作为一种生产要素,也存在"配置"问题。在人力资本理论中人力资本配置实际上就是人力资本与物质资本的一种契约均衡,研究如何配置已形成的人力资本问题,解决的是"把适宜的人合理地安排在适宜的位置上"的问题。人力资本配置就是市场或调控者根据市场供求状况或主客观判断,按价值规律,将人力资本在区域、部门和企业中进行的分配和安排,以实现经济活动中人力资本与其他资源的结合,从而创造新价值的过程[①]。人力资本配置可以分为宏观配置和微观配置,实质上是人力资本有效动态平衡的过程。

---

① 赵秋成:《人力资源开发研究》,大连:东北财经大学出版社2001年版,第27页。

人力资本的独特属性决定了其配置的特殊性,具体表现在以下方面。

(1)人力资本配置的基础性。人是所有社会和经济活动的主体,人力资本的使用效率是物质资本使用效率和整个资源配置效率的基础。同时,人力资本主体的能动属性使得人力资本配置问题比物质资本更为复杂。

(2)人力资本配置的依附性。其一,人力资本不可脱离其所有者而独立存在,人力资本配置必然外在地表现为对人的配置,配置过程表现为人力资本主体的流动过程。人力资本不可买卖,只可以让渡其使用权。同时,这种依附性也必然带有一定的社会属性,产权制度、激励制度、个人的主观意志等要素会影响人力资本配置效率的发挥。其二,人力资本的作用不可能独立发挥,因此,其配置必须与物质资本等其他形式资本的结构相互协调。同时,人力资本的配置会受到比非人力资本流动更多的条件约束,如道德、社会关系和文化、历史传统等社会因素。

(3)人力资本配置的层次性。由于人力资本投资程度的差别,不同个体的人力资本存量呈现层次性分布,故不同个体适合的岗位或领域也有所不同。因此,在配置过程中需要注意合理使用,避免人力资本浪费和不足。

(4)人力资本配置的动态性。人力资本的形成和积累是不断发展的过程,其类型也会发生变化。因此,如果人力资本得不到及时有效的利用和调整,便可能贬值,人力资本的错配会降低人力资本效率。

(5)人力资本配置的刚性。由于人力资本形成的周期较长,对人力资本的类型和存量的要求,不同职业、不同岗位的差异较大,加之一些制度性障碍,人力资本重新配置的成本和转换难度都较高,尤其是专用性很强的人力资本。

在人力资本供需市场上,由于人力资本的价值难以直接和准确地度量,人力资本、物质资本的所有者的信息也不对称,因此在人力资本与物质资本结合的过程中,人力资本配置的核心问题便是人力资本配置信号的传递问题。为此,雇主必定最大限度地寻找能够展现雇员实际生产能力的信号,从而规避风险。这些信号不仅包括如性别、年龄、家庭背景等这一类无法改变的信息,还包括雇员通过自身努力可以改变的人力资本价值的一些外在标识,如受教育年限、所获得的衡量人力资本质量的证书、工作年限等,这些标识可以成为其价值传递的信号。为了节约生产成本,特别是减少搜寻成本,雇主会依据这些信号所传递的信息甄选出合适的雇员。在这里,教育除了被作为人力资本投资的主要途径,还被看作传递雇员能力高低的信号,有利于提高人力资本的配置效率。

2. 人力资本配置的方式与目标

人力资本配置方式的研究重点是人力资本的流动和转移主要依靠什么力量来驱动和实现。一般来说,人力资本配置方式主要有计划配置和市场配置两种。前者是根据国家经济发展战略目标和规划的要求以及各产业、地区和部门发展计划,由政府主导,各部门通过行政指令手段将人力资本统筹分配和使用的一种配置方式。这种配置方式的优点是:配置速度快和配置成本低,有利于人力资本在各经济领域间的合理和均衡配置,提高公平性。缺点是:采用强制性的行政手段,会忽视个人的意愿、需求和利益,不利于个体主观能动性的发挥,影响人力资本价值最大限度的实现。此外,人力资本宏观供求和配置信息较难准确获得或者掌握不完全,会导致人力资本短缺与过剩并存,人力资本配置效率低下。

  人力资本市场配置是通过薪酬、竞争机制以及供需机制的自动调节功能,结合各种措施制度来实现人力资本的转移和配置的方式。优点是:在人力资本供求双方意愿和成本收益比较的基础上进行自由选择,在完全竞争的条件下,有利于形成较高的配置效率。缺点是:由于人力资本市场发育完善程度和信息不完备等,市场配置中存在着市场制度建设不完善或者信息不对称等导致的配置失灵问题,会造成人力资本配置的不均衡或市场秩序紊乱,忽视或淡化宏观效益和社会效益。

  因此,无论是政府还是市场,当其作为唯一的资源配置、使用和产出分配机制时,都不可避免地存在着缺陷。所有关于政府、市场的优势和缺陷比较都是在不完善政府与完善的市场,或不完善的市场与完善的政府之间进行的,而真实的选择应该在不完善的政府和不完善的市场,或两者之间的不同组合间进行[①]。在社会主义市场经济条件下,应在适合的空间和范围内建立市场与政府进行人力资本的共同配置以及国家调控有效结合的配置方式,让市场配置在国家宏观调控下对人力资本发挥基础性配置作用。

  与一般资本的配置目标相同,人力资本配置也具有效率和公平的双重目标。其效率性目标是使人力资本得到最大程度的使用,让其效能得到充分的发挥。宏观上表现为人力资本配置结构要与物质资本结构、国民经济发展规划目标等相一致,微观上给不同层次的人力资本选择适合的岗位,做到"人尽其才"。其公平性目标主要是使人力资本在区域、部门及行业分布形成良性结构。人力资本对经济发展有重要的促进作用,因此人力资本的配置结构会对其他经济资源的有效配置、区域和部门结构的优化以及经济的均衡发展都产生重要影响。若人力资本配置结构不合理,不仅会造成人力资本的浪费和不足并存,而且会形成如地区差距扩大、收入分配不公平等问题,也会影响人力资本和社会资源系统的配置效率。

二、高校教师人力资本及其配置

(一)高校教师人力资本的特点

  根据人力资本的概念和特点,笔者认为高校教师的人力资本就是在后天接受的系统学习和各种教育培训以及健康、社会保障等各方面的投资下,所形成的教师所拥有的知识、技能、能力、道德素养等的总和。

  除了一般人力资本的特征,高校教师人力资本还具有自身鲜明的特点。

---

① Wolf Jr C. Markets or governments: Choosing between imperfect alternatives (2nd Edition), Cambridge: MIT Press, 1993, p2.

（1）极具稀缺性。人力资本从形成到发挥具体作用都离不开人，而人的生命周期是有限的，因此能投入教育、培训等方面，用于增加人力资本价值的时间十分有限。相对其他形式的人力资本来说，高校教师作为知识创新的主体，其所从事的工作具有创造性、复杂性等特点，专业成长周期长，前期人力资本投入高。因此，高校教师人力资本的凝结比一般人力资本需要投入更多的时间、资金和机会，极具稀缺性。

（2）更高的能动创新性。人力资本区别于物质资本的根本标志就是人具有主观能动性。作为高质量、高层次的特殊的人力资源，高校教师拥有学术探究的理念与精神，能运用自身丰富的人力资本存量，在其专业领域内不断地发现知识和创造知识，创造性地从事教育和科研活动，他们的劳动具备智能性和创新性的特点。虽然教师的人力资本的存量和结构有所不同，其创造力的强度和方向也有所区别，但课程教学、人才培养的质量都与教师主观能动性的发挥有着非常紧密的关系。

（3）较大的收益外部性。高校教师在教育教学、科学研究等活动中使自身的知识量得到扩展，专业技能得到提升，获得了人力资本的增值；同时在教育实践中，促进受教育者的人力资本的形成，有利于提高劳动生产率，促进技术的进步。其所从事的科学研究和社会服务产生的研究成果会产生较大的社会经济效益，也是正的外部性的体现。

（4）较强的潜在流动性。由于教师人力资本依附于教师个体，主体无法转让，高校组织只具有教师人力资本的使用权而没有所有权，在市场竞争和选择机制的作用下，高校教师具有较强的竞争力。教师人力资本中的学术资本往往被看作一种稀缺资源，在受到生活和职业发展环境、社会声望和经济利益等多重因素影响下，高校教师具备很高的潜在流动性[1]。当然，教师人力资本也在竞争和流动中实现增值，体现其应有的价值。

（二）高校教师人力资本的分类

首先，人力资本个人占有的天然性决定了高校教师人力资本的专用性特征[2]。教师拥有长期的学校教育、工作经验积累以及"边干边学"形成的仅适用于特定环境和专业的隐性或显性的知识与技能，即教师的专用性人力资本。教师人力资本投资程度越高，教师人力资本的存量会增大，专用性也会越强。教师的专用性人力资本一旦形成，再离开所从事的岗位或领域，其创造价值的能力可能会下降，教师人力资本也会发生贬值，并产生沉没成本。这对高校来说，损失会更大，也会带来较高的社会成本，进而影响高校教师的流动。

其次，教师人力资本的专用性因教师类型不同而有较大的差异，其中异质型人

---

[1] 李志峰：《漂移的学术：当代中国高校教师流动》，北京：知识产权出版社2020年版，第172页。
[2] 程启学，刘凤义：《人力资本产权特征下的高校教师队伍管理机制探索》，《中国高等教育》2007年第Z3期，第65-66页。

力资本的专用性最强,因此其具有不可替代性。不同类型的高校教师所拥有的人力资本形态也有所不同,一般教师在一定阶段内,拥有的主要是同质性人力资本,是教师资源的基础部分。学术带头人或者骨干是异质型人力资本的载体和培育的主要促进者,是教师资源的尖端部分。当然,随着教师对专业知识和技能的不断学习和提升,人力资本也能得到积累,异质型人力资本存量也会增加。再经过教学实践和科学研究经验的积累,其异质型人力资本便会形成边际报酬递增效应,进而教师所在组织的创造力和竞争力等也会得到提升。

最后,人力资本的分类有益于对高校教师人力资本类型的理解,不同类型的教师人力资本对高校目标和任务实现的贡献程度是不同的。以某特定阶段教师人力资本的边际报酬递增或递减为依据,区分教师人力资本的同质性或者异质性,是以一种权变的观念对教师人力资本形态进行的判断和分析,不仅有利于对其进行动态激励,而且这种异质性正是实现人岗最佳组合的条件,这也揭示出高校教师资源的"非同质性"假设,更贴近学术劳动力市场的实际。

(三)高校教师人力资本配置的特殊性

高校教师人力资本的特殊性决定了教师人力资本配置过程的复杂性。在配置过程中如果以单一的教育信号作为专用性人力资本的配置规则,由于替代或互补信号的存在,会在一定程度上削弱纯粹教育信号的传递作用。因此,完整的教师人力资本的配置信号应是教学实践信号、学历信号和科研信号的综合。这些配置信号也是教师资源配置的基础。高校作为典型的教师人力资本密集的组织,其运营的直接成果是形成高校所特有的、难以被其他组织所复制和模仿的人力资源,并成为高校的持续性竞争优势。在高校教师资源的配置中,由于多样化的岗位需求,只有实行对教师资源的分类别、分层次的配置和动态管理,不同类型的教师人力资本与岗位需求之间才有可能相互匹配。在匹配的过程中要综合考虑学校和教师个人的发展,统筹教师资源的多种属性,如资历、学识、年龄、智能等因素。在教师资源配置实践中,由于这些属性的不同,教师的专业知识和实践经验等也存在个体差异,并处于不断变化之中。因此,很难按照理想的结构模式对教师资源属性和要素进行排列组合,教师资源配置主体和配置过程呈现出一定的复杂性,实现合理、有效配置目标的难度也较大。

三、高校教师资源的优化配置

有效的高等教育资源配置方式是置身于市场经济"土壤"上的政府、市场、学术三种力量张力与整合的相对均衡[①]。作为高校,当面对政府和市场两个资源配置主体时,会在政府已放权的范围内极力争取从两个渠道获取资源。高校自身作为

---

① 康宁:《中国经济转型中高等教育资源配置的制度创新》,北京:教育科学出版社2005年版,第347页。

资源主体是学术资源产生、交融、创新的领地,学术治理作为获取资源的手段,也必然会产生影响力。这三种力量混合使原有资源配置的一种方式演变为多种配置方式①。

高校教师资源配置主体主要有政府、市场和高校。这些配置主体有各自的分工和角色定位:市场是教师资源配置的基础性机制,政府是教师资源大系统的调控者,高校是中观层次系统的整合者。作为学术劳动力市场的主要供给方,高校教师必须拥有人力资本产权才能进入学术劳动力市场进行交易,明晰教师人力资本产权归属是学术劳动力市场形成和有效运行的前提。同时,只有在教师人力资本产权受到保护的情况下,教师人力资本才能在自愿和平等的原则上进行交易,成为一种互利的经济活动,有利于促进教师的合理流动,从而提高教师资源的配置效率。当然,由于当前学术劳动力市场发育还不完善,且存在不同形式和程度的分割,不仅有区域分割,学校类型分割也较为明显②,不同地区、不同类型高校教师的教学和科研的经济回报有明显的差异,从而造成教师资源配置的失衡。与部属高校和发达地区地方高校相比,西部地方高校的发展更需要发挥"有为政府"的作用③。

资源配置分为较高层次(资源在不同部门、地区和生产单位的分配)和较低层次(资源在一个生产单位、地区或部门的组织与利用)两个方面④。依据这一层次划分的角度,较高层次的高校教师资源配置主要关注在不同区域、类型和层次高校之间的分配,较低层次的高校教师资源配置主要着眼于地方高校内部教师资源的科学合理规划、组合和调配。

教育资源配置是否合理和达到最优,有三个重要指标——教育资源配置的充足性、效率和公平性⑤。作为最核心和重要的教育资源之一,教师资源分配的合理性和教师资源使用的有效性是其优化配置的重要判断标准,即不仅要促进高校教师资源的数量、质量等在不同区域、类型和层次的高校分布的相对合理,而且要提高高校教师资源的配置和使用效率,以充分发挥其在人才培养和科学研究等方面的作用。

高校教师作为具有极强流动性的高层次人力资本,受各方面利益的驱动,倾向于往经济社会较发达、收入水平较高的地区流动,偏远和欠发达地区对人才的吸引力不足,大量教师的外流会对欠发达地区的教师人力资本存量和经济发展产生不利影响。一定的制度安排也决定了不同地区、不同类型高校资源配置方式和由此

---

① 康宁:《中国高等教育资源配置转型程度指标体系研究》,北京:教育科学出版社2010年版,第49-50页。
② 李志峰,孙小元:《学术劳动力市场分割中的制度影响、院校选择与学科依附》,《高等工程教育研究》2012年第5期,第69-76页。
③ 郭裕湘:《基于新结构经济学视角的西部地区高校学术竞争力研究》,广州:暨南大学出版社2020年版,第74页。
④ 厉以宁:《非均衡的中国经济》,北京:中国大百科全书出版社2009年版,第3页。
⑤ 柯佑祥:《民办高校定位、特色与发展研究》,武汉:华中科技大学出版社2013年版,第153-154页。

产生的教师资源配置效率。高校教师资源外部效益的发挥程度与所在区域的自然资源和文化资源等因素构成的环境紧密相关。高校教师资源配置效率的提升需要高校建立合适、有效的教育资源配置机制和教师激励机制,最大限度地调动教师资源主体的主观能动性和创造性,实现教育效益的最大化。

第二节 区域协调发展理论与高校教师资源的区域配置

区域是相对性很强、复杂交叉的空间概念,其严格的边界和范畴也较难划分。不同的学科对这一概念的理解各不相同,地理学依据自然地理特征将其定义为地域单元;政治学根据行政权力的覆盖面将其看成行政单元;经济学将其看作人类经济活动的空间载体和生产要素相联系的综合体。美国区域经济学家胡佛(E. M. Hoover)于1970年给出的定义最为流行,他认为区域是基于描述、分析、管理、计划或制定政策等目的而作为一个应用性整体加以考虑的一片地区。它可以按照内部的同质性或功能一体化原则划分[①]。在经济学视野中,区域界定或划分的空间方法认为,区域间存在差异性,区域内具有经济活动的内聚性和同质性,区域具有空间动态性、对外辐射性和范畴相对性,可把区域定义为在一定地理空间范围内具有同质性或内聚性,通过网络联结的具有主体功能的空间有机体[②]。

区域问题的研究起初是对区域生产力发展水平的关注而展开的。因此,区域发展理论是从区域经济发展理论中逐步形成的。区域经济发展的相关理论都强调生产资源的有限性,但有限的资源在区域内进行优化和组合,可以实现资源产出的最大化。不同的理论对于区域内资源配置的重点和布局主张以及对资源配置方式选择的不同,形成了不同的理论派别,其中区域经济均衡发展理论和区域经济非均衡发展理论是当今两大主要流派。

一、区域经济协调发展理论

国外区域经济协调发展研究起步较早,经历了新古典经济学的区域经济均衡增长理论和区域经济非均衡增长理论两个阶段。我国的区域经济发展战略经历了从区域经济均衡发展战略到区域经济非均衡发展战略再到区域经济协调发展战略的历程[③]。

---

① [美]艾德加·胡佛,[美]弗兰克·杰莱塔尼:《区域经济学导论》,郭万清,等,译,上海:上海远东出版社1992年版,第220-223页。
② 崔玉平,张杨,夏焰:《苏南高等教育与地区经济互动关系研究》,苏州:苏州大学出版社2013年版,第3页。
③ 李娜:《新时代下区域协调发展战略研究》,上海:上海社会科学院出版社2019年版,第1页。

(一)区域经济均衡发展理论的核心观点

区域经济均衡发展理论又称区域经济均衡增长理论,比较有代表性的理论主要有保罗·罗森斯坦-罗丹(Paul Rosenstein-Rodan)的"大推进理论"、纳克斯(Nurkse)的"贫困恶性循环理论"等。"大推进理论"建立在社会分摊资本、需求、储蓄供给的三个不可分性上,认为发展中国家解决贫穷落后问题的关键是实现工业化,其立足点是资本的形成。"大推进"就是同时地、全面地在各种工业部门进行大量投资,使其都发展起来,并产生规模经济效益和相互依赖的市场体系,从而实现经济的大发展[①]。"贫困恶性循环理论"认为,不发达国家由于普遍存在的低收入导致其在投资供给和需求陷入"恶性循环",强调平衡增长可以摆脱恶性循环,主张使各地区、各产业、各部门均衡发展,在改善供给的同时,形成相互支持性投资的格局,不断扩大需求。

区域经济均衡发展理论不仅强调不同产业或部门的均衡发展,也强调区域间或区域内部不同地区的平衡发展,即空间的均衡化,主张在各区域之间进行均衡投资和均衡生产力布局,以促进各区域经济的均衡发展。这为一些欠发达国家或地区进行大规模基础设施投资提供了理论基础。但该理论过分强调均衡和计划性,具有一定的缺陷,一方面这些国家和地区不可能同时具备推动所有产业和区域发展的资源和资本,另一方面资源具有稀缺性和不可再生性,在各产业和各区域之间进行平均分配是不可能实现的。

(二)区域经济非均衡发展理论的主要观点

区域经济非均衡发展理论主张选择若干部门或地区进行优先投资和发展,其他部门或地区通过这种投资带来的外部经济而逐步得到发展。具有较大影响和代表性的理论有:弗朗索瓦·佩鲁(Francois Perroux)的"增长极理论"、冈纳·缪尔达尔(Gunnar Myrdal)的"循环累积因果理论"、艾伯特·赫希曼(Albert Hirschman)的"不平衡增长理论"和约翰·弗里德曼(John Friedmann)的"核心—外围理论"等。

"增长极理论"认为增长并非同时出现在所有的地方,它以不同的强度首先出现于一些点或增长极上,然后通过不同的渠道向外扩散,并对整个经济产生不同的终极影响[②]。促进区域经济增长的最有效手段,是把有限的资源集中使用到带有拉动性或推动性的优势产业或主导部门的发展上,形成较强的创新和增长能力的增长极,并通过关联和乘数扩张效应,以点带面、以极带域,最终推动整个区域的增长。缪尔达尔对增长极理论的运行机制进行了补充论证,他认为社会经济发展中各种因素间存在着循环累积的因果关系,主要表现为"回波效应"和"扩散效应"两种相反的累积效应。区域差异会引起劳动力、资金、技术、资源等要素从落后地区

[①] 何雄浪,李国平:《国外区域经济差异理论的发展及其评析》,《学术论坛》2004年第1期,第89-93页。
[②] 李仁贵:《西方区域发展理论的主要流派及其演进》,《经济评论》2005年第6期,第57-62页。

向发达地区流动,产生"回波效应",造成落后地区要素匮乏,区域经济差距逐渐增大;而发达地区发展到一定程度后,资金、劳动力、技术等要素会倒流向落后地区,产生"扩散效应",促进和带动落后地区的发展。"循环累积因果理论"认为在市场机制的作用下,"回波效应"远大于"扩散效应",会使区域间的不平衡趋于强化,这也导致区域经济难以协调发展。该理论认为市场力量的作用会使区域间的差异加大,进而提出了区域发展的政策主张,强调政府采取积极的干预政策或特殊措施来刺激落后地区的发展。

以赫希曼为代表的"不平衡增长理论"认为平衡增长与不平衡增长是从不同角度、不同时期、不同阶段来考虑的,实现更高层次的平衡增长是不平衡增长的目的,经济增长的最有效选择是采取精心设计的"不平衡增长战略"。赫希曼指出,如果没有周密的政府干预,区域差异会不断扩大。政府应采取经济政策来抑制资本、人才向发达地区流动,落后地区应集中有限的资源和资本,选择和优先发展合适的投资项目,再逐步推动其他相关部门或产业的发展。可见,该理论从资源有效配置的视角,关注将有限的资源分配到最有生产潜力的产业,再通过优先发展和联系效应使经济发展的瓶颈问题得以解决。可以看出,该理论在区域经济非均衡发展规律的基础上,强调了重点产业或地区的优先发展,可以促进资源配置效率的提高[1]。

弗里德曼的"核心—外围理论"使增长极理论向动态化、系统化方向发展。该理论认为发展是由创新的累积而发生的,主要创新变革中心是"核心区",其余地区构成"外围区",创新经由核心区扩散到外围区,外围区的发展取决于核心区的制度[2]。该理论非常强调在与外围区共同组成的空间系统中核心区的支配地位,其位于从省级到世界的多层级空间系统的网络结构上,决定了该地区空间系统的存在。创新的扩散会使核心区逐步增长,从而推动空间系统的发展。随着政府干预、区际人口迁移、市场扩大、运输改善和城市等级扩散,中心和边缘的界限会逐渐消失,达到空间经济一体化[3]。该理论分析了互不关联的区域如何变成彼此联系但发展不平衡,又从极不平衡变成相互关联、平衡发展的区域系统,解释了经济空间结构的演变模式[4]。可见,该理论强调长期的地理渗透效应对后发区域经济发展和减少区域差距起着重要的作用,对制定区域发展政策有重要的指导意义。但以上理论都没有阐述区域经济非均衡发展的合理界限问题,忽视了区域差距过大可能会给经济和社会发展带来的不利影响。

(三)区域经济协调发展理论的主张

1. 区域经济协调发展的内涵和实现机制

20世纪90年代以来,我国区域经济理论摒弃了以往区域经济均衡发展理论

---

[1] 方大春:《区域经济学:理论与方法》,上海:上海财经大学出版社2017年版,第120页。
[2] 李仁贵:《西方区域发展理论的主要流派及其演进》,《经济评论》2005年第6期,第57-62页。
[3] 彭朝晖,杨开忠:《人力资本与中国区域经济差异》,北京:新华出版社2005年版,第53页。
[4] 李前兵:《区域性中心城市的发展战略与路径研究》,徐州:中国矿业大学出版社2013年版,第13页。

和区域经济非均衡发展理论的缺陷,提出了区域经济协调发展理论。从广义来看,区域经济协调发展是第三条区域经济发展战略,也是赫希曼提出的"有控制的不平衡"发展战略。党的十八大以来,国家强调要深入推动区域协调发展,国家"十三五"规划纲要指出,"塑造要素有序自由流动、主体功能约束有效、基本公共服务均等、资源环境可承载的区域协调发展新格局"。党的十九大报告明确要求实施区域经济协调发展战略,是国家在新时代针对区域协调发展新特征做出的重大战略部署。可见,在推进国家治理体系现代化的实践中,区域经济协调发展战略是核心战略之一。

从均衡和效率关系的视角进行分析,区域经济协调发展的模式共有三种:其一是效率优先,兼顾东西部地区均衡,也就是向东部发达地区倾斜的发展模式;其二是东西部地区均衡优先,兼顾效率,也就是向西部不发达地区倾斜的发展模式;其三是兼顾效率与东西部地区均衡的模式,也就是东西部地区同步增长的发展模式①。结合各方学者观点,区域经济协调发展是指从国家战略发展的视角,以区域整体发展和效率、均衡兼顾为目标,充分发挥区域间各要素的优势和潜力,并按市场经济规则自由流动,促进各区域形成较强的自我发展能力。每个区域均满足其他区域的发展要求,发挥整体功能,并将区域差异控制在一定限度内或差异有缩小的趋势,呈现出区域间经济、社会、生态环境等方面合作日益增强的发展格局②。区域经济协调发展的实质是经济非均衡发展过程中不断追求地区间的相对平衡和动态协调发展,这也是区域经济走向成熟的标志,其内涵包括:正确处理公平与效率的关系,缩小区域经济差异;发挥区域优势,构建合理的区域分工体系;加快区域管理的制度基础建设,协调区域经济关系;实现区际要素流动的通畅,构建全国统一的大市场③。

实现区域经济协调发展的重要途径是形成区域间相互促进、优势互补的互动机制,主要包括以下方面。第一,市场机制。构建区域间要素流动的市场平台,消除行政区划带来的流动障碍,提高区域分工的有效性。第二,合作机制。各区域间形成多种形式的经济协作和技术、人才合作,有助于实现区域之间发展的优势互补,形成合力。第三,互助机制。发达地区通过各种方式帮扶和带动欠发达地区的发展,当然还必须注意到对落后地区自身可持续发展能力的培养,最终实现其自我发展。第四,政府干预机制。根据公共服务均等化原则,完善财政转移支付制度,加大对欠发达地区和各类问题区域的帮扶力度。第五,区际利益协调机制。形成

---

① 蔡思复:《我国区域经济协调发展的科学界定及其运作》,《中南财经大学学报》1997第3期,第21-25,109页。
② 郝寿义,倪鹏飞:《区域协调发展战略》,广州:广东经济出版社2020年版,第6页。
③ 孙久文:《区域经济学》,北京:首都经济贸易大学出版社2020年版,第202页。

合理的区际利益分配关系,使各个区域从主观上愿意进行区域合作,促进要素流动和构建有组织的空间体系①。

2. 区域要素空间配置与区域经济协调发展

由于区域经济发展差异的客观存在,不同区域之间的关联性就显得尤为重要,而不同发展程度的区域之间的关联和互动主要是通过要素的流动来体现的。区域经济协调发展的根本在于深化要素空间配置,实现要素在空间上的自由流动。区域经济协调发展理论强调破除限制要素自由流动的各种体制机制障碍,建立起区域一体化的市场体系,防止政府的越位、错位与缺位行为,在资源配置中发挥市场的决定性作用②。通过营造公平有序的竞争环境,实现资源要素的有序自由流动与平等交换,从而提高空间要素配置效率。

区域要素的流向可以分为正向流动、逆向流动与平行流动。总体上看,要素的平行流动,即发达地区之间或欠发达地区之间的横向流动有利于促进地区间的经济互动,实现资源的优化配置与比较优势的发挥③。由于区域间要素禀赋的差异,在市场主导的区际要素的逆向流动,即欠发达地区的要素(自然资源、资金、人才等)向发达地区流动,常常会拉大欠发达地区与发达地区之间的差距,对前者会有一定的不利甚至严重的影响。因此,要缩小区域发展差距,注重资源配置的均衡性,促进区域经济的协调发展,必须要以正确的区域政策为工具,通过合理的区域要素传导机制来引导要素在区际的合理流动。

二、区域高等教育协调发展

区域发展是包含区域经济、社会、科技等多方面发展的复杂系统。区域教育是区域社会发展的基础和子系统,其发展程度是衡量区域社会发展的重要指标之一。区域经济的发展不仅是区域教育发展的基础和前提,而且其理论相对成熟,为区域教育发展研究提供了重要的理论借鉴。区域经济均衡发展和区域经济非均衡发展理论是制定区域高等教育发展战略的理论基础,我国高等教育发展战略建立在区域经济非均衡发展理论基础上④。该理论承认区域差异的客观现实,为了统筹区域高等教育并促进其共同发展,强调培育增长极等模式的区域经济非均衡发展。

(一)区域高等教育的内涵

随着生产力和科学技术水平的不断提高,高等教育逐渐由社会边缘走向中心。高校以人才、知识、学科等方面无可替代的优势,与政府和区域的关系越来越密切。作为知识与人力资本积累的主要途径,高等教育与技术进步这一经济增长的源泉具有天然联系,通过人才输送与科学研究,直接或间接地促成技术进步,从而与区

---

① 孙久文:《区域经济学》,北京:首都经济贸易大学出版社2020年版,第200-201页。
② 殷德生:《中国发展道路的政治经济学》,上海:上海人民出版社2018年版,第197-198期。
③ 楼洪豪:《区域经济协调发展——理论、方法与实证》,北京:中央文献出版社2008年版,第25页。
④ 赵文华:《高等教育系统论》,桂林:广西师范大学出版社2001年版,第268页。

域经济增长发生必然互动①。2015年12月修订的《中华人民共和国高等教育法》第十三条中写道"国务院统一领导和管理全国高等教育事业。省、自治区、直辖市人民政府统筹协调本行政区域内的高等教育事业,管理主要为地方培养人才和国务院授权管理的高等学校。"可见,我国高校实行的是以省级为主体的管理体制,提供高等教育的方式和政策主要以行政区域划分为依据,高等教育管理的整体结构依据行政区域层次与归属而形成。

由于区域的大小可以根据研究的目的和需要,以一定的标识来界定和规范。本书研究的区域是在考虑省级行政单位这一高等教育区域基本单元的基础上,由具有同质性或内聚性,具有一定的共同利益的彼此邻接的地域单元组成的地区。所涉及的"区域"包括几个层次的内涵:第一,采取我国现行行政划形成的31个省、自治区、直辖市(不包括港、澳、台)作为基本区域单位,如西部12个省区市;第二,在行政区划基础上形成的大区域概念,如西部地区。区域高等教育既具有高等教育发展的一般规律,也表现出区域发展的特殊性。由于同一区域内高等教育不仅有着共同的发展目标和方向,而且采取统一的教育协作和沟通手段。因此,在遵循国家教育发展战略的前提下,区域高等教育发展的本质是根据区域经济社会发展的需求,合理规划区域内高等教育的层次和布局,科学统筹区域高等教育的规模、结构、质量和效益,使之与社会经济发展相协调。

(二)区域高等教育协调发展的含义

与以往研究的逻辑起点为"均衡发展"或者"互动发展"不同,教育协调发展是一种新的指导性价值观,是政府在教育的公共政策层面所采取的基本态度和方式,包括宏观的统筹规划、调动配置资源和协调平衡关系等,是动态的、由不均衡到阶段性均衡再到新的不均衡的持续发展演进过程②。由于高等教育管理权限的下放和区域经济发展的非均衡性,区域间和区域内部高等教育发展存在严重的不协调,在一定程度上影响了我国区域经济社会的全面协调发展。

在高等教育高质量发展的进程中,其改革发展的战略目标之一是发展与区域资源要素相适应、与区域经济社会发展相契合的高等教育体系。区域高等教育的协调发展成为解决高等教育区域发展不平衡和不充分的客观选择③。其包含区域经济、人口等外部因素与高等教育的协调发展、各区域之间高等教育的协调发展和区域高等教育内部系统的协调发展等方面④。此外,由于高等教育体系的分层次性和多样化,高等教育协调发展还体现在不同层次和类型高校组群间或者组群内

---

① 张振助:《高等教育与区域互动发展论》,桂林:广西师范大学出版社2004年版,第17页。
② 谢维和:《效率与公平:高等教育资源区域分布与协调发展研究》,杭州:浙江教育出版社2018年版,第9-10页。
③ 张发旺:《区域高等教育协调发展:多维目标选择与战略统筹机制》,《中国高教研究》2020年第8期,第6-10页。
④ 崔玉平:《区域高等教育的经济学分析》,哈尔滨:黑龙江人民出版社2011年版,第231-232页。

部的协调。

可见,从区域高等教育外部协调角度来看,高等教育协调发展主要表现在高等教育规模、结构、质量和效益等与区域经济社会发展外部因素之间的协调。从区域高等教育联动角度来看,高等教育协调发展主要体现在区域间和区域内的协调共进,其本质是缩小区域高等教育水平的差异,实现教育资源的流通、互补与共享,其核心要义是基于区域要素禀赋差异、经济社会发展水平和重大需求、高校办学定位等综合因素的高等教育高质量、错位发展与整体水平的提升。

三、高校教师资源的区域配置及其优化

高等教育发展受到区域条件和特征的制约与影响,高等教育资源作为维系高等教育系统正常运行的各要素总和,能够综合反映区域所具有的结构性、层次性和差异性特征。区域高等教育协调发展的主要目标是在缩小区域之间高等教育发展差距的基础上,在地理位置相邻或者地理和文化特征相似的省域之间、省域内各地区之间、城市之间,通过科学合理的地区分工与协作,在大区域范围内优化高教资源配置结构,提高资源配置效率,提升高等教育对区域经济社会的贡献率,促进区域共同繁荣[①]。高等教育资源已成为区域协调发展的战略性财富[②],不同区域高教资源总量和资源配置效率的差异,必然会导致区域高等教育发展的水平和结构的差异。高等教育区域协调发展的过程本质上就是高等教育资源优化再配置的过程[③]。区域高等教育的协调发展不仅要更加注重高校发展和资源获取机会的公平,还要更加关注教育资源配置的均衡性与有效性,促进区域间和区域内高校的协同发展。

由于区域经济发展差异的客观存在,要实现区域的共同繁荣,不同区域之间的关联性就显得尤为重要,这种关联和互动是通过资源的流动来体现的。因此,基于教育资源合理、有序流动的区域高等教育资源有效配置便成为区域高等教育协调发展的理性路径。从欧洲教育一体化尤其是高等教育一体化的进程中不难发现,促进人员的跨境流动是一体化进程的重要切入口[④]。新区域发展格局中的高等教育改革,首要贡献在于转变了高教资源组合和流动方式,使政策实施通道堵塞口得以疏通,通过输血引流改变了区域人才流动的成效,实现以人才驱动的区域协调发展[⑤]。

---

① 崔玉平,夏焰:《区域高等教育联动改革与协调发展的经济意义——基于长三角地区的分析》,《清华大学教育研究》2012 年第 1 期,第 40-45 页。
② 谢维和:《高等教育:区域发展的新地标》,《中国高教研究》2018 年第 4 期,第 12-15 页。
③ 段从宇:《中国高等教育区域协调发展研究》,北京:科学出版社 2015 年版,第 15、171 页。
④ 吴卫东,李丽娟,高原:《欧洲教师:欧洲一体化进程中教师教育的新概念》,《全球教育展望》2019 年第 6 期,第 110-118 页。
⑤ 卓泽林,杨体荣,马早明:《高等教育改革如何促进区域协调发展——以京津冀、长三角和粤港澳大湾区为例》,《江苏高教》2020 第 12 期,第 35-43 页。

作为区域高等教育人力资源的主体,高校教师资源是活跃性和流动性最强的第一资源,也是区域间、高校间争夺的主要对象。当前,一方面,高校和主管部门承担了较多的教师资源配置职能,在某些方面限制了高校教师资源的流动范围,制约高校人才合理规划和利用以及教师资源的有效配置;另一方面,由于我国区域间高等教育发展水平和质量仍然存在较大差异,高校师资流向较为单一,落后地区的普通高校因师资发展基本资源匮乏和对优质教师资源吸引力不足等问题而常常处于不利地位,人才流失现象极其普遍,师资发展依然较为迟缓。为了推动区域人力资本的积累以提高区域自主创新能力,高校教师资源的合理规划和均衡配置已成为提升区域整体经济社会发展综合实力的必然趋势和选择①。与此同时,高质量教师队伍的建设和教师资源的合理流动不仅有利于优化区域和高校间教师资源的结构,保持区域师资队伍的活力,而且有助于缩小高校教师资源区域配置的差异,为促进区域高等教育协调发展提供有力保证。

第三节 本书的理论框架

人力资本理论关于人力资本的特征和分类,人力资本配置的特殊性和目标的论述揭示了教师人力资本作为一般人力资本的规律,为高校教师资源配置的研究提供了分析工具。

第一,人力资本的分类有益于理解高校教师人力资本的类型。不同类型的高校教师所拥有的人力资本形态不同,教师人力资本的专用性也有很大的差异,其中异质型人力资本的专用性最强,具有不可替代性。学术带头人或者骨干是异质型人力资本的载体和培育的主要促进者,一般教师在一定阶段内,拥有的主要是同质性人力资本。由于不同类型的教师人力资本对实现高校目标的贡献程度不完全相同,这种教师人力资本的"非同质性"也正是实现人岗最佳组合的条件。依据不同的教师人力资本类型,教师资源也存在数量和质量的特征。因此,在分析西部地方高校教师资源的数量和质量配置情况时,进行了分类探讨。

第二,高校教师人力资本的特殊性,决定对其依附的教师资源配置过程具有复杂性。由于完整的教师人力资本的配置信号应是教学实践信号、学历信号和科研信号的综合,这些配置信号也是教师资源配置的基础。但教师资源主体的年龄、资历、学识、智能等要素具有动态性和个体差异,按照理想的结构模式对这些要素进行排列组合很难实现。在教师资源配置实践中,除了教师资源的数量,教师资源的质量和配置结构也是影响教师资源配置效果的重要因素。教师资源质量即教师人

---

① 许烨:《区域高等教育教师资源建设战略规划》,《湖南省社会主义学院学报》2016第3期,第78-81页。

力资本存量的大小这些内在素质难以测评,需要借助一些显性指标来考量,如教师学历、职称以及年龄等。同时,鉴于一定时期内,高校教师资源的数量和质量都相对固定,由不同年龄、学历、学术水平和学缘关系组成的教师资源结构比例,也直接关系到高校教师资源配置的效果。因此,研究中对教师资源质量的实证分析采取了显性指标来衡量,并结合教师资源结构的分析来全面呈现高校教师资源配置的效果。

第三,在人力资本配置计划和市场方式的基础上,教师资源的配置主体除了政府和市场,还有高校,这三种力量都影响着高校教师资源配置目标的实现。与人力资本配置的目标相同,教师资源配置也具有公平性和效率性的双重目标。在宏观层面上,高校教师资源配置的公平性目标主要是使教师资源在不同区域、不同类型、不同层次高校的配置形成良性结构。不断缩小不同区域间和区域内相同类型和层次的高校教师资源配置的差异,实现教师资源配置的相对均衡。高校教师资源配置的效率性目标主要是使高校教师人力资本得到最大程度的使用,让其效能得到充分的发挥。即通过一定数量和质量的高校教师资源投入和科学合理的分配使用,在人才培养、科学研究等方面实现收益最大化。相应的高等教育产出越多,高校教师资源闲置和浪费的现象就越少,教师资源配置就越有效。研究中根据对象和范围的界定,主要聚焦宏观视角下高校教师资源配置的公平性和效率性目标,具体分析时通过探讨西部省区间及省区内地方高校教师资源配置的均衡性和教师资源配置效率来综合判断西部地方高校教师资源配置目标的达成程度,并以此为基础,深入剖析政府、市场、高校三个视角下多维因素对西部地方高校教师资源配置的影响。

在区域均衡增长理论与区域非均衡增长理论基础上发展起来的区域经济协调发展理论,对其内涵、目标和实现机制的分析,为区域高等教育协调发展视域下西部地方高校教师资源配置的研究提供了重要理论参照。

第一,区域协调发展强调以区域整体发展和效率、公平兼顾为目标,深化要素空间配置,通过营造公平有序的竞争环境,将区域差异控制在一定限度内或差异有缩小的趋势,实现资源要素的有序自由流动,提高空间要素配置效率。沿用至区域高等教育的协调发展中,强调通过区域间科学合理的分工与协作,在大区域内优化高等教育资源的空间配置结构,缩小区域差异并增强教育资源的流通与共享,促进与区域经济社会发展相适应的高等教育体系的发展,实现区域间和区域内高等教育的协调共进。区域高等教育的协调发展不仅包括高等教育规模、结构、质量和效益等与区域经济社会发展外部因素之间的协调,还包含各区域间高等教育和区域高等教育自身内部系统的协调,以及不同层次和类型高校组群间或者组群内部等多方面的协调。在协调发展的过程中,需要更加关注高校发展和资源获取机会的公平,并更加注重教育资源配置的均衡性与有效性。基于此,在分析西部地方高校教师资源配置的均衡性和效率时,本书注重评价西部省区间和省区内地方高校教师资源配置的差异和变化,强调在区域差异逐步缩小的基础上,实现区域间和区域内地方高校的协同发展。同时,在分析均衡性和效率的影响因素时,关注到区域经济社会发展和高等教育资源水平等对西部地方高校教师资源配置的影响。

第二,区域协调发展的模式为高校教师资源区域配置的均衡性和效率关系的理解提供了理论参照。区域经济协调发展有兼顾效率与东西部地区均衡的模式,即东西部地区同步增长的发展模式。这些区域经济发展的战略模式,实质上也是缩小区域经济发展的差异性和实现区域间均衡发展的有效对策。借鉴此思路,西部高等教育协调发展也要注重兼顾西部省区间均衡和效率的同步增长发展模式。区域高等教育发展的差异性客观存在,采取适当策略缩小这种差异性是区域高等教育协调发展的中心问题。高校教师资源区域配置的不均衡,只有通过区域之间的相互合作和优势互补,使得区域间和区域内教师资源得到充分利用,才能同时达到整体最佳的配置效率和实现区域之间的均衡发展。因此,区域高校的协同发展是解决区域间高等教育发展不均衡的有效方式。

第三,区域协调发展主要包括市场机制、合作机制、互助机制、政府干预机制和区域利益协调机制。这些机制对西部地方高校教师资源优化配置的机制构建提供了理论借鉴。构建科学的运行机制是促成区域高校教师资源配置有序发展格局的积极推动力量。为了增强区域自主创新能力和人力资本的积累,构建与区域经济社会发展相适应的高校教师资源体系,制定合理的高校教师资源配置规划至关重要。研究中除了注重分析市场因素和政府干预因素等对西部地方高校教师资源配置均衡性和效率的影响,还借鉴区域协调发展实现机制的五个方面内容提出西部地方高校教师资源配置的优化策略,以推动区域高等教育联动和协调发展。

综上,基于人力资本理论和区域经济协调发展理论提供的分析工具和理论观点,本书的理论分析框架如图 1-1 所示。本书在西部地方高校教师资源配置数量和质量现状分析的基础上,综合教师人力资本配置和区域高等教育协调发展下教师资源配置的公平性和效率的双重目标,分别从西部省区间与省区内地方高校教师资源数量和质量配置均衡性,以及西部地方高校教师资源配置的静态效率与动态效率等方面进行深入剖析,客观呈现西部地方教师资源配置空间格局和变化态势。再围绕与教师人力资本配置的主体——市场、政府和高校相关的因素,实证分析这些因素对西部地方高校教师资源配置均衡性和效率的影响,最终提出西部地方高校教师资源配置的优化策略。

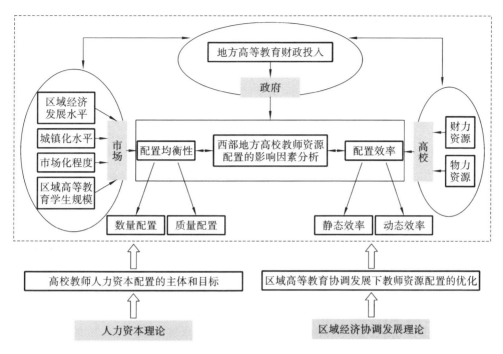

图 1-1 本书的理论分析框架

第二章　西部地方高校教师资源配置的现实审视

高校作为人才的集散地,其所蕴涵的人力资本比其他机构和组织都更丰富。西部地方高校作为西部地区人才培养的主力军,高校教师资源是西部高校发展的决定性因素,其发挥的作用与教师资源的配置密不可分。本章在西部地区高校发展现状介绍的基础上,从静态意义和空间分布的视角,基于西部地方高校教师总数和外聘教师数量、生师比、"双师型"教师数量来呈现教师资源的数量配置现状,基于教师队伍的学历、职称、年龄、学缘等结构情况分析呈现教师资源的质量配置现状,基于调查数据分析西部地方高校教师的工作负荷和岗位聘用现状,全面、客观地反映西部地方高校教师资源配置的空间格局和现实状况,为后续的研究奠定基础。

第一节　西部地区高校的发展现状

一、高校数量稳步增长但国家重点建设高校数量偏少

由于自然、社会和历史等因素,西部地区经济发展相对滞后,高等教育的发展存在"底子薄""基数小""发展难度大"等困境。改革开放以来,西部地区普通高校有了一定的发展。如表2-1所示,1989年西部地区普通高等学校总数为255所,不到当年全国普通高校总数的四分之一。1993年开始,国家按照"共建、调整、合作、合并"的方针,对高等教育管理体制进行改革,多数高校由地方管理或以地方管理为主。1998年7月,《关于调整撤并部门所属学校管理体制的规定》将高等教育管理条块分割的横向权力结构打破。在《1998—2002年教育振兴行动计划》中,许多项目也使地方与学校得到了更多发展空间与实力[1]。1999年高校开始扩招,我国高等教育规模急速扩张,增加了高等教育入学机会,有力推进了我国高等教育的跨越式发展。回顾这一阶段,我们可以清晰地看到,占全国高等教育机构总数约80%的地方高等院校在增加高等教育机会供给、吸纳扩招学生、普及高等教育升学

---

[1] 康宁:《中国高等教育资源配置转型程度指标体系研究》,北京:教育科学出版社2010年版,第218页。

表 2-1　1989—2019 年西部地区普通高校及本科院校数量的变化　（单位：所）

省区	1989年 普通高校总数	1998年 普通高校总数	2008年 普通高校总数	2008年 本科院校	2008年 中央部属高校	2019年 普通高校总数	2019年 本科院校	2019年 中央部属高校	2019年 一流大学建设高校	2019年 一流学科建设高校
内蒙古	19	19	39	12	0	53	17	0	0	1
广西	24	28	68	28	0	78	38	0	0	1
重庆	—	22	47	22	2	65	26	2	1	1
四川	60	43	90	42	6	126	52	6	2	6
贵州	24	20	45	22	0	72	29	0	0	1
云南	26	26	59	24	0	81	32	1	1	1
西藏	3	4	6	3	0	7	4	0	0	1
陕西	48	42	88	51	6	95	57	6	3	5
甘肃	18	17	39	18	2	49	22	2	1	1
青海	7	6	9	4	0	12	4	0	0	1
宁夏	6	5	15	7	1	19	8	1	0	1
新疆	20	17	37	16	0	54	18	0	1	1
西部合计	255	249	542	249	17	711	307	18	9	19
全国总计	1075	1022	2263	1079	111	2688	1265	118	42	95
西部占比/(%)	23.72	24.36	23.95	23.08	15.32	26.45	24.27	15.25	21.43	20.00

注：由各年度《中国教育统计年鉴》整理所得，最后两列数据由教育部公布的名单整理所得。

方面发挥了核心作用①。

2000 年开始，"西部大开发战略"的实施对西部地区高等教育的发展产生了重要的推动力。到 2008 年，西部地区普通高校较 1998 年翻了一番，增加到 542 所（其中本科院校 249 所，中央部委高校 17 所）。经过改革开放四十余年的发展，截至 2019 年，西部地区普通高校共 711 所，占全国普通高校总数的 26.45%，二十多年西部普通高校年均增长率为 5%。西部 12 个省区市普通高校数分别为：四川 126 所、陕西 95 所、云南 81 所、广西 78 所、贵州 72 所、重庆 65 所、新疆 54 所、内蒙古 53 所、甘肃 49 所、宁夏 19 所、青海 12 所、西藏 7 所，西北五省区（陕西、甘肃、青海、宁夏、新疆）普通高校数占西部普通高校总数的 32.21%，明显低于西南五省区

---

① 鲍威,刘艳辉：《公平视角下我国高等教育资源配置的区域间差异》，《教育发展研究》2009 第 23 期，第 37-43 页。

市(重庆、四川、云南、贵州、西藏)49.37%的占比。西藏自治区普通高校数量最少,不足10所,青海省和宁夏回族自治区也不到20所,其他省区市的普通高校数量都超过45所,而四川省已经超过百所,陕西省也已达到近百所的规模,在全国范围来看这两个省都属于教育大省。相对而言,西部其他省区高等教育力量相对薄弱,差距较明显。从地方普通高校数来看(即普通高校总数剔除中央部属高校数),西部地方普通高校数由2008年的542所(其中地方普通本科院校232所)增加到2019年的711所(其中地方普通本科院校307所),占2019年全国地方普通高校总数的26.45%。而西部地区普通本科院校中,地方普通本科院校数占据绝大多数,占比高达94.14%。

从国家重点支持建设的高校情况来看,1995—2008年期间中央政府先后确定一批"211工程"重点建设高校(即面向21世纪重点建设100所左右的高等学校和一批重点学科点),1998年中央政府在"211工程"院校建设的基础上将39所列入跨世纪重点建设的高水平大学,即"985工程"重点建设高校。2008年中央部属高校达到111所,西部地区中央部属高校仅占15.32%。到2019年,全国中央部属高校发展到118所,西部地区仅云南省增加了一所,西部地区"211工程"院校(25所)只占全国"211工程"院校总数的21.55%,"985工程"高校(7所)仅占全国"985工程"高校总数的17.95%。继"211工程""985工程"之后,2017年9月,教育部、财政部、国家发展改革委联合发布的《关于公布世界一流大学和一流学科建设高校及建设学科名单的通知(教研函〔2017〕2号)》显示,西部地区仅有9所(其中A类6所)高校入选首批一流大学建设高校,仅占全国总数42所(其中A类36所)的21.43%,与东部十个省市入选高校数(22所,占比52.38%)相差较大。从一流学科建设高校的分布来看,西部地区共19所,这些高校主要集中在陕西、四川等地,还有多个省区没有一流大学建设高校。可见,一直以来,西部地区国家重点建设高校数量偏少,优质高等教育资源有限,与东部地区的差距较大,呈现明显的"东强西弱"的局面,影响了高层次人才的培养。与国家重点支持建设高校、部属高校相比,数量上占据绝大多数的西部地方高校的发展更依赖所属地区的经济社会发展水平,办学经费主要依靠地方政府的财政支持,面临着经费、人才、生源等多方面的问题和发展困境。

二、在校生规模不断扩大但规模效益不太显著

高等教育发展规模会影响高等教育资源的充分利用,从而影响高校的办学效益。普通高校在校生数是反映教育部或省级教育行政部门(含自治区、直辖市等)主管的高校平均学生规模的指标。普通本专科教育是承担高等教育扩招的主要力

量,也是对毛入学率增长拉动最大的高等教育形式①。如表 2-2 可以看出,1998年,全国普通高校本专科在校生总数为 340.8764 万人,西部地区合计为 73.3027 万人,占全国总数的 21.50%,西部高校校均本专科生数平均水平为 2944 人/校,总体低于全国平均水平,只有重庆市、四川省和陕西省高于全国平均水平,西藏自治区高校平均学生规模最低,为 862 人/校。

1999 年高校扩招之后,西部各省区普通高校在校生大幅度增加,高校学生规模的空间分布呈现出显著变化。截至 2019 年,全国普通高校本专科在校生总数为 3031.5262 万人,西部地区本专科生合计为 799.3312 万人,分别是 1998 年总人数的 8.9 倍和 10.9 倍,西部地区普通高校本专科在校生数占全国总数的 26.37%;西部地区普通高校研究生总数为 60.6865 万人,占全国总数的五分之一。从校均本专科生数来看,西部地区普通高校的平均水平为 11242 人/校,稍低于全国水平(11278 人/校);只有广西、重庆、四川、陕西四个省区市高于全国平均水平,最低的是西藏自治区,为 5175 人/校,青海、宁夏、新疆的高校校均本专科生数均低于 8000 人/校。可见,西部高校人才培养规模普遍不大,规模效益不太显著,也在一定程度上影响了教育资源的有效配置和使用。

表 2-2 西部地区普通高校在校生数及校均学生数

省区	1998 年		2019 年		
	本专科学生数/人	校均学生数/人	本专科学生数/人	校均学生数/人	研究生数/人
内蒙古	42470	2235	472033	8906	28570
广西	77483	2767	1076408	13800	40381
重庆	83187	3781	834864	12844	83849
四川	151905	3533	1661737	13188	133683
贵州	42554	2128	765745	10635	25374
云南	62368	2399	864035	10667	49887
西藏	3447	862	36226	5175	2445
陕西	148879	3545	1121990	11810	155873
甘肃	54014	3177	524948	10713	44700
青海	8691	1449	73182	6099	6033
宁夏	11312	2262	135178	7115	7777
新疆	46717	2748	426966	7907	28293

① 石丽,刘远:《中国普通高校本专科教育规模空间分布格局及影响因素》,《教育与经济》2014 第 3 期,第 66-72 页。

续表

省区	1998年		2019年		
	本专科学生数/人	校均学生数/人	本专科学生数/人	校均学生数/人	研究生数/人
西部合计	733027	2944	7993312	11242	606865
全国总计	3408764	3335	30315262	11278	2834792
西部占比/(%)	21.50	—	26.37	—	21.41

三、西部高校重点学科偏少且区域布局不均衡

学科建设是高校发展的龙头,学科建设和发展的需要影响着教师资源配置。国家重点建设学科是普通高校中择优评定并重点建设的学科,在高等教育学科体系中居于引领地位。国家重点学科数量也是代表高校综合实力和科学研究水平的重要指标之一。截至2007年,我国进行了三次国家重点学科的遴选,共评选出全国286个一级学科和677个二级学科(军事学科不在统计范围之内)为国家重点学科。如表2-3所示,2007年西部高校一级重点学科数共31个,仅占全国总数的10.84%,内蒙古、广西、西藏、青海、宁夏高校的一、二级重点学科数都为0,与东部地区差距巨大,学科分布极不均衡;西部高校二级重点学科数为119个,占全国总数的比例为17.58%。西部省区市中较发达的四川省、重庆市和陕西省也是高校重点学科比较密集的地区。

2017年9月,首批"双一流"建设高校共计137所(中国地质大学、中国矿业大学、中国石油大学3所学校在北京和其他地区独立办学,故共有140所),其中建设世界一流大学42所,建设世界一流学科高校95所。"双一流"建设项目确定的465个一流建设学科即国家重点学科的"升级版"[①]。西部地区入选一流学科建设高校有25所(含"双一流建设"高校9所),共入选了50个一流学科,占总数的10.75%,东部地区一流建设学科数量326个,占比为70.12%,远高于西部地区。从学科覆盖面来看,西部地区一流建设学科涉及33种,最多的是生态学(共有4个)。综上可见,西部高校无论是重点学科数还是一流建设学科数都偏少,不仅与东部省区差距悬殊,而且西部省区间布局也较不均衡,大多数西部省区高校特色学科优势不明显。由于不同学科建设需要不同的教师资源能力要素的组合,西部高校的学科布局和未来学科建设规划也影响着教师资源的合理和有效配置。

---

① 胡建华:《"双一流"建设对我国高校学科建设的影响》,《江苏高教》2018年第7期,第5-8,13页。

表 2-3 2007 年国家重点学科和 2017 年"双一流"学科西部省区的分布情况

省区	2007 年				2017 年	
	一级重点学科数/个	占全国一级重点学科比例/(%)	二级重点学科数/个	占全国二级重点学科比例/(%)	一流学科数/个	占全国一流学科比例/(%)
内蒙古	0	0	0	0	1	0.22
广西	0	0	0	0	1	0.22
重庆	3	1.05	21	3.10	4	0.86
四川	12	4.20	35	5.17	14	3.01
贵州	0	0	1	0.15	1	0.22
云南	0	0	5	0.74	2	0.43
西藏	0	0	0	0	1	0.22
陕西	16	5.59	45	6.65	16	3.44
甘肃	0	0	9	1.33	4	0.86
青海	0	0	0	0	1	0.22
宁夏	0	0	0	0	1	0.22
新疆	0	0	3	0.44	4	0.86
西部合计	31	10.84	119	17.58	50	10.75
全国总计	286	100	677	100	465	100

四、西部高校研究生学位授权点分布不平衡

由于研究生的培养对高校和教师都提出了较高的要求,其培养单位必须具备较强的师资和科研实力以及较好的科研条件。因此,学位点建设与发展是衡量高校办学水平的主要依据。各省区硕士和博士学位授予点的数量,体现了不同省区高校研究生教育发展程度。同时,随着博士学历成为高校教师的基本入职门槛,博士点和博士培养数量区域结构调整可以有效地平衡高校教师资源的区域分布[①]。

2018 年我国博士研究生招生数量达 8.19 万人(西部地区为 1.2 万人),硕士研究生招生数量为 71.4 万人(西部地区为 15.44 万人),如此规模的研究生队伍与学位授权点数量有着紧密的联系。我国从 1981 年首批博士学位授予单位开始,到 2017 年博士硕士学位授权审核工作结果公布为止,共进行了 12 次学位点审核工作。截至 2018 年 9 月,全国普通高校和科研单位博士学位授权一级学科点共 3498 个,硕士学位授权一级学科点(含具有博士学位授权的硕士一级学科点)9587 个(不含军队院校和军事硕士,工程和农业不细分领域)。如表 2-4 所示,西部地区博

---

① 徐志平:《中国高校学术劳动力市场的供求结构研究》,华中科技大学,2019 年,第 186 页。

士学位授权一级学科点合计为 670 个,占全国总数的 19.15%,硕士学位授权一级学科点合计为 2125 个,占全国总数的 22.17%。西部省区中,陕西省博士和硕士授权点最多,四川省和重庆市在西部省区市中数量相对较多,贵州、宁夏、青海和西藏四个省区的博士学位授权一级学科点数量较少,均不超过 30 个;宁夏、青海和西藏三个省区硕士学位授权一级学科点均不到 100 个。相比之下,东部十个省市博士学位授权一级学科点数量(1850 个)是西部地区总数的 2.8 倍,硕士学位授权一级学科点数量(4472 个)是西部地区总数的 2.1 倍,高校博士和硕士授权点数量区域分布很不平衡。在博士授权单位普遍缺乏的现实情况下,西部省区难以提供具有学术声望和吸引力的岗位,因而很难留住优秀人才。同时,省区内博士培养规模决定了该省区高校师资队伍的质量,西部省区博士培养结构的不合理,导致教师资源供给不足的问题进一步加剧。

表 2-4　2018 年西部地区研究生学位授权一级学科点分布情况

省区	博士学位授权一级学科点/个	占全国一级学科博士学位授权点的比例/(%)	硕士学位授权一级学科点/个	占全国硕士学位授权一级学科点的比例/(%)
内蒙古	38	1.09	143	1.49
广西	40	1.14	169	1.76
重庆	77	2.20	226	2.36
四川	133	3.80	387	4.04
贵州	27	0.77	109	1.14
云南	60	1.72	191	1.99
西藏	4	0.11	33	0.34
陕西	176	5.03	467	4.87
甘肃	58	1.66	172	1.79
青海	5	0.14	46	0.48
宁夏	10	0.29	52	0.54
新疆	42	1.20	130	1.36
西部合计	670	19.15	2125	22.17
全国总计	3498	100	9587	100

第二节　西部地方高校教师资源的数量配置现状

在知识经济时代,人才资源是第一资源。作为高校人力资源的重要组成部分,教师资源是人才资源的源头。教师资源这一概念内涵丰富,具有数量、质量、结构等一系列表征属性,其中,数量属性是衡量某区域教师资源禀赋的基本特征①。高校教师资源配置对于高水平大学建设和发展起着重要的推动作用,也是影响高等教育质量和水平的关键因素。宏观视角下,高校教师资源的配置引起教师资源区域分布的差异;从高校微观层面来看,教师资源的最大效益只有在教师资源合理分布的状态下通过优化配置才能得以发挥。作为衡量教师资源充足性的基础指标,教师资源数量是高校教育教学工作正常开展的必要条件。本书分析西部地方高校教师资源的数量主要涉及专任教师和外聘教师数量、生师比和"双师型"教师数量。

一、高校专任教师数量不断增长但增速在减缓

一直以来,西部地方普通高校占据西部普通高校的绝大多数(2019 年占比为 95.10%),地方普通高校教师也是普通高校教师队伍的主体。由于各省区地方高校公开统计数据的缺乏,对西部各省区普通高校专任教师数量情况的分析也可以大致反映出西部地方高校专任教师的变化趋势。随着西部地区经济建设步伐的加快和全国高校的扩招,西部地区高校办学规模迅速扩大,教师需求量也急剧增加。如表 2-5 所示,1998 年高校扩招之前,我国普通高校校本部专任教师总数为 40.7253 万人,占教职工总数的 47.59%,西部普通高校专任教师数合计为 9.3681 万人,占当年全国专任教师总数的 23%,宁夏、青海、西藏专任教师总数不足 2000 人。1999 年高校开始扩招之后,教师队伍快速发展,2008 年全国普通高校教职工数较 1998 年增加了 104 万,其中专任教师数约增加了 83 万,西部普通高校专任教师总数增加到 27.5612 万人,是 1998 年的 2.94 倍。

截至 2019 年,全国普通高校专任教师总数为 174.0145 万人,其中地方普通高校专任教师占比为 87.92%。西部普通高校专任教师总数增加到 42.8370 万人,占全国高校专任教师总数的 24.62%,西部大多数省区普通高校专任教师数超过了 2 万人,最多的省份是四川,已到达 8.9796 万人。从专任教师的增幅来看,相对于 1998 年,西部普通高校专任教师总数增幅为 357.26%,高于全国该指标增幅 30 个百分点,说明 1998—2019 年近二十年来,西部高校专任教师数量的增长速度相对较快,其中,贵州和广西两省区增幅高达 500%。除此以外,四川、云南、宁夏、重庆、甘肃五省区市均高于西部普通高校专任教师总数的增幅,增幅较低的是内蒙古、陕西、西藏、青海、新疆五个省区,其中,青海和新疆普通高校专任教师总数的增加不到 1998 年总数的两倍。整体来看,近十年里,西部普通高校专任教师的年平均增长速度为 4.09%,较之前一个阶段 11.39%的年增长率,增长速度大幅减缓。

---

① 邱均平,温芳芳:《我国高等教育资源区域分布问题研究——基于 2010 年中国大学及学科专业评价结果的实证分析》,《中国高教研究》2010 年第 7 期,第 17-21 页。

表 2-5　1998—2019 年西部普通高校教师资源的总量与规模变化

省区	1998 年		2008 年			2019 年			专任教师增幅/(%)
	专任教师总数/人	占教职工总数比例/(%)	专任教师总数/人	占教职工总数比例/(%)	聘请校外教师总数/人	专任教师总数/人	占教职工总数比例/(%)	聘请校外教师总数/人	
内蒙古	7258	50.30	20946	65.45	5247	27382	67.11	7040	277.27
广西	8043	49.72	27545	67.46	6505	48726	70.95	19827	505.82
重庆	9498	48.33	28398	66.78	6981	45537	75.55	15077	379.44
四川	17228	45.08	59174	66.93	12294	89796	73.21	25075	421.22
贵州	5929	49.00	18037	68.16	3694	37753	73.63	8920	536.75
云南	8143	49.41	23276	67.38	4928	41506	74.32	19655	409.71
西藏	834	50.42	1877	63.37	121	2610	69.62	161	212.95
陕西	19250	47.56	53740	61.67	11960	70318	68.43	13940	265.29
甘肃	6505	48.70	18581	66.40	4776	29755	75.40	5621	357.42
青海	1678	51.02	3368	59.69	248	4767	70.46	952	184.09
宁夏	1728	49.47	4915	62.46	1003	8422	73.90	1285	387.38
新疆	7587	49.07	15755	60.75	3978	21798	67.57	8370	187.31
西部合计	93681	52.24	275612	65.26	61735	428370	71.88	125923	357.26
全国总计	407253	47.59	1237451	65.19	307808	1740145	70.66	531118	327.29
西部占比/(%)	23.00	—	22.27	—	20.06	24.62	—	23.71	—

注：由各年度《中国教育统计年鉴》整理所得，教职工总数为校本部教职工数，增幅＝(末量－初始量)/初始量。

外聘教师是高校从外部单位（如其他高校或企事业单位等）聘请的优秀人才，作为高校教师队伍的重要力量，在高校办学中发挥着重要作用，在一定程度上缓解了高校财政和人事制度改革的压力。外聘教师数量可以反映出高校办学中外援力量的强度，也是衡量高校教师队伍充足性的重要指标[①]。由表 2-5 可知，2008 年西部地区普通高校聘请校外教师总数合计为 6.1735 万人，占全国聘请校外教师总数的 20.06%，西部省区中最多的是四川省和陕西省，约 1.2 万人。截至 2019 年，西部普通高校聘请校外教师总数为 12.5923 万人，其中四川、广西、云南、重庆和陕西五个省区市均已超 1.3 万人。西部高校外聘教师总数占西部专任教师总数的 29.4%，这一比例已超过教育部印发的《普通高等学校基本办学条件指标（试行）》

---

① 陈寒，顾拓宇：《新建本科院校教师队伍结构现状研究——基于 37 所新建本科院校教师队伍状态数据的分析》，《高教探索》2016 年第 10 期，第 102-108 页。

中"原则上聘请校外教师不超过专任教师总数的 1/4"的要求,这也说明西部高校需要通过大量聘请校外教师来解决教师数量不足的问题。

二、高校生师比普遍偏高

高校生师比是高校折合在校学生数与折合教师总数之比[①],它不仅可以反映出教师数量是否充足,也在一定程度上体现了教师资源的利用效率。生师比既是一个效率指标,又是一个质量指标,在教师资源有效配置中具有重要意义[②]。随着高等教育大众化阶段向普及化阶段的推进,高校招生数量不断扩大,高校生师比也在逐渐拉大,进而对高等教育教学质量带来一定的影响。通常情况下,生师比越低,可以有效地增加师生接触的概率,越有利于提高教学质量。当然,生师比过低也会带来教师资源的浪费。生师比越高,办学规模和效益会得到提高,但往往又会引起教学质量的下降。合理的生师比既能保证一定的教学质量,又能提高教师资源的利用效率和高校的办学效益。

国际惯用高校教学质量的评估体系中,一般认为生师比在 14∶1 时对效益和质量最为适宜[③]。2004 年《普通高校基本办学条件指标(试行)》是指导我国普通高校办学的最低指标,也是核定其年度招生规模的重要依据。2004 年《本科教学评估指标体系》也规定了综合类本科院校生师比应在 16∶1~18∶1,普通高校(除体育和艺术院校)生师比应不高于 18∶1。通过整理 2010—2019 年《中国教育统计年鉴》普通高校生师比的相关数据,表 2-6 呈现了近十年西部地区普通高校生师比的变化情况。从西部省区的整体情况来看,除了西藏高校生师比一直保持在 16∶1 以下,西部其他省区基本在 16∶1~20∶1 波动,大部分省区生师比呈现逐步增长的趋势。2019 年,除了内蒙古、甘肃、青海和西藏,西部其余省区均高于全国高校生师比的平均水平,云南、新疆、广西、四川、贵州等七个省区市普通高校生师比都高于 18∶1 的标准。由于层次越高的大学,生师比越低,较低的生师比是建设世界顶尖大学、世界高水平知名大学和世界高水平大学的必要条件[④]。如果按照 14∶1 和 18∶1 的平均水平 16∶1[⑤] 来看,2019 年,除了西藏自治区,其他省区均不符合此要求。由此可见,我国高校生师比过高的问题依旧比较严重,尤其在西部高校中比较明显。这些省区高校教师数量不足导致教师工作量过大,一定程度上增加了

---

① 注释:生师比=折合在校生数÷教师总数,其中,折合在校生数=普通本、专科(高职)生数+硕士生数×1.5+博士生数×2+留学生数×3+预科生数+进修生数+成人脱产班学生数+夜大(业余)学生数×0.3+函授生数×0.1;教师总数=专任教师数+聘请校外教师数×0.5。

② 管培俊:《效率取向与质量控制:教师资源有效配置的双重目标》,《教育发展研究》2008 年第 17 期,第 25-30 页。

③ 马万华:《扩招后高等学校教学质量状况分析》,《高等教育研究》2002 年第 5 期,第 69-74 页。

④ 傅维利、贾金平:《美国世界一流大学生师比的特征》,《比较教育研究》2019 年第 1 期,第 24-31 页。

⑤ 教育部印发的《普通高等学校基本办学条件指标(试行)》中要求:原则上聘请校外教师不超过专任教师总数的 1/4,因此,可以推算不包含外聘教师的生师比按合格标准约为 16∶1。

教师的教学负担,客观上影响了高校的教学质量。

表 2-6　2010—2019 年西部普通高校生师比统计表

省区	2010年	2011年	2012年	2013年	2014年	2015年	2016年	2017年	2018年	2019年
内蒙古	17.20	17.63	17.59	17.87	18.17	18.30	17.37	17.47	17.41	17.64
广西	17.42	17.45	17.80	17.69	17.87	18.11	17.78	17.78	18.37	19.56
重庆	17.51	17.43	17.53	17.60	17.39	17.60	17.16	17.94	17.64	18.64
四川	18.05	18.31	18.36	18.33	18.01	17.95	17.84	19.37	19.33	19.56
贵州	17.27	17.47	18.19	18.15	17.93	17.91	18.02	17.89	18.22	19.34
云南	17.76	18.49	18.50	18.19	18.84	19.11	18.80	19.35	20.44	21.34
西藏	13.99	15.51	16.17	15.69	13.93	14.35	15.35	15.49	14.92	15.48
陕西	17.26	17.92	18.19	18.07	18.17	17.83	17.35	17.99	17.69	18.42
甘肃	18.79	18.73	18.99	18.37	18.15	17.94	17.28	17.19	17.40	17.94
青海	14.00	13.98	14.74	15.13	15.36	15.66	15.26	15.64	15.75	16.54
宁夏	17.46	18.19	17.43	17.30	17.01	16.80	17.07	17.21	17.26	17.96
新疆	16.63	16.65	16.87	17.35	17.72	18.22	17.40	18.18	19.01	19.62
全国平均	17.33	17.42	17.52	17.53	17.68	17.73	17.07	17.52	17.56	17.95

注:由各年度《中国教育统计年鉴》整理所得。

再聚焦西部地方高校生师比情况,笔者通过梳理 2019 年西部地方普通本科院校的《本科教学质量报告》,共查找到 136 所地方高校的生师比统计数据,并对其进行分析,结果如表 2-7 所示,生师比高于 16∶1 的高校共有 115 所,仅有 21 所高校的生师比低于 16∶1;生师比高于 18∶1 的高校共有 72 所,占样本高校总数的 52.94%,其中生师比最高的本科院校达到 26.55∶1,远远高于 2019 年我国本科院校的生师比 17.4∶1[①] 的平均水平。从十二个省区市来看,除了西藏,其他 11 个省区约 70% 以上的地方高校生师比均超过 16∶1,其中新疆、宁夏、甘肃、广西、四川、云南六个省区一半以上的地方高校生师比均超过 18∶1。更为严重的是,新疆和宁夏两个自治区的全部样本高校生师比都超过 18∶1 的国家规定标准,也说明教师数量不足,教师的工作负荷过大。

---

① 教育部:《中国教育概况——2019 年全国教育事业发展情况》2020 年 8 月 31 日,http://www.moe.gov.cn/jyb_sjzl/s5990/202008/t20200831_483697.html,2020 年 10 月 15 日。

表 2-7　2019 年西部地方普通本科院校生师比情况统计

省区	样本高校数/所	生师比超过18∶1的高校数/所	生师比超过18∶1的高校数占比/(%)	生师比超过16∶1的高校数/所	生师比超过16∶1的高校数占比/(%)	最高生师比	最低生师比
内蒙古	10	4	40.00	7	70.00	21.07∶1	10.48∶1
广西	20	14	70.00	17	85.00	26.55∶1	12.9∶1
重庆	8	2	25.00	7	87.50	21.01∶1	10.59∶1
四川	19	13	68.42	17	89.47	25.67∶1	14.25∶1
贵州	13	4	30.77	9	69.23	21.95∶1	14.17∶1
云南	19	11	57.89	18	94.74	24.96∶1	15.16∶1
西藏	4	1	25.00	1	25.00	19.35∶1	13.8∶1
陕西	20	5	25	17	85.00	21.94∶1	11.84∶1
甘肃	11	8	72.73	10	90.91	21.29∶1	14.81∶1
青海	2	0	0	2	100.00	17.66∶1	17.15∶1
宁夏	2	2	100.00	2	100.00	19.96∶1	18.68∶1
新疆	8	8	100.00	8	100.00	24.52∶1	18.61∶1
西部总计	136	72	52.94	115	84.56	26.55∶1	10.48∶1

注：由西部地区各高校 2019 年《本科教学质量报告》中的数据整理计算而得。

三、部分地方高校"双师型"教师较为匮乏

为了增强地方高校在区域经济社会发展中的服务能力和水平，教育部等三部门联合发布的《关于引导部分地方普通本科高校向应用型转变的指导意见（教发〔2015〕7 号）》是新时期高等教育领域的又一重大改革。转型的关键是教师队伍的转型发展，"双师型"教师是地方高校发展的重要力量。文件中明确提到要加强"双师双能型"教师队伍建设，这也是高校转型发展中对教师能力和要求的反映。

"双师双能型"教师简称"双师型"教师，虽然国家还未制定统一的"双师型"教师认定标准，但教育部办公厅于 2011 年 12 月发布了《关于开展普通高等学校本科教学工作合格评估的通知》，其中《普通高等学校本科教学工作合格评估指标体系》对本科院校师资队伍中具备专业（行业）从业资格和任职经历的教师进行了初步界定，并作为政策为高等院校提供了"双师型"教师认定标准与认定依据。各本科院校，特别是转型中的新建本科院校和应用型地方本科高校都参考此文件，开始认定

"双师型"教师,并逐步开始制定"双师型"教师的认定标准。当前,各应用型本科院校对于"双师型"教师认定的标准一般有以下几个类型:"双职称"类型,教师兼有教师职称系列和某行业(非教师专业)的专业技术职称;"双证书"类型,教师兼有教师资格证和行业职业技能证书;"双能力"类型,教师兼有高校教育和某行业(非教师专业)专业人员的职业素质和能力,或有行业从业经历。此外,在实际操作、考核时,也有采取"叠加"认定的,如"双证＋双能"型,或利用"双层次"认定的办法,如"能力＋素质"等[①]。

根据可以查询到的西部地方普通本科高校的《本科教学质量报告》,笔者从中梳理出2019年73所高校的"双师型"教师数量的统计数据,如表2-8所示,67081名专任教师中"双师型"教师占20.03%,除了四川、广西、甘肃三个省区,其他七个省区"双师型"教师占比均低于20%,新疆、青海和宁夏三个省区地方高校"双师型"教师占比低于10%。距离2014年教育部发布的《关于地方本科高校转型发展的指导意见(征求意见稿)》中"使'双师型'教师占专任教师的比例逐步达到50%以上"的目标还有很大的差距。可见,大多数西部地方本科高校教师队伍结构比较单一,部分向应用型转变的地方普通本科高校"双师型"教师普遍较为匮乏。由于大多数教师缺乏校企合作的教学实践,一些应用型本科高校和新建本科高校教师在教学中仍以理论讲授为主,教学实践性和应用性不强,在指导学生实训、技术研发方面的能力和素质还比较欠缺,与高校转型发展所需的应用型人才培养机制不相匹配。

表2-8 2019年西部地方普通本科院校"双师型"教师数量情况统计

省区	样本高校数/所	专任教师总数/人	"双师型"教师数/人	"双师型"教师占比/(%)
内蒙古	6	5420	663	12.23
广西	12	12543	3036	24.20
四川	12	12414	3663	29.51
贵州	7	6482	1268	19.56
云南	8	5475	842	15.38
西藏	1	112	22	19.64
陕西	14	11752	1816	15.45
甘肃	9	8180	1789	21.87
青海	1	1055	68	6.45
宁夏	1	1479	86	5.81

---

① 孙建波:《"双师型"教师研究的六个特点》,《职教论坛》2013第4期,第68-71页。

续表

省区	样本高校数/所	专任教师总数/人	"双师型"教师数/人	"双师型"教师占比/(%)
新疆	2	2169	181	8.34
合计	73	67081	13434	20.03

注：由西部地区各高校2019年《本科教学质量报告》中的数据整理计算而得。

第三节 西部地方高校教师资源的质量配置现状

在分析教师资源配置的情况时，除了考虑教师资源的数量指标，还应该涉及教师资源的质量相关指标。教师资源的质量主要是指教师的素质和能力，即教师人力资本存量的大小，由于教师内在素质很难测评，故必须通过一些显性指标来考量，如教师的学历、职称、年龄以及学缘情况等。

一、高校教师队伍学历层次相对偏低

学历是衡量教师基本理论水平和科研能力高低的一个重要指标，可以反映出教师受教育程度，也体现了教师所具有的知识结构、专业素养和能力水平。由于高校教师资源由不同年龄、学历、职称和学术水平的专任教师组成，即以一定结构形式存在并不断发展变化。不同类型教师的结构比例是否合理，不仅在很大程度上决定着教师队伍的性能，也直接关系到高校教师资源配置的效果[①]。教师队伍的学历结构是衡量教师队伍整体素质最具有权威性的指标。一般来说，教师队伍中拥有高学历教师的比重越大，师资队伍的业务基础越好，教育教学和科学研究的发展潜力也越大。

表2-9显示的是2008年和2019年西部普通高校专任教师的学历结构，从全国范围来看，西部高校教师队伍的学历层次整体偏低。2008年，西部普通高校专任教师总数为275612人，其中博士学位的专任教师比例为8.52%，明显低于全国12.28%的平均水平；具有博士和硕士研究生学位的专任教师比例合计为41.51%，也低于全国平均水平；青海、西藏、宁夏、新疆、贵州四个省区普通高校具有博士学位专任教师比例不到5%，贵州、青海两个省区普通高校具有研究生学位专任教师比例合计不到30%，未达到2004年《普通高等学校基本办学条件指标（试行）》中要求的"具有研究生学位的专任教师占比不低于30%"。西部高校中具有专科及以下学历的专任教师共7913人，占其专任教师总数的2.87%，高于全国平均水平0.7个百分点。按照《中华人民共和国教师法》的规定，申请高等学校教师资格证应具备大学本科及以上学历的要求，西部高校中学历不达标的教师人数较多。

---

① 李青：《高校师资管理研究》，天津：天津大学出版社2019年版，第21页。

表 2-9　2008 年和 2019 年西部普通高校专任教师学历结构

	2008 年					2019 年				
	专任教师总数/人	博士占比/(%)	硕士占比/(%)	本科占比/(%)	专科以下占比/(%)	专任教师总数/人	博士占比/(%)	硕士占比/(%)	本科占比/(%)	专科以下占比/(%)
内蒙古	20946	5.22	28.80	61.90	4.08	27382	16.89	37.67	44.03	1.42
广西	27545	6.97	36.88	53.51	2.64	48726	15.75	46.42	36.92	0.90
重庆	28398	10.46	34.92	50.94	3.67	45537	26.23	40.15	32.82	0.79
四川	59174	10.04	34.48	51.80	3.67	89796	21.82	39.17	37.89	1.12
贵州	18037	4.30	25.47	66.66	3.56	37753	16.05	36.99	45.95	1.02
云南	23276	7.69	31.29	58.36	2.66	41506	16.01	37.14	45.52	1.33
西藏	1877	2.98	30.74	61.11	5.17	2610	13.10	53.30	33.30	0.31
陕西	53740	12.23	35.28	51.29	1.20	70318	33.01	38.80	27.41	0.78
甘肃	18581	7.71	32.86	58.36	1.08	29755	18.97	36.77	43.53	0.73
青海	3368	2.02	26.48	66.48	5.02	4767	16.09	27.67	55.09	1.15
宁夏	4915	4.07	26.02	66.92	2.99	8422	16.96	38.87	43.56	0.61
新疆	15755	4.18	30.02	62.01	3.79	21798	13.65	44.42	40.83	1.10
西部合计	275612	8.52	32.99	55.62	2.87	428370	21.22	39.61	38.18	0.99
全国总计	1237451	12.28	32.39	53.16	2.17	1740145	27.34	36.77	35.08	0.81

注:数据由 2008 年和 2019 年《中国教育统计年鉴》整理并计算所得。

经过十年的发展,西部普通高校教师队伍的学历水平有了显著的提升。由表 2-9 所示,截至 2019 年,西部普通高校 428370 名专任教师中博士学位教师占比虽上升为 21.22%,但仍然低于全国平均水平 6.12 个百分点,具有博士和硕士研究生学位的专任教师比例合计为 60.83%,也低于全国平均水平 3.28 个百分点。西部省区中,除了重庆、四川、陕西,其余省区普通高校博士学位专任教师占比均未达到 20%,远低于全国的平均水平;内蒙古、贵州、云南、青海四个省区的普通高校专任教师中具有研究生学位的人员比例均低于 55%,也远低于 64.12% 的全国平均水平。西部高校中具有专科及以下学历的专任教师减少为 4258 人,占西部高校专任教师总数的 0.99%,占全国高校专科及以下学历专任教师总数的 30.27%,远高于西部高校专任教师占全国专任教师总数的比例(24.62%)。总体看来,西部高校教师队伍的整体素质与其他省区相比还存在一定差距,教师学历提升任务仍然很艰巨。

从普通高校外聘教师的学历情况来看,根据《2019 年中国教育统计年鉴》数据的分析可知,截至 2019 年,全国高校共聘用校外教师 531118 人,具有博士学位教师占比为 15.7%,硕士学位教师占比为 31.8%,专科及以下学历占比为 4.95%。

西部高校共聘请的校外教师125923人中博士学位占比为12.77%,硕士学位教师占比为32.13%,专科及以下学历占比为5.07%。西部省区中,广西、重庆、云南、青海、宁夏5个省区普通高校具有博士学位外聘教师的占比均低于10%,最低的为青海省,占比仅为2.42%;除四川和陕西、西藏(外聘教师161人,基数较小)以外,西部其他省区普通高校具有硕士学位外聘教师的占比均低于全国47.5%的平均水平,青海省仅为13.24%;内蒙古、广西、四川、甘肃、青海、新疆6个省区高校专科及以下学历的外聘教师占比均高于全国(4.95%)和西部平均水平(5.07%),青海省的占比高达15.34%。总体看来,目前西部高校相对于其他地区高校外聘教师总数偏少,且整体学历水平偏低。

再进一步通过2019年西部122所地方普通本科院校的教师学历情况统计结果,来详细分析西部地方高校教师队伍的学历结构现状,如表2-10所示,从样本高校120472名专任教师的学历层次来看,具有博士学历的专任教师占比为31.63%,硕士学历专任教师占比为50.95%,本科及以下学历占比为17.41%。从西部十二个省区来看,西藏、青海、甘肃、新疆、四川、广西、云南七个省区博士学历教师占比均低于样本高校的平均水平,其中有六个省区该占比还未达到30%,西藏仅为11.76%;除了重庆、贵州、广西、云南四个省市,其他省区地方高校具有硕士学历教师占比均超过51%;西藏、甘肃、广西、青海、云南、四川六个省区本科及以下学历教师占比均高于样本高校的平均水平,其中西藏、甘肃、广西三省区该占比均高于20%。

表2-10 2019年西部地方普通本科院校教师学历结构统计

	样本高校数/所	专任教师总数/人	博士学历教师占比/(%)	硕士学历教师占比/(%)	本科及以下学历教师占比/(%)
内蒙古	10	9432	34.30	51.90	13.80
广西	18	20522	29.36	49.20	21.44
重庆	7	8816	43.10	45.44	11.46
四川	18	19873	29.29	51.92	18.79
贵州	11	10913	35.39	47.66	16.95
云南	15	13017	31.43	49.50	19.07
西藏	3	1131	11.76	60.39	27.85
陕西	18	16293	33.79	51.71	14.50
甘肃	11	9736	26.80	51.46	21.74
青海	2	1919	23.50	56.59	19.91
宁夏	1	1479	38.27	52.40	9.33
新疆	8	7341	27.38	60.56	12.06
合计	122	120472	31.63	50.95	17.41

注:由西部地区各高校2019年《本科教学质量报告》中的数据整理计算而得。

综上可见,西部地方普通本科院校约有七成的专任教师学历集中在硕士及以下,其中硕士学历教师占五成,本科及以下教师学历比重过大。西部地方普通本科院校具有研究生学位教师的占比(82.58%)低于2019年我国普通本科院校平均水平(84.9%)[1]2.32个百分点,绝大多数省区具有博士学历的教师占比不到三成,总数偏少,连1999年教育部《关于新时期加强高等学校教师队伍建设的意见》中设定的"到2005年,教学科研型高校具有博士学位教师比例要达到30%以上"的目标都还未实现。由于高校扩招,学生人数成倍增加,高校教师的需求也在激增,大量具有本科学历的教师走上讲台。近年来,硕士研究生开始扩招,具有硕士学位的教师比例有所提高,但是具有博士学位的教师比例仍然较低。据已有的相关研究,"C9联盟"博士学历教师占比平均为80.04%[2],美国排名前30位的大学全职博士学历教师占比平均为96%[3],可见,吸引高学历人才恰恰是高校提高声誉和人才培养质量的重要条件。西部地方高校与东部地区和发达国家高校相比还有非常大的差距,教师学历层次亟待提升。

二、高校教师队伍职称结构不尽合理

职称代表了教师本身所具有的学术水平,反映了教师的教学和科研能力。职称越高,教研成果越丰硕,也意味着其教学经验和学术水平就越强。职称结构是指具有初、中、高各级职称教师数量的构成情况,对高校来说,主要是指助教、讲师、副教授、教授各级专任教师数量的构成情况,是衡量教师队伍素质状况的标准之一。合理的职称结构有助于教师队伍凝聚力的形成,激励教师提高科研能力,对提高教师资源的利用效率起着重要作用。判断高校教师职称结构是否合理,主要是看教师职称结构是否与承担的教学、科研、应用以及社会服务等任务相适应。

表2-11呈现了2008年和2019年西部普通高校专任教师的职称结构。2008年,西部普通高校正高级职称专任教师平均占比为9.11%,低于全国平均水平1.31个百分点;具有副高级职称教师的占比为27.12%,也低于全国平均水平。西部省区中,正高级职称教师占比除了陕西和青海,其他省区均低于全国平均水平;具有副高级职称教师的占比除了内蒙古、重庆、贵州、青海、宁夏,其他省区也都低于全国平均水平;具有副高级职务以上的专任教师占比西藏自治区仅为26.53%,低于2006年教育部印发的《普通本科学校设置暂行规定》中30%的最低要求。

---

[1] 教育部:《中国教育概况——2019年全国教育事业发展情况》2020年8月31日,http://www.moe.gov.cn/jyb_sjzl/s5990/202008/t20200831_483697.html,2020年10月15日。

[2] 王利爽,阳荣威:《"双一流"建设背景下"C9联盟"高校师资队伍及结构调查研究》,《大学教育科学》2017第6期,第32-37页。

[3] 刘莉莉:《高校师资队伍结构优化及其对策研究——基于世界一流大学的经验分析》,《东南大学学报(哲学社会科学版)》2010年第6期,第126-129页。

表 2-11 2008 年和 2019 年西部普通高校专任教师职称结构

	2008 年					2019 年				
	专任教师总数/人	正高占比/(%)	副高占比/(%)	中级占比/(%)	初级占比/(%)	专任教师总数/人	正高占比/(%)	副高占比/(%)	中级占比/(%)	初级占比/(%)
内蒙古	20946	7.38	29.15	31.69	23.71	27382	11.74	33.12	39.20	9.33
广西	27545	7.56	25.66	36.51	20.00	48726	10.98	26.54	38.09	6.32
重庆	28398	9.27	27.79	40.75	17.31	45537	12.11	28.31	40.53	10.63
四川	59174	9.39	25.39	37.14	22.86	89796	11.24	27.12	37.76	16.94
贵州	18037	7.89	29.11	38.65	18.00	37753	9.94	31.32	29.00	15.02
云南	23276	9.45	27.66	35.93	21.86	41506	10.21	28.24	37.62	14.50
西藏	1877	4.10	22.43	37.51	22.00	2610	11.15	30.04	40.96	12.45
陕西	53740	11.44	26.71	36.26	20.87	70318	13.87	31.63	39.91	9.69
甘肃	18581	8.78	27.56	35.13	21.67	29755	13.19	33.04	38.46	9.81
青海	3368	13.24	38.09	30.02	13.30	4767	15.78	31.76	28.84	15.61
宁夏	4915	10.13	29.68	33.08	20.90	8422	17.19	28.88	28.75	15.71
新疆	15755	5.43	27.48	42.39	17.85	21798	6.75	25.75	38.02	11.57
西部合计	275612	9.11	27.12	36.87	20.75	428370	11.63	29.23	37.56	12.14
全国总计	1237451	10.42	27.69	35.20	20.88	1740145	13.17	30.19	38.72	10.36

注:数据由 2008 年和 2019 年《中国教育统计年鉴》整理并计算所得。

截至 2019 年,西部普通高校正高级职称教师平均占比上升为 11.63%,但仍低于全国水平 1.54 个百分点;具有副高级职称教师的占比为 29.23%,也低于全国平均水平;初级职称教师所占比例下降为 12.14%,但仍高于全国平均水平 1.78 个百分点。西部省区中,正高级职称教师占比除了陕西、甘肃、青海和宁夏,其他省区均低于全国平均水平;具有副高级职称教师的占比除了内蒙古、贵州、陕西、甘肃和青海,其他省区也均低于全国平均水平;四川、宁夏、青海、贵州等八个省区具有初级职称教师的占比较大,均高于全国平均水平。总体看来,西部高校高级职称教师比例一直偏低,加之有部分高职称教师流失的情况,故整体数量增长缓慢,也在一定程度上影响了西部高校教育教学和科学研究水平的提高。

再聚焦西部地方高校教师队伍的职称结构,分析结果如表 2-12 所示,2019 年西部 106 所地方普通本科院校的教师职称结构情况统计结果,从样本高校总体的平均水平来看,具有正高级职称的专任教师占专任教师总数的 15.30%,具有副高级职称的专任教师占比为 33%,具有中级职称的专任教师占比为 38.19%,初级及以下职称专任教师占比为 13.51%。分省区来看,四川、云南、西藏、陕西、新疆五个省区正高级职称教师占比均低于样本高校的平均水平(15.30%),仅有宁夏和青海两个省区占比高于20%；大部分省区具有副高级职称教师的占比超过30%，其中贵州、甘肃、青海、宁夏四个省区的占比均高于35%；除贵州、青海、宁夏以外，其他九个省区地方高校的中级职称教师占比均高于35%，最高的陕西省，占比达46.30%；大部分省区初级及以下职称教师占比超过10%，广西、四川、贵州、云南、西藏、新疆六个省区地方高校的初级及以下职称教师占比高于样本高校的平均占比(13.51%)。

表2-12 2019年西部地方普通本科院校教师职称结构统计

	样本高校数/所	专任教师总数/人	正高级教师占比/(%)	副高级教师占比/(%)	中级教师占比/(%)	初级及以下教师占比/(%)
内蒙古	6	5013	16.44	33.05	39.74	10.77
广西	14	16699	16.32	29.07	37.70	16.92
重庆	4	4671	17.13	33.46	36.67	12.74
四川	17	18470	13.87	30.53	41.01	14.59
贵州	11	10913	17.64	40.32	26.83	15.21
云南	15	13106	14.80	30.01	37.78	17.41
西藏	1	112	7.64	26.79	37.50	28.57
陕西	18	16293	12.32	32.59	46.30	9.33
甘肃	10	9232	16.42	38.15	37.16	8.26
青海	2	1919	24.02	38.14	27.57	10.27
宁夏	1	1479	27.52	41.31	25.02	6.15
新疆	7	6345	12.28	33.85	39.86	14.01
合计	106	104252	15.30	33.00	38.19	13.51

注：由西部地区各高校2019年《本科教学质量报告》中的数据整理计算而得。

综上所述，西部地方高校正高级职称教师不到专任教师总数的五分之一，副高级职称教师只占三成，中级及以下职称教师占到五成，职称结构呈现为正高级、副高级、中级及以下教师数逐层增加的"金字塔型"，而相较于一般大学来说较合理的"纺锤型"结构，即副高级教师数大于正高级和中级及以下教师数[①]，西部地方普通

---

① 刘宵：《中日两国高校教师结构的比较研究——以我国28所公立高校与日本10所国立、公立高校为例》，《教师教育论坛》2019年第9期，第4-11页。

本科院校中级及以下职称教师占比过高,副高级以上职称教师占比偏低,相比 2019 年全国普通本科院校高级职称教师平均占比 48.91% 还低了 0.61 个百分点。其中,正高级职称教师比例更是低于同年全国的平均水平 1.44 个百分点,职称结构亟待进一步优化。因而,在一定程度上需要从人数上进行职称级别间的相互均衡,从而凸显以教授为表征的高级职称结构在院系中应发挥的作用,并以初级职称作为培养和激励青年学术人员的有效手段[1]。

三、高校青年教师比重过大且"老龄化"现象普遍

教师年龄是教师知识积累多寡与智力发挥好坏的标志,教师队伍的年龄结构是指同一时期老年、中年、青年教师的组合比例,可以反映出教师队伍的活力、创造力和发展潜力,同时影响师资队伍的连续性、继承性,在某种程度上决定着教师队伍效能的发挥和学校学术组织文化的塑造。通常情况下,35 岁以下的青年教师,年轻、有活力,容易接受新事物,可塑性强,但普遍缺乏教学经验;36~55 岁的中年教师,由于其知识储备、教学经验的不断提升和逐步成熟,通常是学校的骨干力量;55 岁以上的老年教师,教学经验相对丰富,但工作动力可能不足[2]。据已有的相关研究表明,46~55 岁是教师出成果的最佳时期,此年龄段的教师不仅在教学和科研工作中积累了丰富的经验和知识储备,智力结构也处于最佳状态,工作效率也较高。因此,这一年龄段的教师占比越高,对高校的发展越有利[3]。

如表 2-13 所示为 2019 年西部 95 所地方普通本科院校的教师队伍年龄分布情况。从总体情况来看,35 岁及以下的青年教师占比为 26.64%,36~55 岁的中年教师占比为 67.44%,56 岁以上的老年教师占比为 5.92%。从西部十二个省区来看,除了内蒙古和宁夏地方高校 35 岁及以下的青年教师占比低于 20%,西藏、贵州、新疆、四川等八个省区的地方高校 35 岁及以下的青年教师占比都高于样本高校的平均水平(26.64%),35 岁及以下的青年教师所占比重过大;从处于出成果最佳时期的 46~55 岁教师占比来看,四川、贵州、陕西、西藏、云南五省区均低于样本高校的平均水平(24.91%);从 56 岁以上的老年教师占比来看,除西藏占比(2.03%)较低以外,其他省区市均高于 5%,内蒙古、宁夏、陕西、青海、广西五省区地方高校教师老龄化现象较严重,均高于样本高校的平均水平(5.92%)。

---

[1] 陈志伟,刘莹,后慧宏:《欧美高校职称序列设置及框架模式探析》,《复旦教育论坛》2021 年第 2 期,第 99-105 页。

[2] 陈寒,顾拓宇:《新建本科院校教师队伍结构现状研究——基于 37 所新建本科院校教师队伍状态数据的分析》,《高教探索》2016 年第 10 期,第 102-108 页。

[3] 王利爽,阳荣威:《"双一流"建设背景下"C9 联盟"高校师资队伍及结构调查研究》,《大学教育科学》2017 年第 6 期,第 32-37 页。

表 2-13　2019 年西部地方普通本科院校教师队伍年龄情况统计

	样本高校数/所	专任教师总数/人	35 岁及以下教师占比/(%)	36~45 岁教师数占比/(%)	46~55 岁教师占比/(%)	56 岁以上教师占比/(%)
内蒙古	3	2159	12.64	52.62	26.73	8.01
广西	17	20106	26.96	40.86	25.93	6.25
重庆	5	6620	27.39	41.18	26.06	5.38
四川	10	9550	27.81	42.14	24.86	5.19
贵州	10	9717	30.50	43.01	21.36	5.13
云南	14	10857	27.65	41.59	24.89	5.88
西藏	2	734	32.43	40.74	24.80	2.03
陕西	16	14115	26.18	45.80	20.99	7.04
甘肃	8	7676	21.86	44.96	27.61	5.58
青海	2	1919	26.84	31.06	35.59	6.51
宁夏	1	1479	15.55	46.52	30.76	7.17
新疆	7	6345	28.84	39.86	26.26	5.04
合计	95	91277	26.64	42.53	24.91	5.92

注：由西部地区各高校 2019 年《本科教学质量报告》中的数据整理计算而得。

一般来说，高校人才的年龄应呈现正态分布，高峰应处在 35~50 岁较为合理[1]。西部地方高校 35 岁以下青年教师占比接近三成，比重过大，四成的教师年龄集中在 36~45 岁，处于出成果最佳时期的 46~55 岁教师比重普遍不高，不到教师总数的四分之一，老年教师占比普遍高于 5%。由于高校扩招以来，地方高校不断补充了很多"新鲜血液"，青年教师队伍异军突起，但青年教师阅历还不丰富，教学经验也有所欠缺，数量太大会影响人才培养的质量。因此，西部地方高校教师队伍的年龄结构不尽合理，亟待通过结构调整和增量优化，形成合理的老、中、青梯队。

四、高校教师学缘"近亲繁殖"普遍

高校教师因就读学校、所学专业和受教的学术流派等情况的不同，组合成的教师队伍自然形成了不同的学缘结构。学缘结构是指教师毕业学校的构成状态，即高校教师在本校外或者校内完成某一级学历（学位）教育的构成。高校教师来源单

---

[1] 刘莉莉：《高校师资队伍结构优化及其对策研究——基于世界一流大学的经验分析》，《东南大学学报（哲学社会科学版）》2010 年第 6 期，第 126-129 页。

一的学缘结构,表现为聘任本校毕业生留校任教的现象,即学术"近亲繁殖"[①]。由于不同的界定反映出学缘关系强弱程度不同,这里将教师在其任职高校获得过学位(无论学位层次的高低)的,都看作"近亲繁殖"者,学缘关系越强的毕业生越倾向于留任母校,学术"近亲繁殖"程度就越严重。《全国教育人才发展中长期规划(2010—2020年)》明确指出要逐步减少和消除学术"近亲繁殖"现象,鼓励高校大幅度减少或者不从本校毕业生中直接聘任新教师,大力改善教师学缘结构。

为了较全面地呈现西部地方高校教师队伍的学缘结构,笔者从搜集到的2014—2019年西部地方普通本科院校的《本科教学质量报告》中,筛选出有教师队伍学缘情况统计的高校数据,来客观分析教师队伍学缘结构的现状和变化趋势。如表2-14所示,近六年西部地方高校教师的本校毕业专任教师占比在21.48%~28.20%浮动,2015年西部地区样本高校的本校毕业教师平均占比相对其他年份较高,接近29%,之后"近亲繁殖"比例有所下降,2019年的平均占比下降为21.48,相比2015年缩小了约6.72个百分点,学术"近亲繁殖"现象有所好转。但相较于2019年全国普通本科院校毕业于本校的专任教师占比(16.70%)[②]还是高出近5个百分点。由于可获得的资料受限,实际西部地方高校教师的"近亲繁殖"比例可能会更高,相较于英美大学教师的低于20%或是10%的"近亲繁殖"比例[③],西部地方高校仍需大力改善教师学缘结构,减少学术"近亲繁殖"现象。

表2-14 2014—2019年西部地方普通本科院校教师队伍学缘情况统计

	2014年	2015年	2016年	2017年	2018年	2019年
样本高校数/所	35	14	37	39	44	41
样本高校专任教师总数/人	29857	16593	39039	41404	45896	46319
样本高校本校毕业教师占比/(%)	23.42	28.20	24.13	25.02	26.58	21.48

注:由西部地区各高校2019年《本科教学质量报告》中的数据整理计算而得。

为了更加详细了解地方高校教师学缘类型分布情况,笔者基于2018年"知识社会中的学术职业"的调查数据,对全国22个省区120所高校的2632个样本和西部24所地方普通本科院校的405个样本数据进行了对比分析。如表2-15的调查结果显示,西部地方本科院校教师在一个学位的"近亲繁殖"率(本科、硕士或博士毕业学校与现就职高校一致)为28.40%,两个学位的"近亲繁殖"率(本硕、本博或硕博毕业学校与现就职高校一致)为17.53%,重度的"近亲繁殖"即"单一学缘"

[①] 刘琳:《大学教师"近亲繁殖"会抑制学术生产力吗——以东西部两所"双一流"建设高校H学科为例》,《中国高教研究》2019年第12期,第76-83页。

[②] 全国普通高校本科教育教学质量报告编委会:《全国普通高校本科教育教学质量报告(2019年度)》,北京:高等教育出版社2021年版,第64页。

[③] Mishra V, Smyth R: Academic inbreeding and research productivity in australian law schools, Monash University, Department of Economics, 2012, pp. 583-618.

(本、硕、博三个学位均在任职高校)的比例为11.6%,均高于2018年调查的全国平均水平22.11%、15.65%和11.4%,特别一个学位的"近亲繁殖"率高于全国水平6.29个百分点。从"任意学位近亲繁殖"率(即上述三个比例之和)来看,高达57.53%,远高于此次调查的80所高校的49.16%平均水平。

表2-15 2018年"知识社会中的学术职业调查"中西部地方普通本科院校教师学缘结构统计

	全国高校调查数据		西部地方本科院校调查数据	
	教师数/人	占比/(%)	教师数/人	占比/(%)
非现工作单位毕业	1338	50.84	172	42.46
本科与现工作单位相同	209	7.94	52	12.84
硕士与现工作单位相同	175	6.65	40	9.88
博士与现工作单位相同	198	7.52	23	5.68
本、博与现工作单位相同	63	2.39	7	1.73
本、硕与现工作单位相同	201	7.64	46	11.36
硕、博与现工作单位相同	148	5.62	18	4.44
本、硕、博均与现工作单位相同	300	11.40	47	11.60

综上分析可知,相对全国其他高校,西部地方高校教师教师来源比较单一,"近亲繁殖"率更高,本土化、低层次问题突出,教师队伍学缘结构的封闭性更强。形成的主要原因大致如下。①西部高校数量相对较少,特别是高等教育大规模扩招之前,能够授予学位的学校和专业、培养的人才都非常有限,在一定程度上影响了教师学缘结构的多样性。②由于西部地方高校地理位置处于劣势,对高层次人才特别是东部高校博士毕业生和紧缺专业的硕士毕业生的吸引力较低。因此,为保证基本教学工作的开展,西部地方高校常常只能聘请愿意接受本地区工作条件的本校毕业生任教。③由于聘任本校毕业生任教的流动风险最低,因而其招聘和迁移成本最低。一般来说,选聘本市或者本省以及邻近省市高校毕业生来校任教,相较于在全国范围内选聘高校毕业生任教或全球范围招聘教师的成本更低[1]。由于西部地方高校办学经费较为匮乏,招聘和引才费用受到一定的约束,在引进人才较为困难的情况下,为缓解教师供给不足的压力,很多地方高校不得不留住本校或邻近地域高校毕业生,招聘教师的区域分布范围也相对狭窄,这也是西部地方高校"近亲繁殖"率依然较高的重要原因之一。

高"近亲繁殖"率会加剧高校教师的同质性,影响不同思想的碰撞和交流,一定

---

[1] 邓小妮:《我国高校教师队伍学缘结构成因及其发展新动向》,《黑龙江高教研究》2015年第6期,第85-89页。

程度上会抑制高校的学术生产力[①]。同时,学术"近亲繁殖"率高会逐渐拉低高校教师队伍的整体水平,以关系远近而不是以学术能力选拔教师,大量近亲教师挤占空缺职位,难以保证师资队伍的质量,将不利于学科交叉和学术生长点的形成,会进一步制约西部地方高校竞争力的提升。

第四节 西部地方高校教师的工作负荷与岗位聘用现状

一、高校教师学术工作超负荷

人力资源配置状况分析时一般从总量配置、结构配置、质量配置、工作负荷状况和使用效果五个方面进行。人力资源配置应与人力资源所承担的工作量相适应,使其身心承受能力与工作负荷量相适应,工作负荷过重或过轻都不利于其合理配置[②]。对于高校来说,教师的工作负荷状况,即教师工作量,也是影响教师资源的数量和配置效果的重要因素之一。除了生师比,对教师数量的规定还会依据教师的工作量来配备。教师工作量是以一定的尺度为标准反映教师在教学、科研、管理和社会服务等职责范围内的劳动量,其常常也是薪酬分配、职称评定和评优选先的重要依据。由于教师对教学和研究工作投入的精力、情感等一些隐性投入很难具体计量和评价。因此,教师工作投入的时间往往是一个比较好测量的显性指标,也可以反映教师工作投入的程度。

笔者从"2014中国大学教师调查"中了解了教学活动(备课、讲课、辅导答疑、批改作业与试卷等)和研究活动(指导研究生、阅读文献、写作、实验、实地调研等)的时间情况。调查发现,88所大学教师的教学、研究的周平均时间分别为14小时和22小时,实际教学与研究时间比例约为4∶6[③]。笔者对该调查中西部高校教师的问卷数据进行分析,结果如表2-16显示,西部高校教师平均每周花在教学工作的时数为14.87小时,每周花在研究工作的时数为22.72小时,与全国教师的平均水平相近。从西部高校不同层次来看,"211工程"高校和一般本科院校教师每周教学工作时数都明显高于全国教师每周教学工作时数的平均水平,教学负担明显较重。西部地区"211工程"高校和"985工程"高校教师每周研究工作时数的平均值明显高于一般本科高校,并高于全国教师的平均水平,科研压力也相对较大。相比全国教师水平而言,西部地区一般本科高校用于研究工作的时间相对较少。

[①] 刘琳:《大学教师"近亲繁殖"会抑制学术生产力吗——以东西部两所"双一流"建设高校H学科为例》,《中国高教研究》2019年第12期,第76-83页。

[②] 张碧雄,柳博:《现代人力资源管理》,广州:华南理工大学出版社2003年版,第84-85页。

[③] 沈红:《中国大学教师发展状况——基于"2014中国大学教师调查"的分析》,《高等教育研究》2016年第2期,第37-46页。

表 2-16　2014 年西部不同类型高校教师周工作时数调查结果

	样本数/所	每周教学工作时数平均值/小时	每周研究工作时数平均值/小时
"985 工程"高校	503	13.52	24.65
"211 工程"高校（不含"985 工程"高校）	329	16.30	24.71
一般本科高校	315	15.53	17.58
21 所西部高校合计	1147	14.87	22.72

进一步分析西部高校教师对教学和科研工作量的感受时，统计结果显示，一般本科高校 66%的教师总体感觉工作超负荷，有 51.4%的教师感觉科研工作量超负荷（其中 14%感觉严重超负荷），有 45.7%的教师感觉教学工作量超负荷（其中 13.7%感觉严重超负荷）；"211 工程"高校教师对工作的总体感受为超负荷的占 67.2%，感觉科研工作量超负荷的教师占 56.8%（其中 11.6%感觉严重超负荷），教学工作超负荷的教师占 44.4%（其中 9.4%感觉严重超负荷）；"985 工程"高校有 67.8%的教师总体感觉工作超负荷，有 61.4%的教师感觉科研工作量超负荷（其中 14.7%感觉严重超负荷），有 31%的教师感觉教学工作量超负荷（其中 8.2%感觉严重超负荷）。可以看出，西部高校一半以上的老师明显感觉科研工作量超负荷，"985 工程"高校教师科研工作超负荷感最严重，其次为"211 工程"高校。而教学工作方面，一般本科高校和"211 工程"高校教师较"985 工程"高校教师的超负荷感更为明显，这也与西部高校教师工作量的分析结果相一致。在专任教师总体数量不足的情况下，西部地方高校教师教学任务较重，多数教师不得不投入更多的工作时间和精力以保证教学质量和科研任务的完成，教师学术工作超负荷。

2018 年"知识社会中的学术职业调查"中提到教师对教学和科研的兴趣以及教师每周（一周总计自然时间为 168 小时）花在教学、研究、社会服务、学术管理与服务等活动的时间情况。根据调查数据的统计结果显示，56.5%的西部地方高校教师主要兴趣在教学与科研，但倾向于科研；29.6%的教师主要兴趣在教学与科研，但倾向于教学；主要兴趣仅在教学或者仅在科研单方面的比例均为 6.9%。与此同时，教师平均每周花在教学上的时间约为 18.12 小时，花在研究上的时间约为 30.34 小时，花在学术管理和服务上的时间为 13.63 小时。相较于 2014 年的调查结果而言，西部地方高校教师的教学和研究的时间投入都更多了，尤其是用于科研的时间明显增加。同时，调查还发现，有 51.4%的教师认为学校在教师聘用和晋升时非常强调和看重科研，而只有 3.2%的教师认为会非常强调和看重教学，6.7%的教师认为会非常强调和看重某一岗位的实际需要。由此看来，大多数教师因为岗位聘用、职称晋升、考核评优等方面的需要，主要兴趣较多偏向于科研工作。随着科研要求和难度的日益增加，72.6%的教师认为教学与科研很难兼顾，教师不得不在保证教学质量的同时,将更多的时间投入到研究工作中,这种长期较高负荷的工作状态也使得 73.9% 的老师认为工作给他们带来了巨大的压力。

二、高校教师的聘任满意度不高

实行教师的合同聘任制是我国推进社会主义市场经济条件下高校管理制度的创新,从单向的依附关系转向受法律保护的人事契约关系,对高校教师资源配置转型产生了重大影响[①]。推行高校教师聘任制的主要目的是,借助市场竞争机制,使人力资源配置方式从行政手段向市场转化,并减少市场配置盲目和无序的有效手段。聘任制下教师资源配置最基本的要求是要"人岗匹配",即将合适的教师配置到合适的岗位上[②],人岗匹配程度直接影响着教师主观能动性的发挥和工作效率的提高,从而间接影响教师资源配置的有效性。

人岗匹配的首要条件是合理设置岗位,这也是衡量高校教师资源配置优化的标准。岗位设置合理,一方面可以使高校的职能得以充分体现,并使其运行和发展的目标得以顺利实现;另一方面可以使学校人力成本得到有效控制,有限的资源更有效地用于教学和科研中[③]。合理的岗位设置应在保证高校教育教学活动正常运作和培养质量的前提下,基于学校发展需要并按最少的岗位需求来设置,并科学明确地界定岗位的类别和数量。在确定岗位需求基础上,配置合适的教师数量,教师则根据个人特点和需求去寻找和选择理性的岗位,以促进人与岗位的最佳配置和组合。

2018 年"知识社会中的学术职业调查"中提到有关教师聘任满意度、教师能力与岗位匹配情况等问题。405 名西部地方高校的教师关于聘任制问题的统计结果如表 2-17 所示。教师对自己目前的聘任状态满意度得分的均值稍高于理论均值,表明处于刚刚满意的状态,但有 26.2% 的教师表示不满意目前的聘任状态;教师聘用和晋升时对某一岗位实际需要的强调度得分均值低于 3 分,37.5% 的教师认为学校在教师聘用和晋升时不强调某一岗位的实际需要;95.3% 的教师认为学校在聘用和晋升时看重科研,44.2% 的教师认为学校在聘用和晋升时不强调教学。

表 2-17 2018 年西部地方高校教师聘任状况的相关调查结果

问题	均值	标准差	选择"不满意"或"不强调"教师占比/%
教师对目前聘任状态的满意度	3.12	1.134	26.2
教师聘用和晋升时会考虑某一岗位的实际需要	2.72	1.150	37.5

---

① 康宁:《中国高等学校内部管理体制指标体系研究》,《高等教育研究》2010 年第 12 期,第 41-48 页。
② 彭江:《中国大学学术研究制度变革》,武汉:华中师范大学出版社 2009 年版,第 231 页。
③ 袁东:《高等学校人力资源配置机制与优化》,北京:经济科学出版社 2009 年版,第 80 页。

续表

问题	均值	标准差	选择"不满意"或"不强调"教师占比/%
教师聘用和晋升会看重科研	4.27	0.917	4.7
教师聘用和晋升时会看重教学	2.57	1.038	44.2

为了进一步呈现西部地方高校教师资源配置中教师能力与岗位要求能力的匹配情况,笔者对调查中教师自身工作能力的自评得分和这些能力对工作的重要性得分进行了统计分析,结果如表2-18所示。

表2-18 2018年西部地方高校教师对自身能力和能力对工作重要性的评价结果

问题	对工作的重要性得分均值	个人能力自评得分均值	两者的差值
产生新想法、新方法和新成果的能力	4.44	3.64	0.80
独立工作的能力	4.33	4.18	0.15
发展、维持和运用人际网络的能力	4.13	3.27	0.86
规划、管理和执行项目的能力	4.02	3.69	0.33
团队合作的能力	4.02	3.96	0.06
获取外部资助的能力	4.24	3.07	1.17

从得分的均值来看,六个维度的得分均值都高于理论均值3分,说明教师认为个人的这些能力都在一般水平之上,并认为这些能力对工作都是比较重要的。当然,两者之间也存在一定的差距,差值在0.06~1.17分。其中教师对"独立工作的能力"和"团队合作的能力"的自评得分较高,并且这两方面的能力两者的差值较小,也反映出教师认为自身这两方面能力与工作所要求的能力差距不大,但在"产生新想法、新方法和新成果的能力""发展、维持和运用人际网络的能力""规划、管理和执行项目的能力""获取外部资助的能力"四个维度自评得分不高且两者的差距较大,这也反映出教师认为这些能力对于工作较重要,而自身能力还有所欠缺。

综上分析,尽管西部地方高校已经实行了教师聘任制,但部分学校在管理中并未真正贯彻国家推行的"按需设岗"的岗位聘任制度,并不是根据岗位需要来聘用教师。同时,以培养地方经济社会发展所需人才为核心任务的地方高校,实际教师聘用和晋升中普遍不太重视教学,非常强调科研,这与大多数地方高校的办学定位是不匹配的。由于相比教学,学校更容易对教师在科研方面的工作业绩做出评判。因此,地方高校在岗位设置和教师招聘中往往以科研水平作为分级标准,也导致教学岗位与科研岗位设置的冲突以及岗位设置不合理等问题。同时,许多教师在同一任期内需要兼顾教学、科研和社会服务三种工作,经常会出现在某一方面工作业绩欠佳,进而影响其聘任和晋升的情况,这也导致不少教师对其聘任状态不甚满意。整体来看,高校教师资源配置中教师能力与岗位的要求有一定的差距,也间接说明存在教师资源错配、结构性短缺和浪费等问题。因此,西部地方高校根据学校发展需要、战略和目标的设定及调整,科学、合理和灵活地进行岗位设置与教师岗位聘任是学校人事制度改革的核心任务。

第五节 本章小结

本章通过对西部地区普通高校数量、在校生规模、重点学科和研究生学位授权点数量及分布情况呈现西部地区高校的发展概况。基于全国普通高校统计数据和西部地方高校的状态数据,从专任教师和外聘教师数量、生师比、"双师型"教师数量等方面全面展现西部地方高校教师资源的配置现状。以地方高校状态数据和全国教师调查数据为基础,从教师队伍的学历、职称、年龄和学缘情况,系统呈现西部地方高校教师资源的质量配置现状,并从教师学术工作负荷状况和教师的岗位聘用情况展现西部地方高校内部教师资源配置的状况。

笔者通过系统分析西部高校发展状况和西部地方高校教师资源的数量和质量配置现状发现,国家实施西部大开发战略以后,西部高校数量和在校生人数都有显著的增加,但西部地区国家重点建设高校数量偏少,西部高校在人才培养上规模效应不太显著,重点学科偏少且区域布局非均衡,研究生学位授权点分布不平衡。在此背景下,从西部地方高校教师资源的数量配置情况来看,高校专任教师数量不断增加但增速在放缓,部分省区高校外聘教师数量超标,高校生师比普遍偏高,部分地方高校"双师型"教师较为匮乏。

从西部地方高校教师资源的质量配置情况来看,博士学历教师占比偏低,本科及以下学历教师比重过大,学历层次相对较低;教师队伍中高级职称教师明显偏少,中级及以下职称教师占比过高,职称结构不尽合理;西部地方高校青年教师所占比重过大,"老龄化"现象较普遍;西部地方高校教师来源比较单一,"近亲繁殖"率较高,学缘结构的封闭性很强。

从西部地方高校内部教师资源配置情况来看,通过2014年和2018年教师调查数据的分析发现,西部地方高校教师学术工作普遍超负荷,教学和研究的时间投入在增加,尤其是用于科研的时间明显增加。有约四成的教师认为学校在教师聘用和晋升时不强调某一岗位的实际需要,绝大多数教师认为学校在聘用和晋升时看重科研,因岗位聘用、职称晋升、考核评优等方面的需要,主要兴趣较多偏向于科研工作。有接近三成的教师不满意或者非常不满意目前的聘任状态,高校教师资源配置中教师能力与岗位的要求有一定的差距。

第三章 西部地方高校教师资源配置的均衡性

高等教育资源区域配置差异的存在是对高等教育均衡发展和教育公平的严重挑战,一定程度上也影响了我国区域经济、社会、人口的全面协调发展[①]。高校教师资源区域配置不合理格局尚未有根本性改观,这在一定程度上弱化了教育对经济社会发展的支撑能力[②]。在宏观层面上,高校教师资源配置的公平性目标主要是使教师资源在不同区域、类型、层次高校的分布形成良性结构,不断缩小不同区域间和区域内相同类型和层次的高校教师资源配置的差异,实现教师资源配置的相对均衡,这也是促进区域高等教育协调发展的主要手段之一。本章主要在西部地方高校教师资源配置均衡性评价指标和测度方法选择的基础上,考察西部地方高校教师资源配置差异的时空演变趋势,探寻影响教师资源配置均衡性的关键区域单元,为缩小西部省区间和省区内地方高校教师资源配置的差异提供事实依据。

第一节 西部地方高校教师资源配置均衡性的评价指标和测度方法

一、西部地方高校教师资源配置均衡性评价指标选取

指标是反映一定时间和条件下一定社会现象规格、程度和结构的数值。以目标为根据,将其分解为能反映其本质特征的要素,这些要素通常称为指标。通过实际观察或测量各个指标所获取的信息,就能够反映目标的整体特征[③]。可见,指标是反映和揭示事物本质规定性的工具,使目标能具体化和可操作化。高校教师资源的区域配置均衡性测评结果要有效可信、全面客观,首先,评价指标能够反映高校教师资源配置的实质内容和整体水平;其次,指标要具有可操作性和可行性,数据容易采集,资料可以量化,指标少而精;再次,测评指标应该与高校教师资源的内涵结构相符,体现高校教师资源区域配置的本质特征;最后,观测指标均可获得独

[①] 夏焰:《中国高等教育投入产出的空间组织研究》,安徽科学技术出版社,2016,第6页。
[②] 李云、杨振、刘会敏:《我国高校教师资源布局演变及空间均衡性评价》,《甘肃科学学报》2013年第1期,第155-158页。
[③] 陶西平:《教育评价辞典》,北京:北京师范大学出版社1998年版,第112页。

立信息,相互不可代替。根据这些原则,从高校教师资源的数量和质量两个维度来测评西部地方高校教师资源配置的均衡性。如表3-1所示,教师资源的数量维度以生师比作为测量指标,教师资源的质量维度以具有正高级职称的专任教师数量或占比和具有博士学历的专任教师数量或占比作为测量指标。

表3-1 西部地方高校教师资源配置均衡性的测量指标

一级指标	二级指标	指标含义
教师资源的数量	生师比	指折合在校生数占折合专任教师数的比例
教师资源的质量	博士学历专任教师数量/占比	指博士学历专任教师数占专任教师总数的比例
	正高级职称专任教师数量/占比	指正高级职称专任教师数占专任教师总数的比例

教师资源的数量是高校教育教学工作正常开展的必要条件。由于在校生数是影响教师资源需求的最直接因素,适当的生师比关系是高校正常运转的基本条件。因此,研究中选择"生师比"作为评价西部地方高校教师资源配置均衡程度的参考指标。在具体分析前笔者系统整理了各地方高校《本科教学质量报告》中已有的专任教师数量、外聘教师数量、折合学生数、折合教师数、给定的生师比等指标,综合分析后确定了各样本高校的生师比,并计算出各省区地方高校的生师比均值,以此为基础进行西部地方高校教师资源的数量配置均衡性的分析。

对于教师资源的质量这一维度,研究中最初考虑从教师队伍学历、职称、年龄、学缘四个方面来选择测量指标,但由于提供教师详细学缘、年龄情况数据的高校较少,年龄分类的口径不统一等问题,笔者在具体分析时选择了教师学历和职称两个方面,尽可能通过更多的样本高校数据呈现出西部地方高校教师资源配置的均衡性。教师学历是衡量教师学术水平和科研创新能力高低的一项重要指标,教师学历越高,在一定程度上反映其受教育水平越高,专业知识越扎实。其中获得博士学位教师占比的高低体现出高校师资力量雄厚与否,也已经成为评价高校办学质量的重要指标。教师职称是评价教师教学专业水平的重要指标,也是教师学术能力和业务能力的综合体现。高级职称教师的比例是衡量高校师资水平的重要标准,高级职称教师比例越高,也反映教师的工作经验越丰富,师资队伍的学术造诣越高。对于省级区域而言,专任教师中高级职称教师的比例反映出一个地区专任教师总体质量和层次,博士学历教师比例反映出地区专任教师的高学历状况和未来的发展潜力,研究中选择将"博士学历教师占比"和"高级职称教师占比"作为评价西部地方高校教师资源的质量配置均衡性的测量指标。

二、西部地方高校教师资源配置均衡性的测度方法

整体来看,关于高校教师资源配置均衡性分析的实证研究不多,基于区域空间

角度和时间跨度进行的深入剖析更少。对教育资源配置均衡程度的分析,目前常用的测度指标包括极差、极差率、标准差、差异系数、泰尔指数和基尼系数等。本书综合使用极差、极差率、标准差和差异系数四个指标分析西部样本高校教师资源配置的绝对差异和相对差异,再利用泰尔指数可分解性的特征,深入西部省区间和省区内以探究地方高校教师资源配置差异的变化规律。

(一)绝对差异指标:极差、标准差

极差是一组数据的最大值与最小值之差,可以反映教师资源配置某项指标(如生师比、正高级职称教师占比、博士学历教师占比等)的变化范围,它可以粗略地反映一组数据的离散程度;当然,极差的计算只用了样本数据中的两个极端值,不能全面反映出所有样本数据的离散程度。因此,研究时还配合使用标准差来综合衡量西部各省区地方高校教师资源的数量和质量配置的绝对差异。标准差 σ_X 是反映一组数据整体离散程度的绝对差异量化指标,计算公式见式 3.1。由于所有样本数据都参与运算,该指标也是总体标准差性质最好的估计量。

$$\sigma_X = \sqrt{\frac{\sum (X-\overline{X})^2}{N}} \qquad (3.1)$$

(二)相对差异指标:极差率、差异系数

由于西部省区间经济发展存在较大的差异,高等教育发展的历史基础也不同,采用极差和标准差分析绝对差异容易出现较大误差,故研究中还使用了极差率和差异系数作为相对差异量指标。极差率是教师资源配置数量和质量指标的最大值和最小值之比。一般而言,当用极差率来反映公平程度时,若该比值等于 1,表示绝对公平。极差率越大,说明越不公平。同样的,极差率也不能全面反映所有样本数据的离散程度,故研究时还配合使用差异系数来综合反映相对差异。同时考虑当各组数据平均值相差较大时,标准差用于解释各组数据的离散程度就不太准确。因此,综合使用差异系数 CV(即一组数据的标准差除以该组数据的平均值)来综合分析西部各省区地方高校教师资源配置的相对差异,计算公式见式 3.2。差异系数的值越大,说明数据的差异或离散程度越大,反之差异越小。

$$CV = \frac{\sigma_X}{\overline{X}} \times 100\% \qquad (3.2)$$

(三)综合差异指标:泰尔指数

泰尔指数又称泰尔熵标准,是由荷兰经济学家泰尔提出,主要用以测量个人或地区之间收入/支出差距(或不平等度)的指标,其取值范围介于 0 和 1 之间。当泰尔指数为 0 时,表示地区间或个人间的收入处于绝对均衡水平,当其值为 1 时,表示地区间或个人间的收入差距非常大或者处于极度不均衡水平。

由于泰尔指数的优点在于能够将差异进行分解,可以计算区域间差异、区域内部差异及其对总体差异的贡献程度①，因此，泰尔指数被广泛应用在探讨区域整体差异、区际差异和区内差异以及区际差异和区内差异对区域总体差异变化影响的相关研究中。泰尔指数在研究中也逐渐被作为评价资源配置均衡性的相对指标。数值越小，表示资源配置差异越小，均衡性就相对越强；数值越大，表示资源配置差异越大，均衡性越弱。为了深入分析西部省区间和省区内地方高校教师资源配置的差异，本研究中同时也采用泰尔指数来测量西部地方高校教师资源配置的均衡性程度。

在具体研究中，以西部地方高校为基本分析单位，将西部十二个省区作为分组依据，把样本高校分为 12 组，其中组间差异反映的是西部十二个省区之间的差异，组内差异反映的是各省区内地方高校之间的差异。泰尔指数计算公式见式 3.3。

$$T = \frac{1}{n}\sum_{i=1}^{n}\frac{y_i}{U}\ln\left(\frac{y_i}{U}\right) \tag{3.3}$$

在式 3.3 中，T 为西部地方高校教师资源配置总体差异的泰尔指数，n 为样本高校总数，y_i 为各样本高校生师比、正高级职称专任教师数、博士学历专任教师数指标的实际值，U 为西部地方高校生师比、正高级职称专任教师数、博士学历专任教师数三个指标的平均值。T 越小，说明区域总体差异越小，反之越大。本研究将地方高校分为西部十二个省区，泰尔指数的分解公式为：

$$T_W = T_{W_1} + T_{W_2} + \cdots + T_{W_{12}} = \frac{n_1}{n}\frac{u_1}{U}T_1 + \frac{n_2}{n}\frac{u_2}{U}T_2 + \cdots + \frac{n_{12}}{n}\frac{u_{12}}{U}T_{12}$$

$$\tag{3.4}$$

$$T_B = T - T_W \tag{3.5}$$

式 3.4 中，T_W 代表西部地方高校教师资源十二个省区内差异总和部分，T_{W_1}，T_{W_2}，$\cdots$，$T_{W_{12}}$ 分别代表西部十二个省区内教师资源配置差异，其中，T_1，T_2，$\cdots$，T_{12} 分别表示西部十二个省区地方高校教师资源配置泰尔指数，n 表示样本高校总数，n_1，n_2，$\cdots$，n_{12} 分别表示西部十二个省区的样本高校数；U 表示西部地方样本高校总体，u_1，u_2，$\cdots$，u_{12} 分别表示西部十二个省区样本高校教师资源配置变量的平均值；式 3.5 中，T_B 表示西部地方高校教师资源十二个省区间差异部分。

西部十二个不同省区间及省区内教师资源配置数量和质量指标的泰尔指数对总泰尔指数的贡献程度，可以反映出该指标对教师资源配置数量和质量总泰尔指数的影响程度。研究中分别用 I_W 和 I_B 表示省区内和省区间贡献率指标，具体见式 3.6。

$$I_{W_i} = \frac{T_{W_i}}{T}; I_{B_i} = \frac{T_{B_i}}{T} \quad (i = 1, 2, \cdots, 12) \tag{3.6}$$

---

① 武春光，于成学：《基于泰尔指数的我国区域差异多指标测度》，《统计与决策》2008 年第 18 期，第 114-116 页。

三、样本高校情况

由于相关统计年鉴中缺少地方高校的详细基础数据,考虑到研究数据的可获得性、有效性和权威性,研究中通过全面查阅西部地区 195 所地方普通本科院校的官方网站等,梳理了 2014—2019 年西部十二个省区地方公立普通本科高校的《本科教学质量报告》,其中的数据均来自各高校的基层报表,具有较大的参考价值。由于部分高校官网未公开报告或者部分年份报告缺失等,各年度样本高校数不尽相同。通过数据筛查,去除个别指标不全的高校数据,最终得到的样本高校数量情况如表 3-2 所示。从这些样本高校的《本科教学质量报告》中摘录了有关教师资源的数量、质量方面的相关指标,具体包括生师比、专任教师总数、外聘专任教师数、专任教师职称结构数据和专任教师学历结构数据等,构建出近六年的非平衡面板数据。

表 3-2 2014—2019 年西部地方样本高校数量统计 （单位:所）

省区	2014 年	2015 年	2016 年	2017 年	2018 年	2019 年
内蒙古	10	3	11	9	7	9
广西	16	6	15	13	19	18
重庆	11	3	8	6	8	7
四川	26	26	13	9	18	18
贵州	3	10	8	9	11	11
云南	17	5	20	14	16	15
西藏	0	0	0	2	2	2
陕西	14	6	16	21	19	18
甘肃	1	3	9	7	10	11
青海	2	1	2	2	3	2
宁夏	1	0	3	2	1	1
新疆	5	7	3	6	8	8
合计	106	70	108	99	122	120

第二节 西部地方高校教师资源配置的均衡性分析

一、西部地方高校教师资源配置差异的时间演变趋势

(一)生师比差异程度有所缩小但有回升趋势

从 2014—2019 年西部地区全部样本高校生师比的均值来看,从 2014 年的

17.69，逐步增加到 2019 年的 18.49。由表 3-3 和图 3-1 所示，从近六年的绝对差异来看，极差呈现出"V"字形增大趋势，2019 年极差达到最大，为 16.07；标准差维持在 2.38～2.95，在 2017 年达到最大，为 2.95。从相对差异来看，差异系数呈现出波浪式增大趋势，在 2017 年差距达到最大。极差率变化幅度不大，为 2.10～2.56；差异系数的变化范围在 13.08%～16.32%，2018 年有明显的下降，2019 年又有所回升。总体来看，西部地方高校间生师比存在着一定的绝对和相对差距，且不均衡程度有所减小但有上升的趋势。

表 3-3　2014—2019 年西部地方高校生师比的差异情况

省区	2014 年				2015 年				2016 年			
	极差	极差率	标准差	差异系数/(%)	极差	极差率	标准差	差异系数/(%)	极差	极差率	标准差	差异系数/(%)
内蒙古	8.15	1.62	2.29	12.73	6.72	1.46	3.01	15.66	11.25	2.15	4.02	26.78
广西	10.64	1.77	2.57	13.55	4.92	1.31	1.67	8.99	7.92	1.56	2.31	12.29
重庆	10.85	1.99	2.85	15.29	1.12	1.06	0.52	2.87	12.88	2.45	4.51	27.00
四川	14.34	2.29	3.17	18.20	9.51	1.83	1.99	10.73	12.13	2.28	2.95	16.66
贵州	4.15	1.28	1.80	10.35	4.72	1.32	1.41	8.24	6.94	1.52	2.57	15.28
云南	6.38	1.41	1.98	11.43	4.72	1.28	2.18	12.13	5.62	1.35	1.78	9.88
西藏	—	—	—	—	—	—	—	—	—	—	—	—
陕西	8.47	1.71	1.98	10.92	11.43	2.10	4.37	23.76	7.93	1.58	1.85	9.91
甘肃	—	—	—	—	2.79	1.15	1.14	5.82	4.22	1.26	1.64	8.65
青海	0.19	1.01	0.10	0.67	—	—	—	—	1.87	1.15	0.97	7.41
宁夏	—	—	—	—	—	—	—	—	2.64	1.19	1.23	8.47
新疆	8.42	1.79	3.23	21.63	10.17	1.92	3.25	19.30	4.80	1.34	3.84	19.11
西部平均	14.85	2.40	2.64	14.92	11.43	2.10	2.38	13.08	13.04	2.47	2.74	15.43

省区	2017 年				2018 年				2019 年			
	极差	极差率	标准差	差异系数/(%)	极差	极差率	标准差	差异系数/(%)	极差	极差率	标准差	差异系数/(%)
内蒙古	10.41	1.96	3.15	17.07	11.43	1.94	3.81	19.54	10.59	2.01	3.23	17.83
广西	7.47	1.49	2.31	11.99	6.54	1.43	2.21	11.47	13.65	2.06	3.08	15.95
重庆	10.84	2.06	3.96	24.01	10.36	1.94	3.18	18.19	10.42	1.98	2.93	17.62
四川	10.95	1.85	3.59	18.76	11.99	1.88	2.61	13.11	11.42	1.80	2.63	14.55
贵州	7.25	1.46	2.64	14.84	6.26	1.40	1.76	10.17	7.78	1.55	2.04	11.83
云南	13.54	2.46	3.32	18.57	7.86	1.53	2.29	11.93	9.68	1.64	2.75	14.12

续表

省区	2017年 极差	2017年 极差率	2017年 标准差	2017年 差异系数/(%)	2018年 极差	2018年 极差率	2018年 标准差	2018年 差异系数/(%)	2019年 极差	2019年 极差率	2019年 标准差	2019年 差异系数/(%)
西藏	0.39	1.03	0.67	4.76	4.32	1.32	2.25	13.98	0.34	1.02	0.21	1.50
陕西	10.12	1.88	2.32	12.95	5.77	1.41	1.40	7.88	10.1	1.85	1.93	10.82
甘肃	3.5	1.19	1.10	5.63	5.92	1.37	1.70	9.30	6.48	1.44	1.69	8.90
青海	—	—	—	—	1.87	1.12	0.78	4.58	0.51	1.03	0.26	1.48
宁夏	0.36	1.02	0.21	1.18	—	—	—	—	—	—	—	—
新疆	13.14	2.29	3.84	22.64	12.8	2.26	3.92	21.89	5.01	1.32	1.05	0.74
西部平均	14.47	2.56	2.95	16.32	15.48	2.52	2.49	13.40	16.07	2.53	2.76	14.93

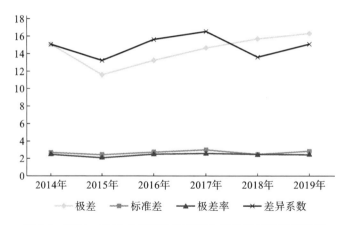

图 3-1 2014—2019 年西部地方高校生师比差异量指标变化

(二)正高级职称教师占比不均衡程度有所减小但有上升态势

2014—2019 年西部地区全部样本高校正高级职称教师的平均占比分别为 13.35%、14.21%、14.73%、14.99%、15.42%、15.49%,整体呈现逐年增加的趋势。由表 3-4 和图 3-2 所示,从近六年正高级职称教师占比的绝对差异来看,极差呈现出波浪式增大趋势。2019 年极差达到最大,为 40.09%;标准差维持在 4.63%~6.48%,在 2019 年达到最大 6.48%。从相对差异来看,极差率和差异系数均呈现波浪式增大趋势,均在 2016 年差距达到最大,差异系数在 34.67%~41.95%,2017 年明显下降,2018 年以后又有所回升。总体来看,西部地方高校正高级职称教师占比存在着一定的绝对和相对差距,且这种不均衡程度有所减小但有上升的趋势。

表 3-4 2014—2019 年西部地方高校正高级职称教师占比的差异情况

省区	2014年				2015年				2016年			
	极差/(%)	极差率	标准差/(%)	差异系数/(%)	极差/(%)	极差率	标准差/(%)	差异系数/(%)	极差/(%)	极差率	标准差/(%)	差异系数/(%)
内蒙古	13.41	2.77	3.73	24.02	13.28	2.27	5.55	32.48	26.72	6.23	7.29	47.62
广西	19.25	4.65	6.26	40.3	17.42	2.93	7.81	40.58	18.38	3.89	6.30	40.94
重庆	7.07	1.84	1.88	15.3	2.29	1.20	0.95	7.37	9.61	1.94	2.94	19.94
四川	11.66	4.97	3.04	26.22	13.60	5.58	3.52	27.90	13.78	5.64	3.37	26.55
贵州	5.48	2.13	2.26	28.48	14.66	2.99	3.84	24.00	20.90	6.12	7.29	60.96
云南	17.26	4.50	3.84	28.12	6.07	1.75	2.39	20.01	20.13	4.29	4.71	33.35
西藏	—	—	—	—	—	—	—	—	—	—	—	—
陕西	10.82	2.63	3.20	26.09	19.30	3.21	5.33	35.48	9.88	2.42	3.13	24.98
甘肃	—	—	—	—	3.01	1.30	1.25	10.94	13.78	2.39	4.50	27.10
青海	11.78	1.62	6.04	25.66	—	—	—	—	10.18	1.47	5.27	20.78
宁夏	—	—	—	—	—	—	—	—	23.60	2.39	9.91	35.11
新疆	5.02	1.67	2.16	19.58	9.35	3.24	3.34	29.04	5.15	1.58	2.12	18.12
西部平均	27.88	10.48	4.63	34.67	28.84	10.72	5.25	36.95	37.62	13.68	6.18	41.95

省区	2017年				2018年				2019年			
	极差/(%)	极差率	标准差/(%)	差异系数/(%)	极差/(%)	极差率	标准差/(%)	差异系数/(%)	极差/(%)	极差率	标准差/(%)	差异系数/(%)
内蒙古	24.10	7.84	7.54	44.73	25.94	6.42	8.70	47.80	24.50	5.36	7.58	42.46
广西	17.33	5.78	6.38	46.64	24.25	5.10	7.62	47.47	25.83	6.04	8.23	49.51
重庆	7.74	1.67	3.15	18.77	20.18	2.65	6.32	36.82	12.69	2.03	4.25	26.94
四川	9.01	2.11	2.74	21.32	8.31	2.05	2.72	20.57	16.08	2.95	3.71	26.71
贵州	18.7	6.49	6.67	43.49	24.52	6.26	6.69	40.60	26.19	5.04	6.70	37.98
云南	12.05	3.05	3.69	27.88	14.65	3.29	4.85	32.98	18.84	5.94	5.46	36.63
西藏	4.86	1.72	3.02	27.59	4.23	1.49	2.11	19.76	36.76	6.15	19.39	61.17
陕西	19.01	3.93	4.26	29.39	22.24	5.69	4.66	33.89	12.31	3.12	2.78	22.56
甘肃	12.30	2.18	3.88	22.84	13.26	2.52	4.76	28.91	12.60	2.38	4.04	25.17
青海	—	—	—	—	8.86	1.44	3.68	15.28	2.62	1.11	1.32	5.48
宁夏	10.31	1.55	5.89	21.90	—	—	—	—	—	—	—	—
新疆	14.34	7.40	4.73	36.81	11.06	2.97	4.16	32.11	11.41	3.10	4.12	33.20
西部平均	26.97	13.03	5.52	36.85	27.78	6.96	6.07	39.37	40.09	11.52	6.48	41.82

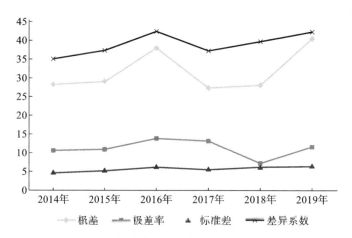

图 3-2 2014—2019 年西部地方高校正高级职称教师占比差异量指标变化

(三)博士学历教师占比不均衡程度呈现增大态势

从 2014—2019 年西部地区全部样本高校博士学历教师的平均占比来看,分别为 19.53%、22.86%、23.30%、27.96%、29.33%、31.84%,整体呈现逐年增加的趋势。由表 3-5 和图 3-3 所示,从近六年西部地区全部样本高校博士学历教师占比的绝对差异来看,极差和标准差都呈现出逐年增大趋势,2019 年极差达到最大,为 83.38%;标准差维持在 10.92%~17.24%,2019 年也达到最大,为 17.24%。从相对差异来看,极差率呈现"V"形增大趋势,差异系数在 54.15%~61.50%,虽然 2016 年之后差异系数有小幅度的下降,但仍都高于 54%,说明高校博士学历教师占比的校际差异过大。总体来看,西部地方高校博士学历教师占比存在着较大的绝对和相对差距并有扩大趋势。

表 3-5 2014—2019 年西部地方高校博士学历教师占比的差异情况

省区	2014 年				2015 年				2016 年			
	极差/(%)	极差率/(%)	标准差/(%)	差异系数/(%)	极差/(%)	极差率/(%)	标准差/(%)	差异系数/(%)	极差/(%)	极差率/(%)	标准差/(%)	差异系数/(%)
内蒙古	32.39	20.27	11.5	57.57	30.02	2.34	13.94	42.44	35.12	17.95	11.62	61.41
广西	43.02	29.73	13.01	66.42	42.27	7.66	16.01	60.38	44.26	15.35	13.41	60.17
重庆	19.62	3.45	6.59	31.26	16.76	2.29	7.08	30.24	56.62	9.45	16.15	59.59
四川	34.66	60.27	10.51	56.82	36.06	47.16	12.16	56.56	41.93	24.55	13.06	56.91
贵州	16.16	3.58	6.98	57.82	29.16	10.36	8.84	40.19	27.66	18.43	8.99	63.37
云南	45.29	35.78	13.54	65.71	25.74	19.41	12.54	64.36	52.28	38.38	17.69	67.90
西藏	—	—	—	—								
陕西	34.36	7.73	9.49	47.76	38.75	4.51	14.25	46.28	50.08	10.07	16.05	60.96

续表

省区	2014年 极差/(%)	极差率/(%)	标准差/(%)	差异系数/(%)	2015年 极差/(%)	极差率/(%)	标准差/(%)	差异系数/(%)	2016年 极差/(%)	极差率/(%)	标准差/(%)	差异系数/(%)
甘肃	—	—	—	—	7.80	2.97	3.57	55.19	33.95	6.88	10.45	50.7
青海	0.96	1.09	0.49	4.45	—	—	—	—	1.99	1.14	1.03	6.63
宁夏	—	—	—	—	—	—	—	—	22.97	3.70	11.67	41.42
新疆	19.08	3.29	8.64	40.15	24.47	5.31	9.01	37.61	21.32	3.30	9.30	39.03
西部平均	46.00	79.66	10.92	55.92	51.70	67.18	12.55	54.91	61.93	45.28	14.33	61.50

省区	2017年 极差/(%)	极差率/(%)	标准差/(%)	差异系数/(%)	2018年 极差/(%)	极差率/(%)	标准差/(%)	差异系数/(%)	2019年 极差/(%)	极差率/(%)	标准差/(%)	差异系数/(%)
内蒙古	42.41	11.60	15.26	51.50	44.66	11.49	18.39	55.96	45.58	10.97	17.71	52.57
广西	32.58	10.95	11.56	53.38	51.01	22.66	14.20	55.00	54.96	42.71	16.10	54.82
重庆	45.79	4.05	14.21	35.73	47.63	4.15	16.06	41.47	47.57	3.71	14.63	33.93
四川	37.71	11.15	12.31	65.97	45.29	27.64	14.42	55.73	45.46	25.72	13.49	46.05
贵州	38.31	15.71	11.94	46.66	40.08	9.22	11.37	36.05	42.16	5.60	13.71	38.74
云南	53.59	20.56	15.87	71.28	55.01	22.89	19.27	63.84	59.41	26.94	20.82	66.24
西藏	1.75	1.11	1.09	6.49	14.46	2.74	7.23	46.58	68.63	5.27	36.20	58.46
陕西	61.83	9.02	18.84	53.12	68.24	10.52	19.27	53.99	48.77	6.24	15.96	51.08
甘肃	38.93	7.35	13.56	53.87	43.94	28.68	14.49	69.39	49.74	32.34	16.16	60.30
青海	—	—	—	—	2.31	1.12	1.01	4.88	1.67	1.07	0.84	3.58
宁夏	24.91	3.33	14.25	47.38	—	—	—	—	—	—	—	—
新疆	25.95	3.79	10.52	35.33	31.08	4.43	11.23	40.73	36.04	6.77	13.36	48.79
西部平均	66.94	26.69	16.03	57.37	73.82	47.50	16.45	56.08	83.38	64.28	17.24	54.15

二、西部地方高校教师资源配置的区域差异

(一)新疆、内蒙古、四川和重庆四省区地方高校生师比校际差异程度较大

从各省区情况来看,为了全面呈现各省区地方高校生师比六年的变动态势,除去了个别年份数据有缺失的西藏、甘肃、宁夏、青海四个省区,西部其他八个省区地方高校生师比的差异系数变化情况见图3-4。由于差异系数的计算包含了所有样

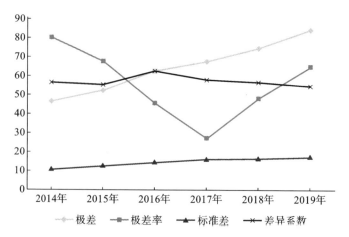

图 3-3　2014—2019 年西部地方高校博士学历教师占比差异量指标变化

本高校,同时当样本高校生师比平均值相差较大时,用差异系数来衡量高校间生师比指标的差异程度更为准确。因此,依据差异系数的变化情况来进一步分析西部各省区生师比的变化特征。

如图 3-4 所示,2014 年由大到小排序差异程度最大的三个省区为新疆、四川、重庆,差异系数均超过 15%,最高为 21.63%,其他五个省区差异系数也高于 10%;2015 年陕西、新疆、内蒙古地方高校生师比的差异系数位于前三位,其中,陕西省最高,达到 23.05%;2016 年内蒙古、新疆、四川、贵州、重庆地方高校生师比差异系数均超过 15%,内蒙古最高,达到 26.78%;2017 年重庆、新疆、四川、云南、内蒙古五个省区,重庆市最高,达到 24.01%;2018 年新疆、内蒙古、重庆三个省区地方高校生师比差异系数均超过 18%,新疆最高,达到 21.89%;2019 年内蒙古、重庆、广西三个省区地方高校生师比差异系数均超过 15%,内蒙古最高,为 17.83%。整体看来,相对于西部其他省区,新疆、内蒙古、四川、重庆四个省区地方高校生师比的差异程度较大。

(二)广西、内蒙古、贵州、云南四省区地方高校正高级职称教师占比校际差异较大

从各省区情况来看,西部其他八个省区(除去了个别年份数据有缺失的西藏、甘肃、宁夏、青海四省区)地方高校正高级职称教师占比的差异系数变化情况如图 3-5 所示。

2014 年由大到小排序差异程度最大的三个省区为广西、贵州、云南,差异系数均超过 28%,最高为 40.3%,其他五个省区差异系数也高于 15%;2015 年广西、陕西、内蒙古地方高校正高级职称教师占比的差异系数位于前三位,其中,广西最高,达到 40.58%;2016—2018 年连续三年贵州、内蒙古、广西地方高校正高级职称教师占比的差异系数均超过 40%,其他省区高校均高于 18%;2019 年八个省区地方

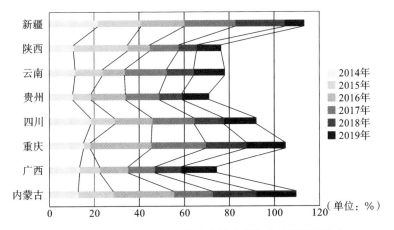

图 3-4　2014—2019 年西部地方高校生师比的差异系数变化

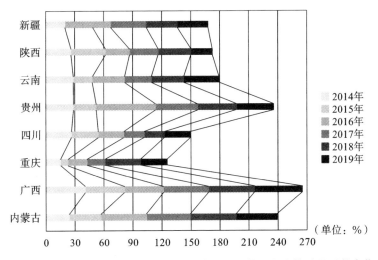

图 3-5　2014—2019 年西部地方高校正高级职称教师占比的差异系数变化

高校正高级职称教师占比的差异系数均超过 22%，广西最高，为 49.51%。综上所述，相对于西部其他省区，广西、内蒙古、贵州、云南四个省区地方高校正高级职称教师占比校际差异较大，其中广西、内蒙古、云南三个省区差异程度呈现增大趋势。

（三）云南、广西、四川、内蒙古、陕西五省区地方高校博士学历教师占比校际差异较大

从分省情况来看，西部八个省区（除去了个别年份数据有缺失的西藏、甘肃、宁夏、青海四个省区）地方高校博士学历教师占比的差异系数变化情况见图 3-6。

2014 年由大到小排序差异程度最大的五个省区分别为广西、云南、贵州、内蒙古、四川，差异系数均超过 56%，最高为 66.42%；2015 年，云南、广西、四川地方高校博士学历教师占比的差异系数位于前三位，其中，云南最高，达到 64.36%；2016

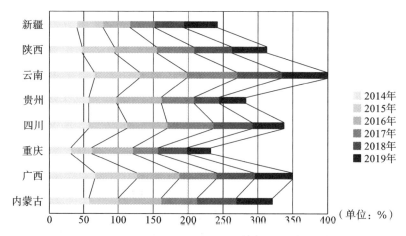

图 3-6 2014—2019 年西部地方高校博士学历教师占比的差异系数变化

年云南、贵州、内蒙古、陕西、广西五个省区差异系数均超过 60%;2017—2018 年,云南、四川、广西、陕西、内蒙古地方高校博士学历教师占比的差异系数都高于 51%,其中,云南两年均为最高,且 2017 年高达 71.28%;2018 年云南、广西、内蒙古、陕西四个省区差异系数均高于 51%。综上所述,相对于西部其他省区,云南、广西、四川、内蒙古和陕西五个省区地方高校博士学历教师占比省内校际差异较大,其中云南和广西两个省区六年该指标的差异系数都高于 53%,省内校际差异非常大。

第三节 西部地方高校教师资源配置均衡性的总体特征

笔者运用泰尔指数来测量西部地方高校教师资源配置均衡性,并对省区间和省区内的配置差异进行分解,以此分析西部地方高校教师资源配置均衡性的总体特征。研究中通过客观呈现西部十二个省区间泰尔指数及省区内泰尔指数、总泰尔指数以及前二者对总泰尔指数的贡献程度,具体分析西部省区间和省区内地方高校教师资源配置差异的变化规律以及其对西部地方高校教师资源配置总体差异的影响程度,从而解析出总体差异的主要来源。

一、西部省区间和省区内地方高校教师资源配置差异的变化特征

(一)生师比差异较小且变化幅度不大,省区内差异略高于省区间差异

由表 3-6 可知,2014—2019 年西部地方高校生师比的总泰尔指数在 0.0193~0.0621,总体呈现波浪式下降的趋势。从十二个省区的泰尔指数变化情况来看,泰尔指数均不高于 0.17,除了四川、云南、陕西三个省区,大多数省区都呈下降趋势,少数省区如新疆、重庆、内蒙古个别年份泰尔指数高于 0.1。总体来说,各省区内的

差异大于省区间差异,但省区内高校生师比的差异相对较小,变化幅度也不大。究其原因,教育部规定[①]本科院校基本办学条件达到合格的指标要求之一是生师比不高于18∶1(医学院校不高于16∶1,体育和艺术院校不高于11∶1),同时,如果生师比超过22∶1或者23∶1要限制招生(体育和艺术院校超过17∶1要限制招生)。同时,随着本科教育教学规模和教师数量的平稳发展,近六年西部省区内和省区间地方高校生师比差异都相对较小,也说明教育部设定的生师比这一硬性基本办学条件指标确实起到了保障地方高校教师资源基本数量规格的作用。

表3-6　2014—2019年西部不同省区地方高校教师资源配置泰尔指数

省区	2014年			2015年			2016年		
	生师比	正高级职称教师数	博士学历教师数	生师比	正高级职称教师数	博士学历教师数	生师比	正高级职称教师数	博士学历教师数
内蒙古	0.0027	0.1393	0.3889	0.00046	0.0224	0.0923	0.1497	0.3042	0.4684
广西	0.0095	0.3070	0.6260	0.0239	0.3313	0.5446	0.0167	0.3265	0.5496
重庆	0.0062	0.1588	0.2221	0.0045	0.0252	0.0911	0.1607	0.1954	0.2772
四川	0.0512	0.2125	0.4694	0.0032	0.1897	0.4503	0.0260	0.1794	0.4791
贵州	0.0021	0.3167	0.0901	0.00003	0.2695	0.3688	0.0315	0.5041	0.3556
云南	0.0576	0.2423	0.5844	0.0550	0.2427	0.6162	0.0311	0.3013	0.7077
西藏	—	—	—	—	—	—	—	—	—
陕西	0.0025	0.1009	0.2733	0.0031	0.0870	0.3391	0.0012	0.1412	0.4363
甘肃	0	0	0	0.0036	0.00004	0.0867	0.0151	0.1659	0.3627
青海	0.0017	0.00001	0.0184	0	0	0	0.0222	0.0031	0.0539
宁夏	0	0	0				0.0433	0.1734	0.2996
新疆	0.1131	0.1734	0.2990	0.0858	0.2222	0.3010	0.1428	0.0801	0.2391
省区内(T_W)	0.0288	0.1920	0.4193	0.0158	0.1910	0.3838	0.0450	0.2335	0.4728
省区间(T_B)	0.0030	0.0346	0.0249	0.0035	0.0253	0.0362	0.0171	0.0362	0.0329
总泰尔指数(T)	0.0318	0.2266	0.4442	0.0193	0.2163	0.4200	0.0621	0.2697	0.5057

[①] 2004年教育部印发的《普通高等学校基本办学条件指标(试行)》,这一文件是指导我国普通高校办学的最低指标,也是核定年度招生规模的重要依据。

续表

省区	2017年			2018年			2019年		
	生师比	正高级职称教师数	博士学历教师数	生师比	正高级职称教师数	博士学历教师数	生师比	正高级职称教师数	博士学历教师数
内蒙古	0.0331	0.3417	0.4536	0.0461	0.3254	0.4499	0.0418	0.2812	0.3909
广西	0.00002	0.2681	0.3366	0.0049	0.3716	0.4510	0.0177	0.3438	0.4006
重庆	0.1093	0.1248	0.1556	0.0090	0.1190	0.1548	0.0351	0.0963	0.1431
四川	0.0131	0.1676	0.6103	0.0290	0.1814	0.4707	0.0662	0.1715	0.3361
贵州	0.0620	0.4073	0.3436	0.0241	0.2877	0.2753	0.0077	0.2613	0.2886
云南	0.0118	0.3210	0.8628	0.0229	0.3661	0.7350	0.0332	0.4229	0.7814
西藏	0.0467	0.4133	0.2830	0.0284	0.0191	0.1114	0.0088	0.4274	0.3997
陕西	0.0058	0.1902	0.3666	0.0074	0.1977	0.3525	0.0123	0.0989	0.2599
甘肃	0.0019	0.1310	0.3356	0.0198	0.1938	0.5712	0.0070	0.1936	0.4640
青海	0	0	0	0.0057	0.0311	0.0143	0.0019	0.0010	0.0021
宁夏	0.0058	0.2601	0.4220	0	0	0	0	0	0
新疆	0.1465	0.2070	0.2287	0.0915	0.2411	0.3202	0.0085	0.2656	0.4166
省区内(T_W)	0.0281	0.2353	0.3841	0.0479	0.2469	0.4067	0.0257	0.2346	0.3677
省区间(T_B)	0.0104	0.0382	0.0663	0.0100	0.0213	0.0252	0.0110	0.0322	0.0272
总泰尔指数(T)	0.0385	0.2735	0.4504	0.0579	0.2682	0.4319	0.0367	0.2668	0.3949

(二)正高级职称教师数量差异相对较大且变化幅度较稳定,省区内差异明显高于省区间差异

由表3-6可知,2014—2019年西部地方高校正高级职称教师数的总泰尔指数值在0.2163~0.2735,2016年有明显的上升,之后变化幅度不大,在0.27左右轻微浮动。从十二个省区内和省区间的差异来看,各省区内的差异明显高于省区间差异,省区内的泰尔指数在0.1910~0.2469,2016年之后在0.24左右轻微浮动。说明西部地方高校正高级职称教师数量的配置差异较明显,近四年总体和省区内的差异程度都保持在一个相对稳定的水平。

从各省区情况来看,西部其他八个省区(除去了个别年份数据有缺失的西藏、甘肃、宁夏、青海四省区)地方高校正高级职称教师数泰尔指数的变化情况如图3-7所示,2014年、2015年泰尔指数值前三位的省区为贵州、广西、云南,均高于0.24;2016年及以后泰尔指数值连续三年位于前四位的为贵州、广西、云南、内蒙古,均

高于0.26。综上所述,相对于西部其他省区,贵州、广西、云南、内蒙古、新疆、四川六个省区地方高校正高级职称教师数量配置的泰尔指数值较大,其中云南、新疆两省区还呈现出增大趋势。

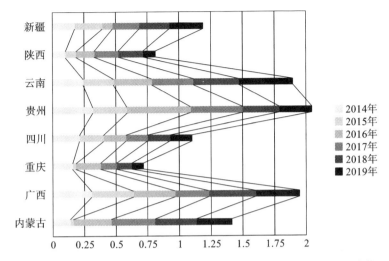

图 3-7　2014—2019 年西部地方高校正高级职称教师数泰尔指数的变化

(三)博士学历教师数量的差异较大且变化幅度较小,省区内差异明显高于省区间

由表 3-6 可知,2014—2019 年博士学历教师数泰尔指数的值在 0.39 以上,2016 年达到 0.5057,之后逐年下降,2019 年为 0.3949。从十二个省区内和省区间的差异来看,各省区内的差异明显高于省区间差异,省区内的泰尔指数在 0.3677～0.4728。说明西部总体和省区内地方高校博士学历教师数量的配置差异非常明显,虽然 2016 年以后有所下降,但差异的变化幅度很小,差异程度仍保持在比较高的水平。

从各省区情况来看,西部八个省区地方高校博士学历教师数泰尔指数的变化情况如图 3-8 所示,2014—2016 年泰尔指数值位于前三位的省区均为云南、广西、四川,均高于 0.45;2017 年及以后除了云南、广西、四川,内蒙古、陕西、新疆也居于前列。整体来看,云南、广西、四川、内蒙古、陕西、新疆六个省区地方高校近六年博士学历教师数泰尔指数的值都较大,均高于 0.22,云南省自 2015 年以后连续五年居于第一,远高于其他省区。大部分省区近三年博士学历教师数泰尔指数的均值有所下降,但差异程度仍比较大,2019 年仍有一半的省区泰尔指数高于 0.39,新疆近三年还呈现出逐年增大的趋势,2019 年达到 0.4166,位于八个省区的第三位。

二、西部地方高校教师资源配置的省区间和省区内差异贡献率分析

从西部地方高校教师资源的数量来看,如表 3-7 所示,2014—2019 年西部十二个省区地方高校生师比存在的差异主要由省区内的差异导致,其贡献率在 70.03%～90.57%,省区间的差异贡献率在 9.43%～29.97%;正高级职称教师数

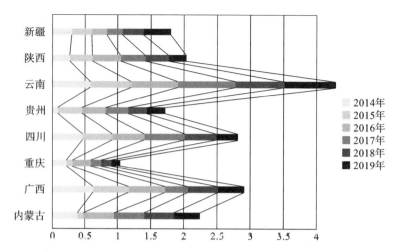

图 3-8 2014—2019 年西部地方高校博士学历教师数泰尔指数的变化

存在的差异主要由省区内的差异导致,其贡献率在 84.73%~92.06%,省区间的差异贡献率在 7.94%~15.27%;博士学历教师数存在的差异主要由省区内的差异导致,其贡献率在 85.28%~94.39%,省区间的差异贡献率在 5.61%~14.72%。

表 3-7 2014—2019 年西部地方高校教师配置的省区间和省区内差异的贡献率

(单位:%)

省区	2014 年			2015 年			2016 年		
	生均专任教师数	正高级职称教师数	博士学历教师数	生均专任教师数	正高级职称教师数	博士学历教师数	生均专任教师数	正高级职称教师数	博士学历教师数
内蒙古	0.82	7.00	8.77	0.10	0.56	1.42	20.76	10.04	6.44
广西	4.83	22.75	20.41	10.81	20.17	14.63	3.96	18.68	15.37
重庆	2.13	6.93	5.78	0.99	0.57	1.20	18.04	6.70	5.89
四川	38.84	23.24	28.54	6.29	30.86	39.98	5.04	7.90	12.87
贵州	0.18	1.33	0.20	0.02	19.04	11.46	3.56	7.57	2.13
云南	28.47	15.30	19.42	20.06	5.75	7.63	9.41	19.16	28.01
西藏	—	—	—	—	—	—	—	—	—
陕西	1.06	4.68	7.15	1.39	3.21	7.55	0.30	6.17	13.5
甘肃	0	0	0	0.86	0	0.19	2.16	6.01	5.50
青海	0.08	0	0.05	0	0	0	0.49	0.04	0.15
宁夏	0	0	—	—	—	—	1.58	3.59	2.09
新疆	14.16	3.49	4.09	41.16	8.12	7.33	7.23	0.75	1.53
区域间	9.43	15.27	5.61	18.13	11.70	8.62	27.54	13.42	6.51

续表

省区	2017年			2018年			2019年		
	生均专任教师数	正高级职称教师数	博士学历教师数	生均专任教师数	正高级职称教师数	博士学历教师数	生均专任教师数	正高级职称教师数	博士学历教师数
内蒙古	7.98	11.26	8.56	47.97	7.18	5.85	8.37	8.35	7.19
广西	0.01	11.73	7.6	1.37	24.97	15.90	7.55	23.99	16.22
重庆	15.68	4.48	4.31	0.96	3.45	3.31	5.02	2.74	3.65
四川	3.27	4.71	8.13	7.92	9.17	15.21	26.46	9.68	13.15
贵州	14.37	15.04	6.89	3.51	10.98	6.56	1.80	10.28	7.49
云南	4.28	11.13	16.41	5.37	15.60	20.96	11.93	16.76	21.48
西藏	1.92	0.97	0.33	0.70	0.06	0.16	0.30	0.93	0.56
陕西	3.17	14.26	21.87	1.91	9.96	15.05	4.86	4.06	9.61
甘肃	0.38	4.19	5.18	2.75	5.44	6.64	1.80	6.18	8.13
青海	0	0	0	0.22	0.40	0.05	0.08	0.01	0.01
宁夏	0.29	3.40	2.01	0	0	0	0	0	0
新疆	21.60	4.86	4.05	10.00	4.85	4.48	1.77	4.95	5.63
区域间	27.01	13.97	14.72	17.27	7.94	5.83	29.97	12.07	6.89

从西部十二个省区地方高校生师比差异的贡献率来看,如图3-9所示,2014—2019年新疆、四川、内蒙古、云南整体贡献率明显大于其他省区,其中新疆、内蒙古这六年的贡献率呈现波浪式减小的趋势,新疆2015年为41.16%,2016年明显下降后,2019年为1.77%,内蒙古从2014年的0.82%增加到2018年的47.97%,又在2019年下降到8.37%;四川、云南这六年的贡献率呈先减小再增大的变化趋势,四川省从2014年的38.84%,下降到2017年的3.27%,后又增加到2019年26.46%,云南省从2014年的28.47%下降到2017年的4.28%,之后又回升到11.93%;其他省区2019年的贡献率都较低,均低于8.33%(理论上西部十二个省区的平均贡献率)。

从高校教师资源的质量来看,如图3-10所示,在2014—2019年西部地方高校正高级职称教师数差异的贡献率中,广西、四川、云南整体贡献率明显大于其他省区,其中广西这六年的贡献率均高于11.5%,2018年最高,达到24.97%;云南省这六年的贡献率呈现波浪式增大的趋势,2016年最高,为19.16%,2017年明显下降后,2019年又增加到16.76%;四川省2014年、2015年贡献率较高(分别为23.24%、30.86%),2017年有明显下降,2019年为9.68%;贵州省这六年的贡献率呈现波浪式减小的趋势,2015年最高,为19.04%,2019年下降至10.28%。内蒙古自治区的贡献率基本在7%左右,2019年为8.35%;陕西省的贡献率在

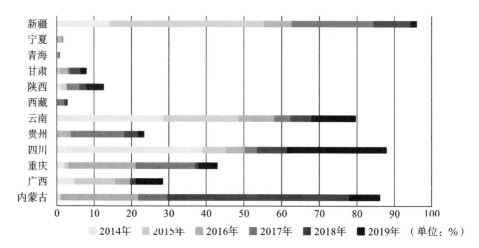

图 3-9　2014—2019 年西部十二个省区地方高校生师比差异的贡献率

3.21%～14.26%,2017 年之后明显下降,2019 年为 4.06%;其他省区的各年度贡献率都较低。

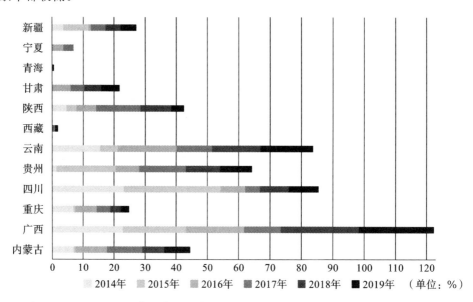

图 3-10　2014—2019 年西部十二个省区地方高校正高级职称教师数差异的贡献率

从西部十二个省区地方高校博士学历教师数差异的贡献率来看,如图 3-11 所示,2014—2019 年四川、云南、广西、陕西整体贡献率明显大于其他省区,其中云南这六年的贡献率呈现波浪式增大的趋势,2016 年为 28.01%,2017 年明显下降后,2019 年又增加到 21.48%;四川省这六年的贡献率呈现波浪式减小的趋势,2015 年最高达到 39.98%,2019 年下降为 13.15%;广西六年的贡献率呈现出"V"形变化趋势,从 2015 年的 20.41%下降到 2017 年的 7.6%,之后又上升到 2019 年的

16.22%;陕西省六年的贡献率呈倒"U"形变化趋势,从 2014 年的 7.15%不断增加到 2017 年的 21.87%,之后又下降到 2019 年的 9.61%。其他省区 2019 年的贡献率都较低。

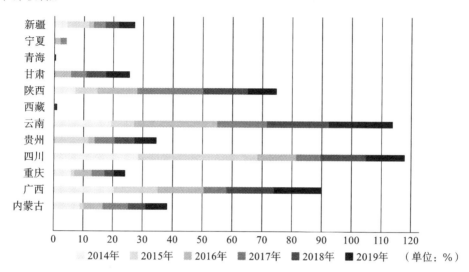

图 3-11　2014—2019 年西部十二个省区地方高校博士学历教师数差异的贡献率

第四节　本章小结

区域高校教师资源的均衡配置是促进区域高等教育协调发展的主要手段之一。只有准确衡量和揭示高校教师资源配置的区域差异,才有可能利用差异和控制差异。为从宏观上呈现西部地方高校教师资源的区域配置格局和时空演变特征,本章通过西部地方高校时间和空间两个维度系统分析了西部地方高校教师资源配置的差异和变化,并进一步探究西部省区间和省区内地方高校教师资源配置差异的变化规律以及其对教师资源配置总体差异的影响程度,最终解析出总体差异的主要来源和影响配置差异的关键区域单元。

通过实证研究发现,从西部地方高校教师资源配置的时间趋势来看,生师比差异程度有所缩小但有回升趋势,正高级职称教师占比不均衡程度有所减小但有上升趋势,博士学历教师占比不均衡程度呈现增大趋势。从区域差异来看,新疆、内蒙古、四川、重庆四个省区地方高校生师比校际差异程度较大,广西、内蒙古、贵州、云南四个省区地方高校正高级职称教师占比校际差异较大,云南、广西、四川、内蒙古、陕西五个省区地方高校博士学历教师占比校际差异较大。

从西部地方高校教师资源配置的总体特征来看,生师比差异较小且变化幅度不大,省区内差异略高于省区间;正高级职称教师数量的差异相对较大且变化幅度较稳定,省区内差异明显高于省区间;博士学历教师数量的差异较大且变化幅度较小,省区内差异明显高于省区间。在分析差异的主要来源时,研究发现西部地方高校在生师比、正高级职称教师数、博士学历教师数三个指标差异省区内的贡献率分别在70%、84.7%和85.3%以上。综上可以判断,西部地方高校无论是教师资源的数量配置还是教师资源的质量配置都存在明显的省区间差异和省区内的校际差异,特别是正高级职称教师数和博士学历教师数,省区内的差异大于省区间差异。这些结论为西部地方高校教师资源配置差异的缩小和区域高校教师资源的合理配置提供了决策参考的依据。

第四章 西部地方高校教师资源配置的效率

　　西部地方高校教师资源优化配置的目标是省区间和省区内地方高校教师资源配置的相对均衡和配置效率的提高。教师资源配置效率实际上是在一定均衡性约束下的效率,只有实现两者的统一才可能实现高校教师资源配置的有效均衡。本章主要对高校教师资源配置效率评价研究设计基础上,采用数据包络分析方法对西部地方高校教师资源配置的静态效率和动态效率进行全面的定量和对比分析,以期为西部地方高校教师资源配置影响因素的分析和优化策略提供依据。

第一节　高校教师资源配置效率评价的研究设计

一、高校教师资源配置效率的内涵

　　效率是经济学的核心概念之一,经济学家西蒙在《管理行为》中引用《社会科学百科全书》的定义,"效率指投入与产出之比、费用与效果之比、开支与收入之比、代价与收益之比"[①]。一般经济理论研究中所分析的生产效率、资源配置效率和 X 效率,也适用于教育经济领域。其中,资源配置效率是指教育部门或教育单位对资源的配置状况和对资源的有效利用程度,资源配置效率的提高可以反映出资源闲置或滥用现象的减少[②]。可见,教育资源配置效率强调教育投入要素的最佳组合以生产出"最优的"教育产品数量组合,在不存在教育投入的冗余和教育产出的不足的情况下,达到教育资源的充分利用和教育收益的最大化,对其水平高低和增减变化的衡量也偏重于用量来进行描述。

　　高等教育作为教育体系中的重要领域,除了具有教育体系的一般特征外,还具有高等教育的准公共产品属性和其基本功能的多样性以及类型的复杂性。在教育资源有限的条件下,高等教育比其他阶段的教育更加重视效率问题。当前,高等教育的高质量发展也不再仅仅依靠教育资源投入总量的增加,还要通过教育结构的调整和有效的制度安排等不断提高教育资源配置效率,使高等教育资源在不同类

---

① 赫伯特·A. 西蒙:《管理行为》,詹正茂,译,北京:机械工业出版社 2004 年版,第 48 页。
② 厉以宁:《教育的社会经济效益》,贵阳:贵州人民出版社 1995 年版,第 32-34 页。

型、不同层次和不同区域的高校,以及在高校内部人才培养、科学研究和社会服务三大不同功能领域科学配置和良性运营[①]。高等教育资源配置效率是衡量区域高等教育投入和产出的重要指标之一。

作为高等教育资源的重要组成部分,高校教师资源的配置效率高低,也直接影响到其他资源的合理利用,是提升高等教育资源配置效率的关键。一个省区高等教育资源的富集程度,总体上与高校人力资源成正相关关系。一般来说,高校人力资源特别是高层次人力资源较为集中的省区,常常也是高教品牌、学科和成果资源较富集的省区[②]。高等教育发展中起基础性作用的教师资源,成为决定教学和学术研究活动质量与效率的最重要的部分,也是其他教育资源汇集和转化的纽带,直接影响着高校的办学规模与教育教学质量。研究中高校教师资源配置效率是指一定数量和质量的高校教师资源投入和分配使用在高校人才培养、科学研究等功能发挥中所产生的效益。高校教师资源带来的教育产出越多,教师资源闲置和浪费的情况就越少,高校教师资源的配置就越有效。优化教师资源配置效率成为提高高校教育产出的充分条件[③]。

二、高校教师资源配置效率评价的方法选择

(一)数据包络分析方法

在经济学中,技术效率是指在既定产出下投入可减少的能力或既定的投入下产出可增加的能力。常用测度技术效率的方法是生产前沿分析方法,这里的生产前沿是指在一定的技术水平下,各种比例的投入所对应的最大产出集合,通常用生产函数来表示。作为生产前沿分析方法中的非参数方法之一的数据包络分析(data envelopment analysis,DEA)是著名运筹学家查尔斯、库伯和罗兹于1978年首先提出的用于评价决策单元之间相对有效性的数量分析方法[④]。其特点是允许同时考虑多个输入和多个输出,不需要设定生产函数的具体形式和对参数进行估计,也不需要对数据分布做任何假设。主要以线性规划为工具,根据每个被评价部门或单位投入、产出的实际数据来构建效率生产前沿面,并以该效率生产前沿面为基准,测量与判断评价部门或单位的相对效率和效率改进方向。因此,DEA方法在研究公共部门效率问题上是一种行之有效的方法,在国内外也被广泛地运用于不同类型和不同级别教育效率的评价中。

该方法在评价高等教育资源配置效率方面的优点有:第一,DEA方法特别适合评价具有多投入、多产出特征的公共部门或单位的相对配置效率。由于高等教

---

① 刘广明:《高等教育环境论》,西安:西安地图出版社2007年版,第130页。
② 段从宇:《中国高等教育区域协调发展研究》,北京:科学出版社2015年版,第167页。
③ 吴伟伟:《高等学校教师流动管制与师资配置效率》,《高教探索》2017年第6期,第110-113,118页。
④ Charnes A, Cooper W W, Rhodes E: Measuring the efficiency of decision making units, European Journal of Operational Research,1978, 2(6),pp.429-444.

育涉及人力、财力、物力等多种资源的投入和人才培养、科研和社会服务等多方面的教育产出,故此方法也非常适合高等教育资源配置效率的评价;第二,评价过程不需要假定高等教育资源投入和产出指标的权重,可以避免主观因素对配置效率评价结果的影响,减少人为误差并具有很强的客观性;第三,在保证评估样本的可比性与同质性[①]的基础上,可以评价相同类型的高等教育部门或单位之间的相对教育资源配置效率,通过计算所有样本的有效生产前沿面,并以此作为高等教育资源优化配置的标准,分析不同高等教育部门或单位的投入与产出的有效或非有效性,提供非有效单元教育资源配置效率改进的具体方向。

(二)基于 CCR 模型和 BCC 模型分析教师资源配置的静态效率

鉴于 DEA 方法的优势,本书将采用此方法来评价西部地方高校这一特殊类型高校教师资源的配置效率。由于 DEA 方法对样本的同质性要求较高,作为评估样本的西部地方高校因其地理位置边缘、财政支持不足和声望缺乏等一些共性特征,具有一定的同质性,符合 DEA 方法使用的条件。在分析静态效率时,主要采用 DEA 方法的 CCR 模型和 BCC 模型分析。CCR 模型是 DEA 中最基本也是最为经典的模型之一,可以用来判断被评价单位——决策单元(decision making unit,DMU)是否同时为技术有效和规模有效。此模型假设生产过程属于固定规模报酬的模型(constant returns to scale,CRS),即假设当决策单元的投入量等比例增加时,产出量也呈现出等比例增加的态势。不过,在实际情况中,处于固定规模报酬的决策单元非常少,大多数决策单元是处于规模报酬递增或规模报酬递减的状态。因此,在 CCR 模型的基础上,Banker 等人于 1984 年针对规模收益可变情况(variable returns to scale,VRS)提出了 BCC 模型,通过此模型可以得到决策单元在规模报酬可变情况下的效率值。

CCR 模型计算的是 DMU 处于固定规模报酬下的相对效率,将效率分解为技术效率和规模效率两部分。其 DEA 有效的经济含义既包括"技术有效"——输出的结果相对投入已经达到最优,也包括"规模有效"——投入量既不过大,也不偏小,即处于规模收益不变的最优状态。然而,事实上,DMU 可能是处于规模报酬递增或规模报酬递减的状态,因此,DMU 的无效率除了可能来自本身的投入、产出配置不当,还可能来自 DMU 的规模因素。因此,若能了解 DMU 的规模报酬状态,将有助于决策者做规模上的调整,进而进行有效率的管理。

假设有 n 个决策单元,每个决策单元 DMU_j 都有 m 种输入和 s 种输出,其相应的输入和输出向量分别为:$\boldsymbol{X}_j = (x_{1j}, x_{2j}, \cdots, x_{mj})^T > 0$,$\boldsymbol{Y}_j = (y_{1j}, y_{2j}, \cdots, y_{sj})^T > 0$,$j = 1, \cdots, n$,其中 x_{ij} 为第 j 个决策单元对第 i 种类型输入的投入量;y_{rj} 为第 j 个决策单元对第 r 种类型输出的产出量。假设对第 j_0 个决策单元进行效率评估,简单

[①] 胡咏梅,段鹏阳,梁文艳:《效率和生产率方法在高校科研评价中的应用》,《北京大学教育评论》2012 年第 3 期,第 57-72 页。

记 DMU_{j0} 为 DMU_0，(X_{j0}, Y_{j0}) 为 (X_0, Y_0)。松弛变量 s_r^+, s_i^- 分别表示可以增加的产出量和减少的投入量，λ_j 为有效 DMU 组合中第 j 个决策单元的组合比例，θ 为相对效率值，在实践应用中一般使用具有非阿基米德无穷小量 ε 的模型，一般令 $\varepsilon = 10^{-5}$。标准的 CCR 模型的线性规划公式见式 4.1：

$$\begin{cases} \min[\theta - \varepsilon(\sum_{i=1}^{m} s_i^- + \sum_{r=1}^{s} s_r^+)] \\ s.t \ \sum_{j=1}^{n} \lambda_j x_{ij} + s_i^- = \theta x_{i0} \quad i = 1, 2, \cdots, m \\ \sum_{j=1}^{n} \lambda_j y_{rj} - s_r^+ = y_{r0} \quad r = 1, 2, \cdots, s \\ \lambda_j \geqslant 0, j = 1, 2, \cdots, n, \varepsilon_r^+ \geqslant 0, \varepsilon_i^- \geqslant 0 \end{cases} \quad (4.1)$$

当 $\theta^* = 1$ 且 $s^{+*} = s^{-*} = 0$ 时，则 DMU_0 为 DEA 有效，决策单元同时为技术有效和规模有效；当 $\theta^* = 1$，且 $s^{+*} \neq 0$ 或 $s^{-*} \neq 0$ 时，则 DMU_0 为弱 DEA 有效，不是同时为技术效率最佳和规模最佳；当 $0 < \theta^* < 1$，且 $s^{+*} \neq 0$ 或 $s^{-*} \neq 0$ 时，则 DMU_0 为 DEA 无效，既非技术效率最佳，也非规模效率最佳[1]。

将 CCR 模型加入约束条件 $\sum_{j=1}^{n} \lambda_j = 1$ 时，便产生了一个评估规模收益可变时的技术有效性 DEA 模型，称为 BCC 模型。本研究选择投入导向的 BCC 模型，求解得到的是不包括规模效率的纯技术效率值，用以表示决策单元对投入资源使用效率的高低，其值越大说明效率越高。用 CCR 模型得出的包括规模效率成分的技术效率值除以 BCC 模型得出的纯技术效率值，便可以得到该 DMU 的规模效率值，这也使得规模效率的求解成为可能，进而可以评价该 DMU 的规模有效性。因此，这里三者的关系为：技术效率值＝纯技术效率值×规模效率值。

（三）采用 Malmquist 指数法分析教师资源配置的动态效率

资源配置的目的是将稀缺的资源投向使用效率最高的部门或单位，这一过程实际上是一个动态的过程，资源的数量、比例和投向等会随时间的变化而变化。高校教师资源配置优化也是一个长期、动态的过程，配置优化量的标准会因为学校类型、层次和所处的发展阶段、教师资源的供需和配置环境变化等因素而形成差异。因此，研究中还希望通过动态效率的测度来综合分析地方高校这一特殊组织类型的教师资源配置效率变化状况。由于静态效率的测度主要使用投入导向的 CCR 模型和 BCC 模型，但这两个模型只能使用截面数据，计算一年期各决策单元的相对效率值，不能比较不同年份的效率数值变化。为了弥补这一缺陷，研究中使用了可以反映决策单元动态效率变化趋势的 Malmquist 指数，对 2014—2017 年西部地方高校教师资源配置的动态效率进行客观分析，两种方法互为补充，以全面解释西

---

[1] 魏权龄：《数据包络分析》，北京：科学出版社 2004 年版，第 76 页。

部地方高校教师资源配置情况。

该指数由经济学家 Sten Malmquist 最早于 1953 年提出[①]，Fare 等人在 1989 年将 Malmquist 指数变成了实证指数。这种方法的优点在于：无须做出具体生产函数形式的假设，从而可以避免函数形式导致的错误；可以对教育资源配置效率进行分解，进一步研究影响教育资源配置效率动态变化的源泉。Malmquist 指数是利用距离函数的比率测度从 t 期到 $t+1$ 期的决策单元生产率变动情况，其基本公式如下：

$$M_t(x_t, y_t) = \frac{D^t(x_{t+1}, y_{t+1})}{D^t(x_t, y_t)} \quad (4.2)$$

$$M_{t+1}(x_{t+1}, y_{t+1}) = \frac{D^{t+1}(x_{t+1}, y_{t+1})}{D^{t+1}(x_t, y_t)} \quad (4.3)$$

式 4.2 和式 4.3 中 (x_t, y_t) 和 (x_{t+1}, y_{t+1}) 分别表示 t 期和 $t+1$ 期的地方高校教师资源投入与产出向量，$D^t(x_t, y_t)$、$D^{t+1}(x_{t+1}, y_{t+1})$、$D^t(x_{t+1}, y_{t+1})$、$D^{t+1}(x_t, y_t)$ 均为距离函数，$D^t(x_t, y_t)$ 代表以 t 期技术水平表示的当期效率水平，$D^{t+1}(x_{t+1}, y_{t+1})$ 是指以 t 期技术为参照的 $t+1$ 期效率，另外两个可以类推。

Malmquist 指数的衡量采取生产率变化的几何平均值，即：

$$M(x_t, y_t, x_{t+1}, y_{t+1}) = (M_t \cdot M_{t+1})^{\frac{1}{2}} = \left[\frac{D^t(x_{t+1}, y_{t+1})}{D^t(x_t, y_t)} \times \frac{D^{t+1}(x_{t+1}, y_{t+1})}{D^{t+1}(x_t, y_t)}\right]^{\frac{1}{2}} \quad (4.4)$$

公式 4.4 中 M 表示资源配置效率的 Malmquist 指数，可以用于衡量西部地方高校教师资源配置效率的变化情况。当 M 大于 1 时，表示西部地方高校教师资源配置效率处于增长趋势，教师资源配置呈优化状态；当 M 小于 1 时，表示西部地方高校教师资源配置效率呈下降趋势，教师资源配置状态趋于恶化；当 M 等于 1 时，表示效率无变化，教师资源配置状态保持不变。考虑到技术上存在非效率情况，在规模报酬不变的前提下，Malmquist 指数可以表示为技术效率变化指数（TEC）和技术进步变化指数（TC）的乘积。即

$$M(x_{t+1}, y_{t+1}, x_t, y_t) = \frac{D^{t+1}(x_{t+1}, y_{t+1})}{D^t(x_t, y_t)} \times \left[\frac{D^t(x_{t+1}, y_{t+1})}{D^{t+1}(x_{t+1}, y_{t+1})} \times \frac{D^{t+1}(x_{t+1}, y_{t+1})}{D^{t+1}(x_t, y_t)}\right]^{\frac{1}{2}}$$
$$= \text{TEC} \times \text{TC} \quad (4.5)$$

式 4.5 中，$\frac{D^{t+1}(x_{t+1}, y_{t+1})}{D^t(x_t, y_t)}$ 代表技术效率变化（TEC），$\left[\frac{D^t(x_{t+1}, y_{t+1})}{D^{t+1}(x_{t+1}, y_{t+1})} \times \frac{D^{t+1}(x_{t+1}, y_{t+1})}{D^{t+1}(x_t, y_t)}\right]^{\frac{1}{2}}$ 代表技术进步变化（TC）。

---

① Malmquist S. Index numbers and indifference surfaces, Trabajos De Estadística, 1953, 4(2), pp. 209-242.

在规模报酬可变的假设下,技术效率变化指数还可以分解为规模效率变化(SEC)和纯技术效率变化(PTEC)。继而,M 指数可以分解为技术效率变化、技术进步变化、规模效率变化和纯技术效率变化,为分析资源配置效率的变动与技术进步或高校管理水平的关系提供重要的理论指导。

技术效率变化指数表示高校从 t 期到 $t+1$ 期生产可能性边界的追赶程度,是对高校教师资源配置能力、资源使用效率等多方面的综合评价,可以反映高校管理水平的变化。当 TEC=1 时,表示高校教师资源投入产出是综合有效的,即同时技术有效和规模有效。当 TEC>1 时,表示高校教师资源配置技术效率得到了改善;当 TEC<1 时,表示有所降低。技术进步变化指数表示高校在 t 期到 $t+1$ 期生产前沿面的移动状况,可以测量后一期较前一期高校是否有技术进步,可以反映来自整个高等教育系统的技术进步和教育系统以外,如国家宏观管理制度创新的影响。当 TC=1 时,表示高校的技术水平没有变化;当 TC>1 时,表示采用制度创新、资源质量提高等原因引起了技术进步;当 TC<1 时,表示技术水平有所降低。纯技术效率变化反映的是在规模和技术不变的情况下,教师资源配置的相对效率变化情况。若 PTEC=1,表示在一定的技术水平上,投入的教师资源使用是有效率的,可以反映高校管理等因素的影响。若此时高校未能达到综合有效,其原因在于其规模无效,可以将改革的重点放在更好地发挥高校的规模效益。当 PTEC>1 时,表示纯技术效率得到了提高,反之,表示有所降低。规模效率变化表示前后两期高校规模收益状态的变化情况,即实际规模与最优生产规模的差距,可以反映高校规模因素的影响。当 SEC=1 时,表明高校处于规模收益不变状态,若 SEC>1 说明高校处于规模收益递增状态,反之是递减状态。

三、高校教师资源配置效率评价的指标体系构建

指标体系是各种相互联系的统计指标所构成的一个有机整体,可以表示为某些关系式[1]。指标体系选取的恰当与否是获得准确评价结果的关键,采用不同的指标体系测算高校教师资源配置的效率值会有所不同。西部地方高校教师资源配置效率可以反映西部省区地方高校教师资源投入与相应产出之间的对比关系,其水平的高低也是衡量地方高校教师资源利用效率的重要尺度。

(一)评价指标选取的依据

由于教师资源配置效率的评价涉及教师资源的多种投入和其所从事活动的多方面教育产出,目前建立一个被学界公认的指标体系是比较困难的。通过回顾高校教师资源配置或使用效率的相关文献可以为本书研究评价指标的选取提供一定的参考。笔者对现有研究的指标体系进行了系统的梳理,文献中所涉及的教师资源投入和对应教育产出指标见表4-1。

---

[1] 郭鹏:《数据、模型与决策》,西安:西北工业大学出版社2016年版,第13-14页。

表 4-1　国内不同学者建立的高校教师资源配置或利用效率评价体系

作者	研究对象	投入指标	产出指标
袁东[①]	教育部所属6所同类型的财经、政法类高校	1. 专任学术人员数 2. 教学科研辅助人员数 3. 全校年人均教育事业费支出 4. 专职学术人员年人均科研经费支出 5. 年人均收入 6. 教师年进修人数	1. 年毕业生当量数 2. 年毕业生就业率 3. 优秀人才数 4. 专任学术人员百人人均出版专著数 5. 专任学术人员发表论文数 6. 应用成果数
周游[②]	贵州省10所高校	师资队伍： 1. 教授人数 2. 博士人数 科研经费： 1. 横向科研经费 2. 纵向科研经费	人才培养： 1. 博士人数 2. 硕士人数 科学研究： 1. 论文数量 2. 科研项目数量 3. SCI、EI、ISTP收录数量 学科建设： 1. 国家级重点学科 2. 省级重点学科
李清贤等[③]	64所教育部直属高校	人力资源投入： 1. 专任教师数 2. 科研人员中有教师职称的人数 资金投入： 1. 科技经费投入 2. 自然科学研究与发展课题项目数 3. 自然科学研究与发展课题经费	论文著作： 1. 出版科技著作 2. 发表科技论文 成果应用： 1. 知识产权授权数 2. 技术转账当年实际收入 所获奖励： 获国家级奖励总数

[①] 袁东：《高等学校人力资源配置机制与优化》，北京：经济科学出版社 2009 年版，第 170 页。
[②] 周游：《西部民族地区高等教育自主创新模式与运行机制研究》，北京：人民出版社 2012 年版，第 155 页。
[③] 李清贤，曲绍卫，齐书宇：《教育部直属高校教师科技创新效率研究——基于 2007~2011 年 Malmquist 指数法的动态分析》，《高等工程教育研究》2014 年第 3 期，第 167-171 页。

续表

作者	研究对象	投入指标	产出指标
丁文惠[①]	31个省区普通高校	1. 专任教师数 2. 教学辅助人员数 3. 聘请校外教师数	1. 在校学生数 2. 发表学术论文数 3. 科研经费到款额
雷鑫[②]	30所研究型大学	1. 专任教师数 2. 拥有博士学位教师数 3. 拥有高级职称教师数 4. 两院院士、长江学者、国家杰出青年科学基金、新世纪优秀人才数 5. 生师比	1. 发表论文数 2. 出版专著数 3. 知识产权授权数 4. 研究与发展成果获奖数 5. 当年技术转让收入 6. 博士学位授予数
李幼军等[③]	北方工业大学	1. 职称 2. 学历 3. 薪资级别 4. 职称年限 5. 国外学习时长 6. 工作年限 7. 学历时长 8. 人才培养投入资金	1. 科研项目产出 2. 知识产权产出 3. 学术成果产出
方瑞贤[④]	×大学13个二级学院	1. 高级职称专任教师数 2. 中级和初级职称专任教师数 3. 职工（辅导员、行政、教辅人员）数	1. 科研成果高水平学术论文 2. 省级以上科研项目 3. 省级以上教学成果项目

① 丁文惠：《基于DEA-Tobit两步法的普通高校人力资源利用效率研究》，硕士学位论文，安徽农业大学，2014年。
② 雷鑫：《基于DEA的研究型大学人力资源优化配置研究》，硕士学位论文，华南理工大学，2015年。
③ 李幼军，毛燕梅，谢朝阳等：《基于效率分析的高校教师队伍建设策略研究——以北方工业大学为例》，《北方工业大学学报》2020年第2期，第29-35页。
④ 方瑞贤：《高校二级学院教师人力资源配置效率评价——以X大学为例》，《厦门理工学院学报》2021年第2期，第59-64页。

续表

作者	研究对象	投入指标	产出指标
王政贵等[①]	某地方高校近千名教师	1. 教师的出生年月 2. 学历(学位) 3. 教师职称 4. 任职年月 5. 所属学科 6. 基本工资 7. 岗位津贴 8. 课时津贴 9. 成果奖励	1. 以年度教学课时 2. 承担科研项目级别和数量 3. 论著发表数 4. 获奖成果级别和数量

从国内部分学者的相关研究来看,较普遍地选择一系列教师资源投入和相应教育产出指标评价高校教师资源配置效率或利用效率,运用数据包络方法进行了很多有益的探讨,为本研究进行指标的选取和方法的选择提供了一定的研究基础。但总体研究成果数量偏少,研究中关注的对象或聚焦全国省域层面、某一省区,或集中某一类型如教育部直属高校、研究型大学,还有个别具体研究某一高校内部学院或者教师群体的资源配置或利用效率情况。同时,由于数据可得性和不同的研究偏好,不同学者因采用不同指标体系结果也有较大的差异。部分研究中评价指标体系选取主观性较强,未给出评价指标选择的缘由或未对指标做出具体的解释,评价的精确度也有待提高。另外,对不同区域、不同类型高校,尤其是欠发达地区地方高校这一特殊类型高校,对其教师资源配置效率评价非常欠缺。

与以往的研究不同,本书主要关注西部欠发达地区地方高校教师资源的配置效率。由于该评价是涉及一项教师资源多方面投入和多项教育产出的复杂系统工程,指标的选取必须多方位、全面地考虑。为保障教师资源投入和对应教育产出评价指标体系的科学化和规范化,在选取评价指标时主要遵循以下原则。第一,从高等教育系统的目标出发,综合考虑高等教育在人才培养和科学研究中的功能以及教师资源的特点,对投入和产出指标进行合理的选择,使指标之间具有一定的逻辑关联。第二,针对地方高校的特点,根据教师资源投入和教育产出的实际情况需要,在保证客观性的基础上,将与评价目标不相关的指标予以剔除,使指标可以较全面地反映评价目标。第三,从改革开放以来教师队伍建设政策的演进阶段和特点来看,2000年以后针对区域高校师资数量和质量不均以及结构不合理问题,政策导向以均衡优化和高素质、专业化为重点,教师队伍建设也从规模建设逐步走向质量提升[②]。因此,教师资源投入指标选取综合考虑了教师资源数量和质量维度。

---

① 王政贵,钱存阳,林杰等:《基于DEA模型的高校教师绩效的定量分析》,《高等工程教育研究》2011年第5期,第134-138页。

② 陈鹏:《教师职业发展的法治保障研究》,西安:陕西师范大学出版总社2019年版,第179-188页。

第四,选择有代表性的指标,采取科学的方法对评价指标权重进行量化分配,确保模型结构的清晰和研究结果的准确。第五,根据研究的现实条件和基础,在可量化和可获得性的基础上选取含义明确的指标,使研究具有可操作性。

基于上述原则和评价的目的,研究中初步选取了5个教师资源投入指标:专任教师数、正高级职称教师数、副高级职称教师数、博士学历教师数、硕士学历教师数,从三个维度:人才培养、人文社科研究与发展产出和科技活动产出,选取了16个教育产出指标,人才培养维度下设本科在校生数、应届本科毕业生数、应届本科生就业人数和应届本科生学位授予人数4个二级指标;人文社科研究与发展产出维度包括:研究与发展经费(当年拨入)、课题经费(当年拨入)、课题数、著作数、论文数和获奖成果总数6个二级指标;科技活动产出维度包括:科技经费(当年拨入)、科技课题经费(当年拨入)、科技课题数、专著数、学术论文数和成果授奖总数6个二级指标。由于初步建立的指标体系中可能会存在指标较多或者个别指标代表性不强的情况,本书采用主成分分析方法对初步选取的指标进行降维,使得评价指标体系更加科学和合理。

(二)高校教师资源配置效率评价指标的解释

教师资源投入指标主要从教师资源投入的数量和质量两个维度进行选择,其中教师资源投入数量维度以专任教师总数作为测量指标,教师资源投入质量维度主要从职称和学历两个方面来反映专任教师的总体素质。考虑到地方高校主要以人才培养为核心任务,具有高级职称和研究生学历的专任教师发挥着重要作用,同时,为了在投入指标中体现教师资源的职称和学历结构问题,因此,选择了正高级职称教师数、副高级职称教师数、博士学历教师数和硕士学历教师数4个测量指标,这些指标的意义和含义已在第二章和第三章论述过,这里就不再赘述。

与教师资源对应的教育产出指标的选择,主要基于教师资源作为高校的第一资源,也是高校的人才培养、科学研究和社会服务的核心力量。由于社会服务产出难以量化和辨认,且也很难由高等学校自身控制。因此,综合考虑高等教育人才培养和科学研究两大主要功能以及地方高校的类型,从人才培养、人文社科研究与发展产出和科技活动产出三个维度提取教育产出指标。

(1)人才培养维度的指标解释。

从本质上看,高校最重要的工作和产出是培养学生,在此过程中,用最少的教育资源得到最大的效益即为社会培养更多的人才,成为衡量教育资源配置的基本标准[1]。因此,人才培养是地方高校的根本使命,这也是高校教师资源作为投入要素参与教育教学活动最直接的教育产出。由于地方高校主要是为区域经济社会发展培养所需的高层次人才,基于西部地区的实际情况,大多数地方普通本科院校以

---

[1] 段从宇,张雅博:《高等教育资源的内涵阐释、配置过程、本质及实施》,《黑龙江高教研究》2014年第9期,第28-30页。

培养本科生为主,同时限于数据可获得性,因此这里选择了本科在校生数和应届本科毕业生数反映人才培养数量的指标,应届本科生就业人数和应届本科生学位授予人数反映人才培养质量的指标。其中后两个指标是根据应届本科毕业生数和初次就业率、学位授予率换算而来的。相应指标数据均来自各个西部地方高校公开发布的《本科教学质量报告》,具有较大的参考价值。

(2)人文社科研究与发展产出维度的指标解释。

这里主要从研发经费投入、研发成果数量和研发成果质量3个方面加以度量。在经费投入方面,选择了当年拨入研究与发展经费、当年拨入课题经费2个指标;在研发成果数量方面,参照已有研究经验和做法,选择了课题数、著作数和论文数3个指标;在研发成果质量方面选择了获奖成果总数这一指标。以上6个指标数据均来自各年度《全国高校社科统计资料汇编》。

(3)科技活动产出维度的指标解释。

这里主要从科技经费投入、科技成果数量、科技成果质量3个方面加以测量。在科技经费投入方面,选择了当年拨入科技经费和当年拨入科技课题经费2个指标;在科技成果数量方面,参照已有研究经验和做法,采用了科技课题数、专著数和学术论文数3个指标;在科技成果质量方面选择了成果授奖总数这一指标。以上6个指标数据来源于各年度《高校科技统计资料汇编》。

四、样本高校及数据说明

(一)样本高校

本书选取2014—2017年西部地方高校的相关数据来进行配置效率的分析,主要基于两点考虑。第一,2014年国务院出台《关于加快发展现代职业教育的决定》,提出引导一批普通本科高校向应用技术类型高校转型,明确了地方高校转型发展才是高等教育分类发展的突破口。2015年10月,教育部等部门发布《关于引导部分地方普通本科高校向应用型转变的指导意见》,进一步推动高校转型发展。高校转型是基于高等教育普及化发展背景下的高校分类改革,在这一过程中以服务于地方经济社会发展的地方高校将面临人才培养体制、教师队伍建设、治理结构等多方面的深刻变革。第二,为更好地呈现西部地方高校的教师资源配置效率在时间序列上的发展规律。由于2018年以后《高等学校科技统计资料汇编》中缺少具体高校层面的统计数据,考虑到数据的可获得性,故研究中选择2014—2017年的相关统计数据,来分析此背景下西部地方高校教师资源配置效率情况。

教师资源的投入指标和人才培养指标数据均来自2014—2017年西部地方普通本科院校的《本科教学质量报告》,科技活动产出指标均来自2015—2018年《高等学校科技统计资料汇编》,人文社科研究与发展产出指标数据均来自2014—2017年《全国高校社科统计资料汇编》。研究中尽可能全面地搜集了西部十二个省区的地方普通本科院校的相关指标数据,经过数据多次核对和筛查,原始数据共包含12个省区的188所高校,485个观测值,删除测算效率所需指标中的缺失值后,样本中共包含154所高校,331个观测值,见表4-2。从样本高校的分布来看,相对集中于四川、广西、陕西和云南等省区,这些地区也是西部地方高校数量较多的省区,而位于西藏、宁夏和青海等少数民族地区因高校总数偏少,所以符合条件的样本高校相对更少。但从整体数量来看,各年度的样本容量较合适。

表4-2 2014—2017年西部地方样本高校数量统计　　　　（单位:所）

	2014年	2015年	2016年	2017年	合计
内蒙古	10	4	11	6	31
广西	14	6	17	14	51
重庆	9	2	7	6	24
四川	20	22	10	10	62
贵州	0	9	6	9	24
云南	10	5	17	11	43
西藏	0	0	1	2	3
陕西	12	3	14	16	45
甘肃	1	3	5	4	13
青海	2	2	1	1	6
宁夏	2	2	3	2	9
新疆	3	7	3	7	20
合计	83	65	95	88	331

从不同类型的样本高校分布来看,"211工程"院校共有11所,"非211工程"院校143所。根据学科范围,样本高校中包含综合类、师范类、理工类、医药类、财经类、农林类、政法类、民族类和体育类等不同类型的高校,其分布情况见图4-1,可以看出以综合类高校为主,约占总数的四分之一,其次为师范类、理工类和医药类院校。

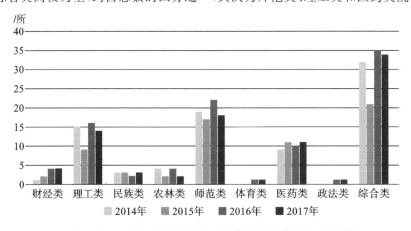

图4-1 2014—2017年西部地区不同类型样本高校的分布情况

(二)指标数据优化处理

1. 数据处理说明

由于各年度样本高校的《本科教学质量报告》显示的部分指标统计口径并不完全一致,比如,多数高校呈现了分开统计的正高级职称和副高级职称教师数,但部分高校只有如高级职称教师数或副高及以上职称教师数,即只显示了正高级职称和副高级职称教师相加后的数值;对于应届毕业生就业率,部分高校给出了初次就业率和年终就业率等数值;个别民族高校还分民族进行了本科毕业生的就业率统计。为了尽可能保留更多的有效样本,书中对这些变量都进行了预处理。对于只有正高级职称和副高级职称教师数总数的样本高校,如果该高校在某些年份上只有总数,在另一些年份上有分类数值,那么以该高校在其他年份的平均比例对总值进行分配。分博士学历、硕士学历的教师数也有类似的情况,对于只有博士学历和硕士学历的教师总数的样本高校,在数据处理时也以该高校在其他年份的平均比例对总值进行分配。对于个别民族高校分民族统计本科毕业生就业率的情况,数据处理时根据各民族应届本科毕业生的比例对各民族就业率进行加权算出总就业率,同时,研究中其他高校都选用了应届本科生的初次就业率作为衡量本科生就业情况的指标。最终样本高校教师资源配置效率指标的描述统计性统计结果见表4-3。

表 4-3 西部地方高校教师资源配置效率评价指标的描述性统计表

投入产出指标		衡量指标	单位	均值	标准差	最小值	最大值
教师资源投入		专任教师数	人	1024.9	486.6	104.0	2829.0
		正高级职称教师数	人	147.3	104.9	7.0	580.0
		副高级职称教师数	人	323.2	167.1	29.0	1156.0
		博士学历教师数	人	242.3	236.5	2.0	1176.0
		硕士学历教师数	人	525.8	210.1	39.0	1349.0
教育产出	人才培养	本科在校生数	人	15381.3	6732.4	1274.0	38049.0
		应届本科毕业生数	人	3618.3	1923.1	204.0	18852.0
		应届本科生就业人数	人	3275.6	1796.6	185.0	17842.0
		应届本科生学位授予人数	人	3447.8	1859.3	176.0	18694.0
	人文社科研究与发展产出	研究与发展经费(当年拨入)	千元	9308.2	11595.5	169.0	124774.0
		课题经费(当年拨入)	千元	4903	5789.5	36.0	38647.0
		课题数	个	309.8	263.0	8.0	1465.0
		著作数	本	22.8	25.6	0	245.0
		论文数	篇	292.0	212.9	0	1450.0
		获奖成果总数	项	4.3	10.4	0	68.0

续表

投入产出指标		衡量指标	单位	均值	标准差	最小值	最大值
教育产出	科技活动产出	科技经费(当年拨入)	万元	75473.5	138814.0	305.0	1911934.0
		科技课题经费(当年拨入)	万元	56602.5	118534.6	214.0	1648159.0
		科技课题数	个	506.1	609.1	5.0	4636.0
		专著数	本	4.3	5.9	0	35.0
		学术论文数	篇	764.4	896.7	3.0	4896
		成果授奖总数	项	4.4	7.2	0	53.0

2. 指标间相关性分析和主成分提取

由于从不同的维度衡量教育产出,指标较多,同时指标之间存在相关关系,评价的有效性得不到保证,给综合评价带来了较大的困难。因此,首先通过主成分分析可以在尽量反映原有指标主要信息的基础上,从实际需要出发提取几个信息不重叠、相互无关的综合指标,这样可以使新指标变量数减少并相互独立。新指标变量由原指标变量的线性组合构成,称为原指标变量的主成分。由于部分变量呈现明显的右偏分布,比如研究与发展经费,书中采用其自然对数的形式,即 $\ln(x)$。如果变量的最小值为零,比如专著数、课题数等,数据处理时先令其加上 1 再取自然对数,即 $\ln(y+1)$,表 4-4 给出了每个变量的转换形式。

表 4-4 主成分分析的因子载荷

维度	指标(标准化变量)	因子载荷 1	因子载荷 2	因子载荷 3
人才培养	本科在校生数(x_1)	0.4838	0.8732	0.0453
	应届本科毕业生数(x_2)	0.5069	−0.2290	−0.3719
	应届本科生就业人数(x_3)	0.5033	−0.3222	0.8007
	应届本科生学位授予人数(x_4)	0.5057	−0.2851	−0.4674
人文社科研究与发展产出	$\ln$(研究与发展经费当年拨入)(y_1)	0.4491	−0.1141	−0.4424
	$\ln$(课题经费当年拨入)(y_2)	0.4445	−0.0598	−0.5018
	$\ln$(课题数+1)(y_3)	0.4408	−0.1871	0.0031
	$\ln$(著作数+1)(y_4)	0.4185	−0.0421	0.3303
	$\ln$(论文数+1)(y_5)	0.4042	−0.1763	0.6638
	$\ln$(获奖成果总数+1)(y_6)	0.2605	0.9568	0.0533
科技活动产出	$\ln$(科技经费当年拨入)(z_1)	0.4314	−0.2076	−0.3321
	$\ln$(科技课题经费当年拨入)(z_2)	0.4372	−0.1734	−0.2839
	$\ln$(科技课题数+1)(z_3)	0.4272	−0.1353	−0.2379
	$\ln$(专著数+1)(z_4)	0.3359	0.9394	−0.0439

续表

维度	指标（标准化变量）	因子载荷 1	因子载荷 2	因子载荷 3
科技活动产出	ln(学术论文数+1)(z_5)	0.4185	−0.1170	0.1165
	ln(成果授奖总数+1)(z_6)	0.3903	−0.1113	0.8585

研究首先对三组数据进行 KMO 检验和 Bartlett 球形检验。KMO 检验统计量是取值在 0 到 1 之间的衡量变量间相关系数和偏相关系数的指标，KMO 统计量越接近 1，说明变量间的相关性越强，大于 0.6 被作为常用的经验判断标准。Bartlett 球形检验主要通过检验相关系数矩阵是否为单位阵来判断变量间的相关关系是否显著。统计结果显示：人才培养、人文社科研究与发展产出、科技活动产出三个维度指标的 KMO 统计量的值分别为 0.8422、0.8624 和 0.8838。因此，三个维度 KMO 统计量的值均大于 0.7，说明变量间的相关性比较强。通过三个维度 Bartlett 球形检验，结果均在 0.001 的显著性水平上拒绝了各变量独立的假设，即认为变量间具有较强的相关性。据此可以确定，三组数据比较适合做主成分分析。

对产出三个维度指标分别进行主成分分析，各个成分的特征根和方差的贡献率结果如表 4-5 所示，按累计贡献率准则提取主成分，三组数据分别选择前 1 个、3 个、3 个成分的累计方差贡献率都在 90%，故选择这 7 个成分进行分析，对于数据有良好的代表性。

表 4-5　三个产出维度主成分分析的特征根和方差贡献率

维度	成分	特征根	方差的贡献率/(%)	累积方差贡献率/(%)
人才培养	1	3.8479	96.20	96.20
	2	0.1304	3.26	99.46
	3	0.0184	0.46	99.92
	4	0.0033	0.08	100.00
人文社科研究与发展产出	1	4.1432	69.05	69.05
	2	0.7793	12.99	82.04
	3	0.4627	7.71	89.75
	4	0.3141	5.24	94.99
	5	0.2070	3.45	98.44
	6	0.0936	1.56	100.00
科技活动产出	1	4.6816	78.03	78.03
	2	0.5330	8.88	86.91
	3	0.3503	5.84	92.75
	4	0.2521	4.20	96.95

续表

维度	成分	特征根	方差的贡献率/(%)	累积方差贡献率/(%)
科技活动产出	5	0.1375	2.29	99.24
	6	0.0454	0.76	100.00

主成分分析的特征值对应的特征向量即为因子载荷,见表4-5,也就是主成分 F 的系数向量,从而得到三个主成分 F_1、F_{21}、F_{22}、F_{23}、F_{31}、F_{32}、F_{33} 的函数表达式,具体如下:

$$F_1 = 0.4838x_1 + 0.5069x_2 + 0.5033x_3 + 0.5057x_4$$
$$F_{21} = 0.4491y_1 + 0.4445y_2 + 0.4408y_3 + 0.4185y_4 + 0.4042y_5 + 0.2605y_6$$
$$F_{22} = -0.1141y_1 - 0.0598y_2 - 0.1871y_3 - 0.0421y_4 - 0.1763y_5 + 0.9508y_6$$
$$F_{23} = -0.4424y_1 - 0.5018y_2 + 0.0031y_3 + 0.3303y_4 + 0.6638y_5 + 0.0533y_6$$
$$F_{31} = 0.4314z_1 + 0.4372z_2 + 0.4272z_3 + 0.3359z_4 + 0.4185z_5 + 0.3903z_6$$
$$F_{32} = -0.2076z_1 - 0.1734z_2 - 0.1353z_3 + 0.9394z_4 - 0.117z_5 - 0.1113z_6$$
$$F_{33} = -0.3321z_1 - 0.2839z_2 - 0.2379z_3 - 0.0439z_4 + 0.1165z_5 + 0.8585z_6$$

利用标准化变量得到的三个主成分存在负值,而DEA方法要求输入与输出数据值均为正值,因此不能直接用于模型求解。在不影响效率评价结果的前提下,参照颜锦江等(2016)[①]关于对公共因子无量纲化的处理方法,将原始数据用公式4.6进行变换,指标值就可以变换为正值。

$$F'_i = 0.1 + \frac{F_i - F_{\min}}{F_{\max} - F_{\min}} \times 0.9 \qquad (4.6)$$

公式4.6中,$F_{\min}$ 为第 i 项指标数据的最小值,$F_{\max}$ 为第 i 项指标数据的最大值,F'_i 为变换后的数据,其值介于0.1和1之间。

以西部地区的样本高校为决策单元,将通过公式4.6变换后得到的数据作为输出数据,将5个教师资源投入指标:专任教师数、正高级职称教师数、副高级职称教师数、博士学历教师数、硕士学历教师数的标准化数据作为输入指标,采用Stata 16统计分析软件计算教师资源配置的静态效率和动态效率。另外,由于大量的输入、输出指标将导致有效决策单元数目的增加,从而降低DEA方法的评价功能。根据经验法则:决策单元个数必须是输入输出变量数目之和的3倍以上,否则DEA效率的区别能力会变弱[②]。本书选取的样本高校即决策单元数各年度都不少于60个,其数目大于选取的投入和产出12个指标的三倍,符合DEA方法对评价指标的要求。

---

① 颜锦江、姜浩亮、程永忠等:《供给侧结构性改革背景下医院投入产出效率评价——基于因子分析和DEA模型》,《财经科学》2016年第9期,第112-123页。

② Banker R D, Charnes A, Cooper W W, et al.: An introduction to data envelopment analysis with some of its models and their uses, Research in Governmental and Nonprofit Accounting, 1989, 5(1), pp. 125-163.

第二节 西部地方高校教师资源配置的静态效率

一、西部地方高校教师资源配置静态效率的时间演变趋势

2014 年西部地方高校教师资源配置效率分析结果见表 4-6 和附表 2，在假设规模报酬不变的情况下，有 61 所高校技术有效，占 83 所高校的 73.49%。这些高校相对于既定的教师资源的投入，教育产出已经达到了最优。样本高校教师资源配置的技术效率平均值为 0.987，说明 2014 年样本高校平均有约 1.3% 的教师资源投入量未能发挥充分的作用。在假设规模报酬可变的情况下，有 18 所高校处在规模收益递增的状态，分别分布在四川（4 所）、云南（4 所）、内蒙古（3 所）、广西（3 所）、宁夏（1 所）、重庆（1 所）、陕西（1 所）和青海（1 所），2 所高校处于规模收益递减状态，分别是赤峰学院和宁夏大学，说明这两所高校在其他条件不变的情况下，教师资源按相同比例增加所带来的教育产出的增加比例在递减，因此，高校需要调整教师资源投入的数量、结构和办学规模，提高现有教师资源的利用率。另外，2 所高校处于规模有效但纯技术无效的情况，为内蒙古大学和新疆大学，说明这两所高校规模较佳，教师资源利用水平欠佳；呼和浩特民族学院和赤峰学院 2 所高校处于纯技术有效而规模无效的情况，表明这两所高校教师资源投入水平与产出水平相配，教师资源得到了有效的利用，但是存在规模偏大或偏小的问题。此外，还有 18 所高校技术效率与规模效率都不为 1，即纯技术无效且规模无效，说明这些高校教师资源配置效率较低，原因可能是教师资源投入量不足、结构不合理或者教师资源的管理水平不佳，这些高校应该重视解决管理水平和规模不合理问题。

2015 年西部地方高校教师资源配置效率分析结果见表 4-6 和附表 3，在假设规模报酬不变的基础上，技术有效的高校有 39 所，占 65 所样本高校的 60%，65 所样本高校技术效率的平均值为 0.978，说明所有样本高校平均有 2.2% 的提升空间。在假设规模报酬可变的情况下，25 所高校处于规模收益递增的状态，1 所高校（川北医学院）处于规模收益递减的状态。整体来看，三分之一以上的高校需要适当增加教师资源的投入量以实现规模有效。有 5 所高校处于纯技术有效而规模无效的状态，且都处于规模效益递增的状态，有 21 所高校处于纯技术无效且规模无效的状态，表明这些高校亟须提高教师资源的管理水平并调整教师资源的投入量和配置结构。

表 4-6 2014—2017 年西部地方高校教师资源配置的静态效率分析汇总表

	样本高校数/所	规模报酬不变		规模报酬可变				
		技术有效数/所	技术效率平均值	规模收益递增数/所	规模收益递减数/所	规模有效但纯技术无效/所	纯技术有效但规模无效/所	纯技术无效且规模无效/所
2014 年	83	61	0.987	18	2	2	2	18

续表

	样本高校数/所	规模报酬不变		规模报酬可变				
		技术有效数/所	技术效率平均值	规模收益递增数/所	规模收益递减数/所	规模有效但纯技术无效/所	纯技术有效但规模无效/所	纯技术无效且规模无效/所
2015年	65	39	0.978	25	1	0	5	21
2016年	95	51	0.975	42	2	0	11	33
2017年	88	48	0.975	33	5	2	6	32

2016年西部地方高校教师资源配置效率分析结果见表4-6和附表4,在假设规模报酬不变的基础上,技术有效的高校有51所,占95所样本高校的53.68%,所有样本高校教师资源配置技术效率的平均值为0.975,说明样本高校平均有2.5%的教师资源投入量未充分发挥作用。42所地方高校处于规模收益递增的状态,仅有2所高校(赤峰学院和内蒙古医科大学)处于规模收益递减的状态,说明大多数高校要适当增加教师资源的投入规模以相应增加教育产出。此外,11所地方高校处于纯技术有效而规模无效的状态,其中除了两所处于规模收益递减状态的地方高校,其他9所均处于规模收益递增状态,说明这些高校教师资源的利用水平较佳,但需要调整学校的办学规模,适当缩减或增加教师资源投入,以达到规模有效。33所高校技术无效是由纯技术无效和规模无效同时导致的,故在进行优化时,需要根据教师资源的数量、质量和结构以及其他教育资源,统筹规划高校规模并优化教师资源的管理水平。

2017年西部地方高校教师资源配置效率分析结果见表4-6和附表5,在假设规模报酬不变的基础上,有48所高校技术有效,占88所样本高校总数的54.55%,所有样本高校技术效率的平均值为0.975。在假设规模报酬可变的情况下,33所高校处于规模收益递增状态,有5所高校(广西财经大学、重庆医科大学、贵州民族大学、兰州交通大学和石河子大学)处于规模收益递减状态。6所高校(广西财经大学、成都体育学院、四川警察学院、西南科技大学、延安大学和宁夏师范学院)处于纯技术有效但规模无效的状态,其中有1所处于规模收益递减的状态,5所处于规模收益递增状态,这些地方高校需要合理控制办学规模。2所高校(青海大学和新疆医科大学)处于规模有效但纯技术无效状态,需要注意提高教师资源的利用效率。此外,还有32所高校处于纯技术无效且规模无效状态,表明这些高校教师资源配置效率较低,原因可能是教师资源投入规模不合理或者教师资源的管理水平不佳。

总体看来,2014—2017年西部地方高校教师资源配置的静态效率呈现出下降趋势,技术有效的高校数有所减少,规模报酬递增的高校数有减少的趋势,还有三分之一的高校需要增加教师资源投入量以提高配置效率。技术无效的高校数有所增加,有三分之一的高校需要在优化教师资源管理水平的同时统筹规划办学规模。

二、西部地方高校教师资源配置静态效率的省区差异

2014年西部分省区的地方高校教师资源配置效率评价结果见表4-7,从技术有效的高校占比来看,总体情况较好的省区包括甘肃、陕西和重庆,技术效率均值较低的省区有宁夏和青海。除了内蒙古、青海和新疆纯技术有效数和规模有效高校数相比略有差别以外,其他省区这两个数据都没有差别,说明大多数技术无效的高校是由技术无效和规模无效同时造成的,在进行优化时,需要根据教师资源的数量、质量和结构以及其他教育资源,统筹规划高校规模并优化教师资源的管理水平。另外,宁夏、云南和内蒙古这三个少数民族聚居的省区规模收益递增高校占该省区样本高校的比例都高于30%,说明这些地区亟须进一步增加教师资源的投入,扩大办学规模,以增加教育产出和规模效益。

表4-7 2014年西部分省区地方高校教师资源配置效率评价结果

	样本高校数/所	技术有效数/所	纯技术有效数/所	规模有效数/所	规模收益递增数/所	规模收益递减数/所	技术效率均值	技术有效高校占比/(%)
内蒙古	10	5	7	6	3	1	0.982	50.00
广西	14	11	11	11	3	0	0.991	78.57
重庆	9	8	8	8	1	0	0.997	88.89
四川	20	16	16	16	4	0	0.992	80.00
云南	10	6	6	6	4	0	0.980	60.00
陕西	12	11	11	11	1	0	0.998	91.67
甘肃	1	1	1	1	0	0	1	100.00
青海	2	1	2	1	0	0	0.961	50.00
宁夏	2	0	0	0	1	1	0.882	0
新疆	3	2	2	3	0	0	0.990	66.67
总计	83	61	63	63	18	2	0.987	73.49

2015年西部分省区的地方高校教师资源配置效率评价结果见表4-8,技术效率均值和技术有效的高校数占比较高的省区是内蒙古、陕西和云南,技术效率均值较低的省区有宁夏、青海、新疆和广西,这四个省区17所样本高校中有12所高校都是技术无效单元,除去其中有2所高校是规模无效导致的,其他10所均是由纯技术效率无效和规模无效同时引起的。25所规模效益递增的高校主要分布于四川(7所)、广西(5所)和新疆(4所),说明这些省区要进一步增加教师资源的投入规模和调整配置结构,以实现更大规模的教育产出效益。广西、甘肃、贵州和四川四个省区纯技术有效的高校占比高于规模有效的高校占比,也说明这些省区应根据高校教师资源的数量和结构,重点统筹规划高校的规模,促进规模优化。

表 4-8　2015 年西部分省区地方高校教师资源配置效率评价结果

	样本高校数/所	技术有效数/所	纯技术有效数/所	规模有效数/所	规模收益递增数/所	规模收益递减数/所	技术效率均值	技术有效高校占比/(%)
内蒙古	4	4	4	4	0	0	1	100.00
广西	6	1	3	1	5	0	0.965	16.67
重庆	2	1	1	1	1	0	0.993	50.00
四川	22	14	15	14	7	1	0.981	63.64
贵州	9	7	8	7	2	0	0.982	77.78
云南	5	4	4	4	1	0	0.991	80.00
陕西	3	3	3	3	0	0	1	100.00
甘肃	3	1	2	1	2	0	0.980	33.33
青海	2	1	1	1	1	0	0.952	50.00
宁夏	2	0	0	0	2	0	0.928	0
新疆	7	3	3	3	4	0	0.963	42.86
总计	65	39	44	39	25	1	0.978	60.00

2016 年西部分省区地方高校教师资源配置效率评价结果见表 4-9，技术效率均值和技术有效的高校数占比较高的省区有甘肃和西藏，配置效率均值相对较低的省区市有青海、宁夏和重庆。另外，宁夏、青海、四川和广西这四个省区规模收益递增高校占该省区样本高校的比例都高于 50%，说明这些省区亟须增加教师资源的投入以提高规模效益。新疆、西藏、内蒙古、甘肃四个省区纯技术有效的高校占该省区样本高校总数的比例都高于 80%，但重庆和宁夏纯技术有效的高校占比和规模有效高校占比均低于 35%，说明两个省区市需要注意提高教师资源的利用效率并统筹优化地方高校的规模。

表 4-9　2016 年西部分省区地方高校教师资源配置效率评价结果

	样本总量/所	技术有效数/所	纯技术有效数/所	规模有效数/所	规模收益递增数/所	规模收益递减数/所	技术效率均值	技术有效高校占比/(%)
内蒙古	11	7	9	7	2	2	0.991	63.64
广西	17	8	10	8	9	0	0.971	47.06
重庆	7	2	2	2	5	0	0.959	28.57
四川	10	4	6	4	6	0	0.963	40.00
贵州	6	4	4	4	2	0	0.982	66.67

续表

	样本总量/所	技术有效数/所	纯技术有效数/所	规模有效数/所	规模收益递增数/所	规模收益递减数/所	技术效率均值	技术有效高校占比/(%)
云南	17	10	12	10	7	0	0.977	58.82
西藏	1	1	1	1	0	0	1	100.00
陕西	14	8	10	8	6	0	0.977	57.14
甘肃	5	4	4	4	1	0	0.998	80.00
青海	1	0	0	0	1	0	0.911	0
宁夏	3	1	1	1	2	0	0.956	33.33
新疆	3	2	3	2	1	0	0.990	66.67
总计	95	51	62	51	42	2	0.975	53.68

2017年西部分省区地方高校教师资源配置效率评价结果见表4-10,技术效率均值和技术有效的高校数占比较高的省区是内蒙古,技术效率均值和技术有效的高校数占比较低的省区有青海、新疆和甘肃。新疆、甘肃、西藏、宁夏和四川这5个省区规模收益递增高校占该省区样本高校的比例都高于50%,表明这些省区需要增加教师资源的投入以提高规模效益。宁夏、内蒙古、陕西和四川四个省区纯技术有效的高校占该省区样本高校总数的比例都高于80%,但新疆和甘肃纯技术有效的高校占比和规模有效高校占比都低于30%,表明这两个省区亟须提高地方高校教师资源的利用效率和进一步优化学校的办学规模。

表4-10 2017年西部分省区地方高校教师资源配置效率评价结果

	样本总量/所	技术有效数/所	纯技术有效数/所	规模有效数/所	规模收益递增数/所	规模收益递减数/所	技术效率均值	技术有效高校占比/(%)
内蒙古	6	5	5	5	1	0	0.991	83.33
广西	14	7	8	7	6	1	0.978	50.00
重庆	6	3	3	3	2	0	0.969	50.00
四川	10	5	8	5	5	0	0.985	50.00
贵州	9	5	5	5	3	1	0.978	55.56
云南	11	7	7	7	4	0	0.978	63.64
西藏	2	1	1	1	1	0	0.988	50.00
陕西	16	12	13	12	4	0	0.984	75.00
甘肃	4	1	1	1	2	1	0.966	25.00

续表

	样本总量/所	技术有效数/所	纯技术有效数/所	规模有效数/所	规模收益递增数/所	规模收益递减数/所	技术效率均值	技术有效高校占比/(%)
青海	1	0	0	1	0	0	0.969	0
宁夏	2	1	2	1	1	0	0.965	50.00
新疆	7	1	1	2	4	1	0.920	14.29
总计	88	48	54	50	33	5	0.975	54.55

三、西部地方高校教师资源配置静态效率的异质性

长期以来,我国主管高等教育资源配置的各级政府一直颇为重视对公立研究型大学的办学资源投入,从"985工程""211工程"的实施就可以看出,受益于"211工程"和"985工程"的高校明显居于公立高等教育系统的顶端。各级政府忽略了对其他层次公立高校办学资源的投入[①]。主要服务于区域经济社会发展的西部地方本科院校,长期以来是教育资源投入的"洼地",处于公立高等教育系统的最底端。由于不同层次和类型的公立高校具有各自独特的办学定位和功能,高等教育资源配置的效率也体现在高等学校的结构类型上,合理的学校结构可以得到较好的结构效益[②]。因此,探讨不同类型的西部地方高校教师资源配置效率表现,有助于西部地方高校分类管理中学校结构和发展战略的调整以及有限教育资源的有效配置。

(一)地方所属"211工程"高校与一般地方高校对比

地方所属"211工程"高校,是地方高校中办学层次相对较高的学校,它们在人才培养、科学研究等方面的成绩往往优于其他地方高校,为了分析地方所属"211工程"高校在较多和优质的教师资源投入下是否在相应的教育产出方面与其他地方高校有一定的区别,研究中特别对这两类地方高校教师资源配置效率进行分类统计。如表4-11所示,从技术有效高校的占比来看,除了2014年,其他年份技术有效的"211工程"高校占比都高于一般地方高校。从技术效率的均值来看,除了2014年,其他三年"211工程"高校均高于一般地方高校,说明综合实力更强的地方"211工程"高校教师资源配置效率也稍高于一般地方高校。另外,四年中一般地方高校相对于"211工程"高校更多的技术无效单元是由于规模无效导致的。处于规模收益递增状态的"211工程"高校数量有所减少,而处于规模收益递增状态的一般地方高校数量有所增加,到2017年占比达到40%,说明这些一般的地方高校亟须增加教师资源投入以提高规模效益。

---

① 王宇晖:《美国公立高校分层管理研究》,广州:暨南大学出版社,2016年版,第154页。
② 张有声:《高等教育可持续发展理论研究》,北京:教育科学出版社,2009年版,第129、146页。

表 4-11 西部地方所属"211 工程"高校和一般地方高校教师资源配置静态效率的对比分析

	高校类型	样本总量/所	技术效率均值	技术有效数/所	纯技术有效数/所	规模有效数/所	规模收益递增数/所	规模收益递减数/所	技术有效高校占比/(%)
2014 年	非 211	76	0.988	58	60	58	17	1	76.32
	211	7	0.977	3	3	5	1	1	42.86
	合计	83	0.987	61	63	63	18	2	73.49
2015 年	非 211	59	0.977	35	40	35	23	1	59.32
	211	6	0.984	4	4	4	2	0	66.67
	合计	65	0.978	39	44	39	25	1	60.00
2016 年	非 211	86	0.974	45	55	45	39	2	52.33
	211	9	0.988	6	7	6	3	0	66.67
	合计	95	0.975	51	62	51	42	2	53.68
2017 年	非 211	80	0.974	43	49	44	32	4	53.75
	211	8	0.979	5	5	6	1	1	62.50
	合计	88	0.975	48	54	50	33	5	54.55
总计		331	—	199	223	203	118	10	60.12

(二)不同学科类别的高校对比

根据学科类别的不同,研究中将地方高校划分为财经类、理工类、民族类、农林类、师范类、体育类、医药类、政法类和综合类九类。通过对比分析,统计结果如表 4-12 所示。从各类型高校技术有效数占比和技术效率均值来看,2014 年财经类和民族类的 4 所高校教师资源配置效率最佳,技术效率均值都为 1;农林类、理工类和师范类高校配置效率较好,医药类高校技术效率均值(0.958)较低。2015 年财经类和农林类高校技术有效数占比和技术效率均值都是最高的,4 所高校均为技术有效单元;医药类和综合类高校教师资源配置效率较好,技术效率均值都不低于 0.979,技术有效高校占比均高于 60%;民族类高校技术效率均值(0.968)较低。2016 年财经类、民族类和政法类高校配置效率最佳,技术效率均值都为 1,对应的 7 所高校都是技术有效单元;农林类和综合类高校教师资源配置效率较好,技术效率均值都不低于 0.975,且技术有效高校占比均高于 50%;医药类高校技术效率均值(0.968)较低。2017 年财经类高校技术效率均值(0.999)最高,对应的 4 所高校 3 所为技术有效单元;师范类和综合类高校技术效率均值较高,都高于所有样本高校的技术效率均值 0.975,且技术有效高校占比均不低于 50%;农林类高校技术效率均值(0.952)较低。总体来看,财经类高校教师资源配置效率比较高,优于其他类型的院校,而医药类高校的技术效率相对较低,应当促进管理水平和配置能力的提升,减少教师资源不必要的浪费。同时,有三分之一以上的师范类、体育类、理工类、医药类和农林类高校处于规模收益递增状态,亟须进一步增加教师资源投入,统筹优化高校的办学规模。

表 4-12 西部地区不同学科类别地方高校教师资源配置静态效率对比分析

	高校类型	样本高校数/所	技术效率均值	技术有效数/所	纯技术有效数/所	规模有效数/所	规模收益递增数/所	规模收益递减数/所	技术有效数占比/(%)
2014 年	财经类	1	1	1	1	1	0	0	100.00
	理工类	15	0.996	13	13	13	2	0	86.67
	民族类	3	1	3	3	3	0	0	100.00
	农林类	4	0.997	3	3	3	1	0	75.00
	师范类	19	0.991	15	15	15	4	0	78.95
	医药类	9	0.958	5	5	5	3	0	55.56
	综合类	32	0.985	21	23	23	7	2	65.63
	合计	83	0.987	61	63	63	17	2	73.49
2015 年	财经类	2	1	2	2	2	0	0	100.00
	理工类	9	0.973	5	6	5	4	0	55.56
	民族类	3	0.968	2	2	2	1	0	66.67
	农林类	2	1	2	2	2	0	0	100.00
	师范类	17	0.973	8	10	8	9	0	47.06
	医药类	11	0.979	7	7	7	3	1	63.64
	综合类	21	0.981	13	15	13	8	0	61.90
	合计	65	0.978	39	44	39	25	1	60.00
2016 年	财经类	4	1	4	4	4	0	0	100.00
	理工类	16	0.973	7	8	7	9	0	43.75
	民族类	2	1	2	2	2	0	0	100.00
	农林类	4	0.978	2	4	2	2	0	50.00
	师范类	22	0.972	11	13	11	11	0	50.00
	体育类	1	0.989	0	1	0	1	0	0

续表

	高校类型	样本高校数/所	技术效率均值	技术有效数/所	纯技术有效数/所	规模有效数/所	规模收益递增数/所	规模收益递减数/所	技术有效数占比/(%)
2016年	医药类	10	0.968	6	7	6	3	1	60.00
	政法类	1	1	1	1	1	0	0	100.00
	综合类	35	0.975	18	22	18	16	1	51.43
	合计	95	0.975	51	62	51	42	2	53.68
2017年	财经类	4	0.999	3	4	3	0	1	75.00
	理工类	14	0.974	9	10	9	5	0	64.29
	民族类	3	0.978	0	0	0	2	1	0
	农林类	2	0.952	1	1	1	1	0	50.00
	师范类	18	0.979	9	10	9	9	0	50.00
	体育类	1	0.976	0	1	0	1	0	0
	医药类	11	0.960	6	6	7	3	1	54.55
	政法类	1	0.958	0	1	0	1	0	0
	综合类	34	0.976	20	21	21	11	2	58.82
	总体	88	0.975	48	54	50	33	5	54.55
总计		331	—	199	223	203	117	10	60.12

第三节 西部地方高校教师资源配置的动态效率

书中使用 Malmquist 指数来测量西部地方高校教师资源配置的动态效率,需要数据在时间维度上保持连续。由于前期获得的是非平衡面板数据,部分地方高校在个别年份的局部指标数据上存在缺失值,这给 Malmquist 指数的计算带来了一定影响,也限制了第五章效率的影响因素分析。为了尽可能保持变量的连续性,研究中采用插值法对缺失值进行填补,具体方法如下。如果变量 y_t 是缺失的,利用 y_{t-1} 和解释变量 x_t 回归模型,利用式 4.7 模型估计结果即可以通过上一期来预测当期。

$$y_{it} = \alpha y_{i,t-1} + x_{it}\beta + u_{it} \tag{4.7}$$

其中,x_{it} 包括:省区虚拟变量、高校类型虚拟变量、是否为"211 院校"以及年份虚拟变量。解释变量 x_t 作为高校的属性特征或时间效应,都是外生的,在所有期都有观测值。利用 y_{t+1} 和解释变量 x_t 回归模型,利用式 4.8 模型估计结果即可以通过下一期来预测当期。

$$y_{it} = \alpha y_{i,t+1} + x_{it}\beta + u_{it} \quad (4.8)$$

反复此过程,即可以完整地填补变量的缺失值。为了尽可能地利用可观测信息,填补时利用每个变量的所有观测数值来估计模型,因此不同变量估计模型用到的样本量是不同的。对于分布呈明显右偏或者取值范围需为正数的变量,比如具有博士学历教师数等,书中对变量的自然对数 $\log(y_t)$ 建立线性模型,对模型的预测值进而取指数作为 y_t 的填补值。表 4-13 给出了指标实际值和填补值在平均值、标准差、最小值和最大值的比较。由于书中是对变量逐个进行填补的,因此不同变量的实际观测的样本量是不同的,而前文表 4-3 中的统计量是基于所有变量的共同观测样本来计算的,因此表 4-13 中对实际值的统计量与表 4-3 略有差异。可以看出,实际值和填补值的各项描述统计量大多非常接近,表明填补值是有效的,没有改变原始变量的分布特征。

表 4-13 实际值与填补值的描述统计量比较

	均值		标准差		最小值		最大值	
	实际值	填补值	实际值	填补值	实际值	填补值	实际值	填补值
专任教师数	948.4	921.1	480.2	486.25	34.0	33.0	2829.0	3131.0
正高级职称教师数	136.0	132.5	101.0	101.4	5.0	5.0	580.0	580.0
副高级职称教师数	299.7	294.6	163.5	169.7	14.0	14.0	1156.0	1499.0
博士学历教师数	226.1	211.1	233.4	229.0	2.0	2.0	1176.0	1270.0
硕士学历教师数	488.0	477.0	211.4	218.7	14.0	13.0	1349.0	1557.0
本科在校生数	14350.8	13636.3	7177.4	7190.8	460.0	246.0	38049.0	38049.0
应届本科毕业生数	3495.7	3278.0	1896.5	1875.9	13.0	12.0	18852.0	18852.0
应届本科毕业生就业人数	3168.2	2988.4	1745.9	1729.5	80.0	79.4	17841.5	17841.5
应届本科毕业生学位授予人数	3390.0	3202.4	1824.4	1787.2	91.0	82.2	18693.6	18693.6
研究与发展经费	9737.6	8741.7	12685.1	11280.5	78.0	78.0	124774.4	124774.4
课题经费	5099.5	4716.4	6251.1	5918.2	36.0	36.0	43840.0	43840.0
课题数	315.2	301.8	274.0	265.3	4.0	4.0	1665.0	1665.0
著作数	22.7	21.3	24.9	23.5	0	0	245.0	245.0
论文数	292.8	278.6	216.9	204.5	0	0	1450.0	1450.0
获奖成果总数	4.1	3.7	10.3	8.7	0	0	82.0	82.0
科技经费	70204.5	65731.2	128528.6	119585.5	50.0	49.4	1911934.0	1911934.0
科技课题经费	52873.8	47401.6	108927.4	94435.4	35.0	35.0	1648159.0	1648159.0

续表

	均值		标准差		最小值		最大值	
	实际值	填补值	实际值	填补值	实际值	填补值	实际值	填补值
科技课题数	475.4	455.9	584.4	571.8	2.0	2.0	4636.0	4636.0
专著数	4.0	3.6	5.8	5.2	0	0	35.0	35.0
学术论文数	725.1	660.8	883.6	817.8	3.0	3.0	5834.0	5834.0
成果授奖总数	4.1	3.7	6.9	6.1	0	0	53.0	53.0

以本科在校生数和专任教师数为例,图 4-2 给出了两个变量的原始值和填补值分布的直方图,图 4-2(a)为本科在校生数的比较,图 4-2(b)为专任教师数的比较。可以看出,填补值基本保持了实际值的分布特征,分布的均值、离散度、偏度等特征具有很强的相似性。预测模型的可决系数超过 0.99,预测误差非常小。由于填补值使得样本量增加了,因此填补值的直方图在每个区间上的密度值明显高一些,这样转化得到的面板数据也便于进行配置动态效率和影响因素的分析。

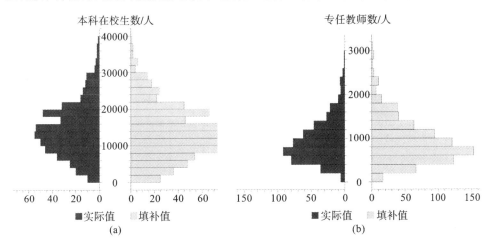

图 4-2 本科在校生数和专任教师数的实际值和填补值的分布比较

一、西部地方高校教师资源配置动态效率的总体分析

利用 2014—2017 年西部地方高校的教师资源投入和相对应的教育产出的面板数据,以 154 所样本高校为决策单元,测算了各样本高校三个年度的 Malmquist 指数及其分解效率均值的变化,并将技术效率指数进一步分解为纯技术效率变化指数和规模效率变化指数,所得结果如附表 6 所示。72 所高校的 Malmquist 指数大于 1,占样本高校总数的 46.75%,说明接近一半的西部地方高校教师资源配置效率呈现上升的态势。从 Malmquist 指数的分解来看,有 70 所高校的技术效率变化指数大于 1,说明这些高校的技术效率得到了改善;有 46 所高校技术进步的值大

于 1,说明这些高校近年来能够通过改善管理水平来提高教师资源管理与配置能力,减少了教师资源的浪费。在规模和技术不变的情况下,有 72 所高校纯技术效率变化指数大于 1,意味着有近一半的地方高校投入的教师资源的使用效率得到了提高;有 45 所高校三年度平均规模效率变化大于 1,表明三成的高校呈规模收益递增状态。当然,还有 80 所地方高校 Malmquist 指数小于 1,60 所高校技术进步值小于 1,83 所高校技术效率变化指数小于 1,55 所高校呈规模收益递减的状态,一方面这些高校应当结合自身的优势学科和办学特色,适当扩招或缩招部分专业以优化办学规模,另一方面应通过改善管理水平和制度建设,充分发挥教师资源的最大效用,提高教师资源的配置效率。

二、西部地方高校教师资源配置动态效率的省区差异

各年度分省区样本高校 Malmquist 指数均值及其分解效率均值的变化统计结果如表 4-14 所示。2015—2016 年的 Malmquist 指数有所上升,2014—2015 年、2016—2017 年的 Malmquist 指数则有所下降,这两个年度教师资源配置效率分别下降了 1.93%、1.14%,主要是受到技术效率下降的影响;2015—2016 年的教师资源配置效率上升了 1.40%,主要是技术进步和技术效率的提高所致,也说明高校教师资源配置能力和管理水平的提高以及教师资源数量和质量的改善共同带动了配置效率的提高。

表 4-14　2014—2017 年西部分省区地方高校教师资源配置的 Malmquist 指数及其分解效率均值的变化

	Malmquist 指数	技术进步指数	技术效率变化指数	纯技术效率变化指数	规模效率变化指数
2014—2015 年	0.981	1.002	0.978	0.980	0.999
内蒙古	1.002	1.004	0.997	0.991	1.005
广西	0.962	0.995	0.966	0.972	0.995
重庆	0.982	0.996	0.986	0.996	0.990
四川	0.973	0.995	0.978	0.981	0.997
贵州	0.978	1.013	0.966	0.961	1.005
云南	0.994	1.006	0.988	0.992	0.996
西藏	0.888	1.007	0.881	0.882	0.999
陕西	1.003	1.005	0.997	0.998	0.999
甘肃	0.985	1.008	0.977	0.976	1
青海	1.017	1.017	1.001	0.990	1.011
宁夏	1.034	1.024	1.009	0.985	1.025
新疆	0.937	0.993	0.944	0.951	0.992

续表

	Malmquist 指数	技术进步指数	技术效率变化指数	纯技术效率变化指数	规模效率变化指数
2015—2016 年	1.014	1.001	1.013	1.015	0.999
内蒙古	1.016	0.999	1.017	1.019	0.998
广西	1.023	1.001	1.022	1.019	1.003
重庆	0.993	0.989	1.004	1.004	1
四川	1.011	1.004	1.008	1.013	0.995
贵州	1.001	0.996	1.005	1.013	0.992
云南	1.033	1.005	1.027	1.025	1.002
西藏	1.027	1.002	1.026	1.022	1.003
陕西	0.997	0.997	1	1.005	0.995
甘肃	1.031	1	1.031	1.028	1.003
青海	1.001	1.004	0.997	1.019	0.979
宁夏	1.058	1.051	1.007	1.001	1.006
新疆	1.020	1.001	1.019	1.011	1.008
2016—2017 年	0.989	0.995	0.993	0.993	1
内蒙古	0.982	0.987	0.995	0.998	0.997
广西	0.999	1.004	0.994	0.991	1.003
重庆	1.017	0.994	1.024	1.022	1.002
四川	0.999	1.001	0.998	0.994	1.003
贵州	1	0.995	1.006	1.005	1.001
云南	0.991	1.005	0.985	0.981	1.005
西藏	0.863	0.985	0.877	0.888	0.989
陕西	1.002	0.993	1.008	1.008	1.001
甘肃	0.938	0.980	0.956	0.970	0.985
青海	0.988	0.996	0.992	0.997	0.995
宁夏	1.046	1.010	1.036	1.024	1.012
新疆	0.935	0.969	0.965	0.976	0.989

2014—2017 年西部分省区地方高校教师资源配置的 Malmquist 指数均值变化如图 4-3,可以看出,2014—2015 年大多数省区都小于 1,Malmquist 指数相对比较高的省区是宁夏、青海、陕西和内蒙古,最低的省区是西藏。这一年度 Malmquist 指数偏低的省区主要源于纯技术效率变化较低,相对地,技术进步有所增长,而规模效率的变化不大。2015—2016 年的 Malmquist 指数均值除了重庆和陕西,其他省区都大于 1,大多数省区 Malmquist 指数的增加主要是技术效率的提

升和技术进步,纯技术效率相对于上一年也有明显的提升。2016—2017年的Malmquist指数均值较上一年度有所下降,除了重庆、贵州和陕西,其他省区地方高校教师配置效率都有所下降,主要源于技术效率的下降,纯技术效率较上一年均有所下降,说明在高校亟须进行管理或制度的变革,以促进教师资源使用效率的提高。从西部分省区三年的Malmquist指数均值来看(图4-3),低于西部地区Malmquist指数各年度均值的省区有西藏、新疆和甘肃,均值最小的省区是西藏(0.926),均值最大的省区是宁夏(1.046),其他省区均值在0.992附近摆动,说明这些省区横向的区别不大。

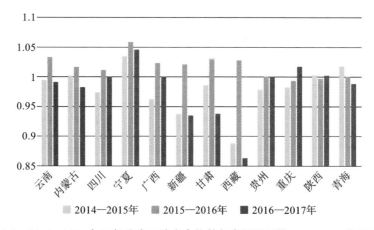

图4-3 2014—2017年西部分省区地方高校教师资源配置的Malmquist指数均值

三、西部地方高校教师资源配置动态效率的异质性

(一)地方所属"211工程"与一般地方高校对比

研究的样本高校中共有11所地方所属"211工程"高校[①],除了四川农业大学属于农林类院校外,其余10所都属于综合类高校。通过分年分省区计算"211工程"高校和一般地方高校教师资源配置的Malmquist指数及其分解效率均值,结果如表4-15所示。

表4-15 西部地方所属"211工程"高校和一般地方高校教师资源配置的Malmquist指数及其分解效率均值对比

	Malmquist指数	技术进步指数	技术效率变化指数	纯技术效率变化指数	规模效率变化指数
2014—2015年	0.981	1.002	0.978	0.98	0.999
一般地方高校	0.981	1.002	0.978	0.980	0.998

---

① 这11所地方所属"211工程"高校分别为内蒙古大学、广西大学、四川农业大学、贵州大学、云南大学、西藏大学、西北大学、宁夏大学、青海大学、石河子大学和新疆大学。

续表

	Malmquist 指数	技术进步指数	技术效率变化指数	纯技术效率变化指数	规模效率变化指数
"211"高校	0.979	1.003	0.975	0.973	1.002
2015—2016年	1.014	1.001	1.013	1.015	0.999
一般地方高校	1.013	1	1.012	1.014	0.999
"211"高校	1.029	1.006	1.022	1.023	0.999
2016—2017年	0.989	0.995	0.993	0.993	1
一般地方高校	0.989	0.995	0.994	0.994	1
"211"高校	0.989	0.997	0.991	0.990	1.002

总体来说,地方所属"211工程"高校教师资源配置的动态效率要优于一般地方高校。2014—2015年,一般地方高校教师资源配置的Malmquist指数比"211工程"高校高出约0.2%,但是2015—2016年,"211工程"高校Malmquist指数比一般地方高校高出约1.6%,主要是因为技术进步以及技术效率的提高;2016—2017年,"211工程"高校与一般地方高校基本持平。由于"211工程"高校本身在办学条件、师资队伍、人才培养和科学研究方面都具有一定优势,入选"211工程"工程更进一步提高了这些高校的科研创新能力和管理水平,也有利于教师资源配置效率的提升。西部地方所属"211工程"高校是分省区的重点发展高校,得到了国家和当地财政更多的支持以及来自本地和部分国内省区更多的优秀生源,相对于其他地方高校,除了肩负培养高素质人才、科学技术创新,还肩负起带领本区域其他学校发展的责任。因此,地方政府应统筹指导所属"211工程"高校利用自身的相对优势,辐射和帮助区域内其他地方院校,一般地方高校也应在争取区域内外重点高校的支援的基础上逐步实现自主发展。

(二)不同学科类别的高校对比

西部不同学科类别地方高校教师资源配置的Malmquist指数及其分解效率均值结果如表4-16所示,表中的各个指数都由各省区不同学科类别地方高校的效率计算平均值得到。从三个年度的整体情况来看,财经类高校的三个年度的Malmquist指数均值最高,说明配置效率整体呈现出上升的趋势,教师资源配置呈现优化状态;农林类和医药类高校三个年度的Malmquist指数均值都为1,意味着这两类高校教师资源配置状态保持不变;政法类和民族类高校三个年度的Malmquist指数均值比较低,配置效率整体呈现下降的趋势。从Malmquist指数的分解指数来看,技术进步指数各类高校呈现出大体相当的状况,但后两个年度出现整体下降的趋势,医药类和财经类高校三年的技术进步指数均值大于1。2015—2016年技术效率变化指数较其他两年整体水平要高,财经类和农林类高校三年的技术效率变化指数均值大于1;民族类和政法类高校三年的技术效率变化指数均值比较低,在 0.968 左右,这类高校应重视提高管理水平和教师资源配置能力,降低教师资源的浪费。从规模效率变化来看,医药类和农林类高校三年的规模效率变化指数均值都大于 1,只有政法类高校出现了比较明显的负增长,说明这类高校应根据发展的实际需要调整办学规模,以达到更高的规模效率。

表 4-16　西部不同学科类别地方高校教师资源配置的 Malmquist 指数及其分解效率均值对比

	Malmquist 指数	技术进步指数	技术效率变化指数	纯技术效率变化指数	规模效率变化指数
2014—2015 年	0.981	1.002	0.978	0.980	0.999
财经类	1.010	1.001	1.008	1.009	1
理工类	0.975	1.005	0.970	0.971	0.999
民族类	0.943	1.014	0.930	0.928	1.001
农林类	0.981	1.004	0.978	0.977	1.001
师范类	0.981	0.998	0.983	0.988	0.995
体育类	0.994	1.004	0.989	0.980	1.009
医药类	0.994	1.020	0.974	0.968	1.007
政法类	1.023	1	1.023	1.023	1
综合类	0.977	0.996	0.981	0.984	0.997
2015—2016 年	1.014	1.001	1.013	1.015	0.999
财经类	1.017	1	1.017	1.017	1
理工类	1.023	1	1.024	1.026	0.998
民族类	1.013	0.996	1.016	1.017	1
农林类	1.045	0.997	1.049	1.057	0.992
师范类	0.981	0.998	0.983	0.988	0.995
体育类	0.995	1	0.995	1.002	0.993
医药类	1.008	0.995	1.013	1.013	1
政法类	0.939	1	0.939	0.939	1
综合类	0.977	0.996	0.981	0.984	0.997
2016—2017 年	0.989	0.995	0.993	0.993	1
财经类	0.981	1	0.981	0.983	0.999
理工类	0.994	0.993	1.001	1.001	1
民族类	0.949	0.987	0.961	0.967	0.995
农林类	0.974	0.993	0.981	0.971	1.011
师范类	0.989	0.995	0.994	0.993	1.002

续表

	Malmquist 指数	技术进步 指数	技术效率变化 指数	纯技术效率变化 指数	规模效率变化 指数
体育类	0.963	0.981	0.982	0.984	0.998
医药类	0.998	1.002	0.995	0.992	1.004
政法类	0.940	0.999	0.941	0.960	0.979
综合类	0.992	0.994	0.997	0.999	0.998

第四节 本章小结

高校教师资源配置效率可以反映高校教师资源投入与相应产出之间的对比关系，其水平的高低不仅是衡量高校教师资源使用效率的重要尺度，还影响着系统的配置效率。书中选取了5个西部地方高校教师资源投入指标：专任教师总数、正高级职称教师数、副高级职称教师数、博士学历教师数和硕士学历教师数，从人才培养、人文社科研究与发展和科技活动三个维度选取了16个教育产出指标，作为配置效率的评价指标，采用数据包络分析方法对2014—2017年西部地方高校教师资源配置静态效率和动态效率进行系统评价，并对其时间趋势和区域差异进行了分析，以期为西部地方高校教师资源配置影响因素的分析和优化策略提供依据。

总体看来，2014—2017年西部地方高校教师资源配置的静态效率呈现出下降趋势，技术有效的高校数有所减少，规模报酬递增的高校数有减少趋势，还有三分之一的高校需要增加教师资源投入量以提高配置效率。技术无效的高校数有所增加，有三分之一的高校需要在优化教师资源管理水平的同时统筹规划办学规模。

研究发现接近一半的地方高校近年来教师资源配置效率呈现上升趋势。154所高校中有70所高校技术效率得到了改善，有46所高校技术进步的值大于1，说明这些高校能够通过改善管理水平提高教师资源管理与配置能力，减少了教师资源的浪费。有三成的高校处于规模收益递增状态，三分之一的高校处于规模收益递减的状态，这些高校应当结合自身的优势学科和办学特色，适当扩招和缩招部分专业以优化办学规模，促进教师资源配置动态效率的提高。

从整体上看，西部地方高校教师资源配置效率呈现倒"V"形下降趋势，2015—2016年配置效率有所上升，主要源于技术进步和技术效率的提高，2014—2015年、2016—2017年配置效率有所下降主要是因为技术效率的下降。从分省的情况来看，2014—2015年配置效率相对比较高的省区是宁夏、青海、陕西和内蒙古，其中最低的省区是西藏。2015—2016年大多数省区配置效率因技术效率的提升和技术进步而有所提升。2016—2017年，除了重庆、宁夏和陕西，其他省区较上一年度配置效率因技术效率降低而有所下降。从三年的整体情况而言，低于西部地方高校配置动态效率均值的省区有西藏、新疆和甘肃。

除了2014年,西部一般地方高校教师资源配置的静态效率都低于"211工程"地方高校,一般地方高校更多的技术无效单元是规模无效导致的。一般地方高校教师资源配置的动态效率也低于"211工程"高校。除了财经类高校教师资源配置处于较优状态,西部政法类和民族类地方高校教师资源配置效率亟须提升。有三分之一以上的师范类、体育类、理工类、医药类和农林类高校处于规模收益递增状态,亟须进一步增加教师资源投入,统筹优化高校的办学规模。

第五章　影响西部地方高校教师资源配置均衡性和效率的因素

高等教育资源配置的影响主要是由外生性变量(社会经济制度环境)和内生性变量(高等教育内部制度安排)的交互作用产生的。这些变量既决定着高等教育资源转型的性质、程度和方向,又影响着高等教育资源配置方式的选择①。高校教师资源配置的均衡性和效益的发挥程度与所在区域的经济、社会以及教育体制等构成的环境紧密相关。本章将着力探讨市场、政府和高校三个配置主体视角下区域经济发展水平、教师薪资、城镇化水平、市场化程度、地方高等教育财政投入、区域高等教育学生规模和高校财力、物力资源等高校教师资源配置的影响因素,通过定量分析客观呈现这些因素对西部地方教师资源配置均衡性和效率的影响,为西部地方高校教师资源优化配置和区域高等教育协调发展提供依据。

第一节　影响高校教师资源配置的要素

从宏观意义上讲,教师资源配置是在一定约束条件下,对教师资源的一种有效管理和空间布局的科学决策过程。从本质和长远来看,高校教师资源配置的均衡性和效率之间存在相辅相成和相互促进的关系,保证配置公平是提高配置效率的前提条件,提高配置效率是保障配置公平的基本手段。任何资源的分布和配置都是内力和外力共同作用的结果②。高等教育的发展主要受到政府、市场和学术权力三种势力的整合影响,将"三角协调模式"③沿用到高校教师资源配置的影响因素分析中,笔者认为西部地方高校教师资源的配置既与区域社会经济环境即市场要素紧密相关,又与政府财政投入和高校其他教育资源的配置情况有关。书中将影响因素分为外部影响因素和内部影响因素来进行讨论,其中外部影响因素主要从市场和政府配置主体视角考虑,包括区域经济发展水平、城市化水平、市场化程度、区域高等教育学生规模和地方高等教育财政投入,内部影响因素从高校这一微

---

① 康宁:《中国高等教育资源配置转型程度指标体系研究》,北京:教育科学出版社2010年版,第13页。
② 谢维和:《效率与公平:高等教育资源区域分布与协调发展研究》,杭州:浙江教育出版社2018年版,第8页。
③ 鲍威:《未完成的转型:高等教育影响力与学生发展》,北京:教育科学出版社2014年版,第119-120页。

观配置主体视角考虑地方高校财力和物力资源的投入,探讨这些内外部因素对西部地方高校教师资源配置均衡性和效率的影响。

一、市场要素

高校教师资源配置行为是在一定环境条件下进行的,与高等教育系统结构、地区社会经济环境等紧密相关,必然会受区域经济发展水平、城镇化水平、市场化程度和区域高等教育学生规模等市场要素的影响。

(一)区域经济发展水平

张万朋(2020)对国内有关教育资源配置问题研究的梳理发现"教育资源配置必然受到一国或地区经济发展水平、经济体制以及经济结构的制约,这成为研究教育资源配置问题不可忽视的前提和背景"[①]。区域经济的发展为其高等教育发展提供了物质基础,由于国家经济发展水平的制约,区域高等教育发展所需的教育投入更依赖于地方财政的支持[②]。经济发展水平对教育资源配置的影响是一个持续的动态过程。经济越发达的地区,社会竞争越激烈,会促使教育资源的有效配置和充分利用,进而会提升整个地区资源包括高等教育资源的配置效率[③]。高耀(2021)通过实证分析验证了人均国内生产总值对我国高等教育生均经费产生了正向作用,从而说明经济发展水平对高等教育资源配置有着显著的正向影响作用,并认为从全国整体层面来看,经济发展水平高的区域能够提高高等教育资源配置的效率[④]。

我国区域经济发展的不平衡也必然在一定程度影响教育资源在区域间的不平衡分布。由于资源天然偏好流向效益更大的地区或部门,高等教育资源也会偏向在市场经济更为活跃和管理更加高效的地区聚集,教师资源倾向于向经济社会较发达和收入水平较高的地区流动,而欠发达和较偏远的地区常常处于劣势,人才吸引力不足,逆向流动也较频繁。东部地区因雄厚的经济实力从根本上决定了高等教育的发达程度,东部地区高校不仅在师资力量、学校声誉和生源质量等方面具有绝对优势,而且在教育经费来源、办学条件和吸引国内外人才尤其是西部地区的高层次人才和高质量的教师资源等具有很强的虹吸效应。西部地区高校由于缺乏优质的生源和充足的经费支持,学校的人才培养质量很难得到保证,也难以吸引优秀的师资。长期以来,东西部优质教育资源分布呈现明显的非均衡差序格局,西部高

---

① 张万朋,李梦琦:《新常态下我国教育资源配置改革的特点、挑战与应对》,《苏州大学学报(教育科学版)》2020年第3期,第38-45页。
② 高文兵,郝书辰,等:《中国高等教育资源分布与协调发展研究》,北京:高等教育出版社2008年版,第21-22页。
③ 李航,李成明,等:《"双一流"背景下地区高等教育效率的驱动因素——基于DEA-Tobit模型的实证分析》,《技术经济与管理研究》2018年第12期,第108-112页。
④ 高耀,乔文琦:《我国高等教育生均经费的区域差异及影响因素研究》,《黑龙江高教研究》2021年第9期,第45-50页。

校无法形成与东部高校相竞争的优势。由于地方高校的发展更加依赖所属地区的经济社会发展水平,和中央部属高校相比,西部地方高校不仅面临着经济发展"先天不足"的困境,更是处于区位和发展基础的"双重劣势",是真正的"高等教育洼地"。因此,区域经济发展的不平衡会影响区域人力资本投入、人力资源的数量和质量与结构。受区域经济发展水平的影响,高校教师资源作为高层次人力资源在东西部地区以及西部省域间的不平衡流动,使得区域间高校教师资源配置呈现出明显的数量和质量的差距,经济发展水平高的区域对高校教师有更强的吸引力,形成对高校教师资源的集聚效应,从而不利于高校教师资源的均衡配置,也导致高校教师资源配置效率的变化。

由于国内生产总值(GDP)是国际上比较通用的衡量一个国家或地区经济发展水平的重要指标之一,本书选取人均地区生产总值来衡量地区的经济发展水平,作为解释变量来分析其对西部地方高校教师资源配置的影响。另外,考虑到区域经济水平决定着区域内居民和职工的收入和工资水平,教师薪资作为高校吸引、稳定和激励人才的重要途径,对教师资源流动和配置有着较大的影响。鲍威、吴红斌(2016)通过实证研究发现区域学术劳动力市场薪资水准、院校经费的充裕性、外部资金筹措力度对教师薪资也具有显著影响,院校间教师薪资的差异主要凸显在研究型大学和教学应用型大学之间[①]。胡咏梅、元静(2021)认为在一个国家内部,不同地区、学校性质、学校层次的高校在薪酬体制和受到市场力量的影响方面通常也具有一定的差异,区域间、高校间的薪酬差距与人才流动密切相关,薪酬差距越大,人才流动的势能也就越大,并通过实证分析得出高校所在地区和院校层次对高校教师工资差异的贡献率较大[②]。鉴于各省区高校教师薪资情况的权威、公开的统计数据缺乏,故书中将城镇国有单位就业人员平均工资作为替代和反映区域高校教师平均工资的指标,来考察其对西部地方高校教师资源配置的影响。

综合以上分析,书中对区域经济发展水平对西部地方高校教师资源配置均衡性和效率的影响,分别作出假设1~4。

假设1:区域经济发展水平(F1)对西部地方高校教师资源配置均衡性有负向影响。

假设2:区域经济发展水平(F1)对西部地方高校教师资源配置效率有正向作用。

假设3:高校教师薪资(F2)对西部地方高校教师资源配置均衡性有正向影响。

假设4:高校教师薪资(F2)对西部地方高校教师资源配置效率具有正向作用。

[①] 鲍威,吴红斌:《象牙塔里的薪资定价:中国高校教师薪资影响机制》,《北京大学教育评论》2016年第2期,第113-132页。

[②] 胡咏梅,元静:《中国高校教师工资差距的实证研究》,《北京师范大学学报(社会科学版)》2021年第6期,第27-49页。

(二)城镇化水平

城镇化指第二、三次产业在城市集聚,农村人口向非农产业和城市不断转移,使城市数量增加、规模扩大,城市生产方式和生活方式向农村扩散,城市物质文明和精神文明向农村普及的经济、社会发展过程[①]。城镇化是经济发展的必然结果和动力源泉,也是人力资本提升的过程。Luisito Bertinelli(2004)利用100个国家30年的数据,以平均受教育年限为衡量标准,进行回归分析发现城市化每增加1%,人力资本会提升0.144个单位,因此认为城市化与人力资本之间存在正向关系[②]。吐尔孙古丽·玉苏普等(2021)通过实证研究发现,城市化处于低水平时,创新型人力资本不能有效促使甚至抑制区域发展质量的整体提升。随着城市化水平的不断上升并超过其门槛临界值时,有利于创新型人力资本的合理分布及其创造力作用的发挥,从而在一定程度上促进区域发展质量的提升[③]。薛阳(2022)通过实证研究发现,城镇化质量提升是促进人力资本高级化的重要因素[④]。城镇化通过促进劳动力流动而实现人口集聚,从而形成人力资本积累效应。人力资本的提升促进了要素资源跨部门流动从而实现要素资源的有效配置[⑤]。

城镇化伴随着产业升级,其带来的人力资本提升的要求也促进了高等教育的扩展。同时,城镇化需要教育规模的扩展与教育质量的提高,这对教育资源的使用效率提出了更高的要求,也会促进教育资源配置机制的变革[⑥]。城镇化发展为高校发展提供必要的物质条件,并影响高校的定位与资源配置[⑦]。蔡亚奇(2015)通过实证分析得出城镇人口比重对高等学校人力资源配置水平的影响最大,两者呈正向相关的关系[⑧]。城镇化发展中迫切需要地方高校明确自身办学定位,不仅要采取与当地城镇化水平相协调的资源配置机制和改革措施,培养城镇化建设所需要的创新型和应用型高素质人才,而且要充分发挥在技术积累、创新以及文化传承

[①] 简新华,黄锟:《中国城镇化水平和速度的实证分析与前景预测》,《经济研究》2010年第3期,第28-39页。

[②] Bertinelli L, Black D: Urbanization and growth, Journal of Urban Economics, 2004, 56(1), pp.80-96.

[③] 吐尔孙古丽·玉苏普,侯建,陈建成:《创新型人力资本对区域发展质量的城市化异质门槛效应研究》,《科技与管理》2021年第5期,第12-21页。

[④] 薛阳,秦金山,李曼竹等:《人力资本、高技术产业集聚与城镇化质量提升》,《科学学研究》2022年第6期,第1014—1023,1053页。

[⑤] 刘富华,梁牧:《新型城镇化、人力资本与产业结构升级——基于人口老龄化的调节效应》,《湖南师范大学社会科学学报》2021年第6期,第46-55页。

[⑥] 赖德胜,郑勤华:《当代中国的城市化与教育发展》,《北京师范大学学报(社会科学版)》2005年第5期,第27-35页。

[⑦] 石伟平,陆俊杰:《城镇化市民化进程中我国城乡统筹发展职业教育策略研究》,《西南大学学报(社会科学版)》2013年第4期,第53-63页。

[⑧] 蔡亚奇:《区域高等学校人力资源配置水平评价及其影响因素的研究》,硕士学位论文,苏州大学,2015年,第65页。

等方面的作用。与此同时,随着城镇化进程加速,我国逐渐形成了各个地区的城市群,比如西部地区以重庆、成都为中心的西南城市群和以陕西、兰州为中心的西北城市群。高等教育资源更多地集聚在中心城市,逐步形成了区域高等教育中心,有益于提升中心城市高等教育的势力,区域城镇化进程推动着高等教育资源布局结构的改变和优化[①]。随着城市人口规模的不断扩大和城镇化的高质量发展,当中心城市发展到一定规模时,其周边中小城市的潜力会逐步得到发挥,一定区域范围内可能形成多个中心城市,再进一步发展,省区内部会出现多个高等教育中心,区域高等教育资源会形成新的配置格局,人力资源等要素包括高校教师资源也会发生相应流动和重新配置,这也将对区域教师资源的分布和配置效率带来直接影响。综上,研究中将衡量城镇化水平的指标——城镇化率(年末城镇人口占总人口的比例)作为解释变量,来分析其对教师资源配置均衡性和效率的影响。

综合以上分析,针对城镇化水平对西部地方高校教师资源配置均衡性和效率的影响,分别作出假设5和假设6。

假设5:城镇化水平(F3)对西部地方高校教师资源配置的均衡性有负向影响。

假设6:城镇化水平(F3)对西部地方高校教师资源配置效率具有正向作用。

(三)市场化程度

市场化的发展与逐渐完善,使更多的市场机制参与到社会事务的管理中来,社会资源的配置开始处于新的社会环境中。人力资源的流动与竞争都开始随着市场机制的参与不断地发展变化。市场在更大范围参与人力资源的配置,它不仅影响配置方式的变化,还促进了人力资源配置环境的变革。市场对人力资源供求关系变化的反映,成为人力资源配置最为重要的基础和前提,而作为配置人力资源的重要手段,市场所发挥的作用越来越大[②]。市场化进程可以在一定程度上促进人力资源的自由流动,市场化程度的异质性造成各区域的人力资源配置效率不同。一般来说,市场化程度越高,价格机制和竞争机制作用就会发挥得越充分,人力资源可以配置的范围就越宽广,人力资源配置相对更有效,即市场化进程会提高人力资源配置效率。

对于高校教师资源而言,随着市场化的不断发展,市场对教师资源供求关系的反应也更加敏锐和准确,一方面会促进教师资源在区域间和高校间的流动;另一方面,教师资源供求关系的变化已经超出了政府调控和分配的能力范畴,为了更加有效地配置教师资源,需要增加市场配置资源的权力。因此,市场化程度会促进教师资源的流动和市场机制在教师资源配置作用的发挥。区域市场化程度的不同也在一定程度上影响区域教师资源配置的空间格局和效率。由于市场化进程会涉及经

[①] 高文兵,郝书辰,等:《中国高等教育资源分布与协调发展研究》,北京:高等教育出版社2008年版,第221-222页。

[②] 刘国瑞:《区域教育发展战略规划创新研究》,沈阳:辽宁人民出版社2014年版,第78页。

济、社会、法律等多方面变革,本研究选取市场化总指数评分这一指标作为测量市场化发展水平和程度的代理变量,该指数由政府与市场的关系、非国有经济的发展、产品市场的发育程度、要素市场的发育程度和市场中介组织的发育以及法治环境设计5个方面的指数构成,总指数评分分值越高,表示市场化程度越高[1]。将市场化总指数评分作为解释变量以考察市场化程度对西部地方高校教师资源配置的影响。

综合以上分析,针对市场化程度对西部地方高校教师资源配置均衡性和效率的影响,分别作出假设7和假设8。

假设7:市场化程度(F4)对西部地方高校教师资源配置的均衡性具有负向影响。

假设8:市场化程度(F4)对西部地方高校教师资源配置效率具有正向作用。

(四)区域高等教育学生规模

市场的供求关系决定着区域高等教育规模,促进高等教育资源的合理有效配置[2]。一般情况下,区域高等教育学生规模越大,高等教育发展就越需要更多的教育资源,但在地方财政收入和支出刚性约束下,地方政府只能通过减少生均教育经费来满足学生规模增大带来的教育经费增长的需求。鲍威(2009)通过实证分析验证了高等教育规模扩张对生均预算内支出的提升有显著的抑制作用,认为盲目扩大高校招生规模不能有效提升院校的资源筹措能力[3]。高耀(2021)也通过实证分析发现高等教育学生规模对我国高等教育生均经费产生了负向作用,认为区域高等教育学生规模与其资源配置存在负向关系[4]。

缩减高等教育发展规模会抑制其教育资源的充分利用,影响高校办学效益[5]。但高等教育规模扩张会对生均教育资源产生影响[6]。当学生规模扩大时,高校需要相应增加教师、校舍、图书、教学和科研设施、设备等教育资源,以保证学校的正常运行。如果在保证生均占有资源不变的情况下,适当地扩大高校办学规模可以提升教育资源的投入质量。此时高校可以提供更多的课程和供教学科研和实验使用的仪器设备,实现更多的教育功能,从而提高人力和物力资源的配置和利用效

---

[1] 王小鲁,胡李鹏,樊纲:《中国分省份市场化指数报告(2021)》,北京:社会科学文献出版社2021年版,第50,223-225页。

[2] 李锦奇:《区域高等教育结构调整的理论基础和实践路径》,《中国高等教育》2010年第2期,第56-58页。

[3] 鲍威,刘艳辉:《公平视角下我国高等教育资源配置的区域间差异》,《教育发展研究》2009年第23期,第37-43页。

[4] 高耀,乔文琦:《我国高等教育生均经费的区域差异及影响因素研究》,《黑龙江高教研究》2021年第9期,第45-50页。

[5] 周浩波,王少媛:《区域高等教育的规模控制与结构优化》,沈阳:辽宁人民出版社2014年版,第12页。

[6] 张奎明:《我国高等教育规模与资源状况分析》,《高等工程教育研究》2004年第2期,第33-36页。

率。当然,当规模超过一定范围时,生均教育成本会增加,此时有限的教育资源如果得不到有效配置,就有可能造成教学和科研产出质量下降等问题,从而导致高等教育资源(包括教师资源)配置结构不合理和效率的降低。考虑到研究的地方高校学生主要包括本科生和研究生,同时,由于不同层次高校毕业生的教育回报率和生均成本的差异,政府对不同层次的高校在校生采取不同的财政拨款标准,影响着高校的教育经费和资源总量,故本研究采用普通高校在校本科生和研究生总数作为衡量区域高等教育学生规模的指标,从而进一步探讨其对西部省区地方高校教师资源配置的影响。

综合以上分析,针对区域高等教育学生规模对西部地方高校教师资源配置均衡性和效率的影响,分别作出假设9和假设10。

假设9:区域高等教育学生规模(F5)对西部地方高校教师资源配置均衡性具有负向影响。

假设10:区域高等教育学生规模(F5)对西部地方高校教师资源配置效率具有正向作用。

二、地方政府高等教育的财政投入

政府的财政投入是我国高等教育经费的重要组成部分,高等教育在政府教育财政预算中的位置决定了其获得的公共资源水平。大量研究表明,不同地区的高等教育财政投入存在显著差异[1]。有实证研究发现,从高等教育经费的结构层面,地区间高等教育经费差异主要是由预算内教育(事业性)经费差异造成的[2]。不同类型和层次高校间的合理差距,应该建立在政府公共教育财政配置公平的基础上,即提供所有高校基本运转和教学功能达成的财政保障,例如预算内生均教育事业拨款差距不能太大[3]。叶杰(2016)认为缩小生均高等教育事业人员经费的省际差异对促进高校人力资源省际均衡性具有重要意义[4]。

另外,朱青(2017)通过实证分析发现高等教育资源配置结构、生均教育经费指数均对高等教育综合效率表现出较显著的正向作用[5]。方超(2019)实证验证了政府与市场两大主体对高等教育的投入均能够提高资源配置的效率,即无论是增加公共部门高等教育投入还是私人高等教育投入,均能够提升高等教育产出[6]。除

---

[1] 鲍威,刘艳辉:《我国高等教育资源配置差异影响因素的多层线性模型分析》,《教育发展研究》2011年第19期,第1-7页。
[2] 刘亮:《中国地区间高等教育经费差异的因素分解》,《统计与决策》2007年第11期,第94-96页。
[3] 鲍威,刘艳辉:《公平视角下我国高等教育资源配置的区域间差异》,《教育发展研究》2009年第23期,第37-43页。
[4] 叶杰:《我国高校人力资源的省际差异及其变化趋势》,《高等教育研究》2016年第1期,第30-39页。
[5] 朱青:《高等教育效率评价及影响因素研究》,硕士学位论文,西南大学,2017年。
[6] 方超,黄斌:《我国高等教育经费投入的资源配置效率评价——基于空间计量经济学的实证检验》,《重庆高教研究》2019年第5期,第91-103页。

此,杨伊(2021)认为政府增加高教经费投入,可以吸引人才的聚集,促使本地区人力资本结构升级,增加高级人力资本的存量,从而使社会技术创新水平和物质资本的产出效率得以提升[①]。

由于地方高校在获取非财政教育性教育经费能力上的不足,地方政府的教育财政供给能力便直接影响着地方高校教育资源(包括教师资源)的投入和区域人力资本(包括教师人力资本)的存量,进而影响高等教育产出和效率。考虑到高等学校生均投入是衡量高等教育投入质量的重要指标之一,从教育经费比较角度来说,生均经费比较更能客观地反映教育投入的质量和水平[②]。同时,由于区域间高等教育生均公共财政预算支出的差距是政府重视程度和区域经济发展水平等差距的表现[③]。因此,本书选取能体现地方政府努力程度的"地方普通高等本科学校生均一般公共预算教育事业费支出"[④]指标,来考察西部省区地方政府对地方普通本科院校的生均财政投入差异情况。

综合以上分析,本书对地方高等教育财政投入对西部地方高校教师资源配置均衡性和效率的影响,分别作出假设 11 和假设 12。

假设 11:地方高等教育财政投入(F6)对西部地方高校教师资源配置均衡性具有负向影响。

假设 12:地方高等教育财政投入(F6)对西部地方高校教师资源配置效率具有正向作用。

三、高等学校的财力和物力资源

从微观视角来看,高校是教师资源配置的主体。一方面,高校教师要顺利地完成教学、科研和社会服务等各项任务,需要高校提供一系列财力和物力等资源支持。另一方面,高校教师资源的优化配置就是优化教师资源的空间关系。其中第一层次是调整与改善教师资源与物质资源的空间关系,即根据专业、学生的特点和要求配置教师,以教师岗位为基础,促进能岗配置[⑤]。教师资源虽然作为配置客体但具有能动性,财力和物力资源只有与教师资源合理组合和配合使用,才能为实现能岗配置奠定基础,从而使学校系统保持稳定和谐的状态,并获得最佳发展的产出效果。

---

① 杨伊,胡俊男等:《高等教育投入、人力资本结构对区域经济增长影响的外溢性研究》,《黑龙江高教研究》2021年第9期,第36-44页。

② 黄永林:《1993—2018年普通高校教育经费投入的深度分析》,《教育财会研究》2020年第6期,第7-23页。

③ 张海水:《高等教育公共财政资源政府配置差异分析》,《教育学术月刊》2014年第1期,第25-31页。

④ 注释:由于我国自2017年开始,将"生均公共财政预算教育事业费"修改为"生均一般公共预算教育事业费",本书采用此叫法。

⑤ 刘宁:《高校人力资源管理与创新发展研究》,长春:吉林出版集团股份有限公司2019年版,第190页。

教师资源的建设,尤其是学科带头人、高层次人才的引进和教学科研团队的培养都需要大量资金的支持,此外,用于教学和科研及学科建设的实验室、课堂教学设施、辅助教学设施、图书馆、办公教学用房等各类设施设备都需要不断投入资金才能得到保障。因此,高校的财力资源是教师资源优化配置的基础。随着市场化的不断深入,经费来源构成状况对高校的行为产生了显著的影响[①]。高校经费的投入水平与配置结构合理与否,决定着教学活动及科研项目能否顺利开展。一方面,高校如果可以将教育经费与教师资源等其他资源最大程度地合理使用,对高校的办学效益和教育产出会起到很大的促进作用。另一方面,在资源配置方式上,教育事业费投入比例越大,在一定程度上对产出的正向作用越大[②]。高校资源配置行为除了受到不同经费来源和投入水平的制约,还受到一定制度环境下利益结构的制约。在有限的经费总量下,经费配置决策中高校和教师对教学与科研重视程度的不同往往影响着经费的配置方向和方式,这必然导致不同的经费使用效率,并影响着教师资源的配置效率和高校的教育产出。周海涛(2014)通过调查研究发现,教师对高校内部资源满意度对其总体的工作满意度有较大影响,并认为合理配置教学资源、科研资源、基础资源等可以提高教师的工作质量和效率[③]。除此以外,一定的教师资源投入下,为了得到更多的教育产出,与教师资源配合使用的物力资源越节约,教师资源配置和利用的效率也越高。

综上,为了分析西部地方高校财力和物力资源对教师资源配置的影响,考虑到地方高校的主要功能是为区域经济社会发展培养所需的高层次人才(以本科为主),书中选取生均本科教学日常运行支出[④]和生均教学科研仪器设备值[⑤]来衡量高校财力资源水平的指标,把生均教学行政用房面积和生均纸质图书册数作为高校物力资源水平的衡量指标。

综合以上分析,针对区域高等教育学生规模对西部地方高校教师资源配置均衡性和效率的影响,分别作出假设13~16。

假设13:西部地方高校财力资源的均衡性(F7)对教师资源配置均衡性具有负向影响。

---

① 顾远飞:《市场化背景下我国公立大学的经费来源及其行为研究》,《高等工程教育研究》2011年第2期,第104-108页。

② 李航、李成明等:《"双一流"背景下地区高等教育效率的驱动因素——基于DEA-Tobit模型的实证分析》,《技术经济与管理研究》2018年第12期,第108-112页。

③ 周海涛、李虔:《大学教师对内部资源满意水平及其影响因素的个案分析》,《高等工程教育研究》2014年第3期,第172-176页。

④ 该指标计算方法参照《教育部办公厅关于开展普通高等学校本科教学工作合格评估的通知》(教高厅〔2011〕2号)中附件2"普通高等学校本科教学工作合格评估指标和基本要求(试行)"中的说明,本科教学日常运行支出指学校开展普通本专科教学活动及其辅助活动发生的支出,仅指教学基本支出中的商品和服务支出(不含教学专项拨款支出)。

⑤ 该指标计算方法参照《普通高等学校基本办学条件指标(试行)》(〔2004〕2号),生均教学科研仪器设备值=教学科研仪器设备资产总值/折合在校生数。

假设14：西部地方高校财力资源水平（F7）对教师资源配置效率具有正向作用。

假设15：西部地方高校物力资源的均衡性（F8）对教师资源配置均衡性具有正向作用。

假设16：西部地方高校物力资源水平（F8）对教师资源配置效率具有负向影响。

第二节　影响西部地方高校教师资源配置均衡性的因素

一、面板Tobit模型设定和数据说明

本节以第三章分析的生师比泰尔指数、正高级职称教师数泰尔指数和博士学历教师数泰尔指数为基础，探讨影响西部地方高校教师资源配置均衡性的因素。第三章计算得到三个指标的泰尔指数值均在0和1之间，相当于观测值删失了指数小于0和大于1的数据。由于存在受限被解释变量，如果采用最小二乘法估计会产生不一致参数估计值的缺陷。而Tobit模型可以用于解决"删失/受限被解释变量"这种问题，故本书中采用如下的面板Tobit模型进行分析：

$$y_{it}^* = \beta_0 + x_{it}'\beta + c_i + \gamma_t + u_{it} \tag{5.1}$$

$$y_{it} = \begin{cases} y_{it}^*, & y_{it}^* \in [0,1] \\ 0, & y_{it}^* \in (-\infty, 0) \\ 1, & y_{it}^* \in (1, +\infty) \end{cases} \tag{5.2}$$

其中，y_{it}为西部省区i第t年的地方高校生师比、正高级职称教师数和博士学历教师数的泰尔指数，在这里引入潜变量y_{it}^*，实际观测变量y_{it}是潜变量y_{it}^*的非线性函数，两者的关系由式5.2给出。x_{it}为解释变量，即高校教师资源配置均衡性的影响因素，主要包含生均本科教学日常运行支出泰尔指数、生均教学科研仪器设备值泰尔指数、生均教学行政用房面积泰尔指数、生均纸质图书册数泰尔指数、人均地区生产总值、城镇化率、市场化总指数评分、城镇国有单位就业人员平均工资、地方普通高等本科学校生均一般公共预算教育事业费支出和普通高校本科生与研究生在校生人数总和。c_i为个体效应，包含了不可观测的不随时间变化的高校特征，比如高校的地理位置、历史和文化等，并假定$c_i \sim N(0,\sigma_c^2)$。γ_t为时间效应，模型中加入年份虚拟变量来表示。u_{it}为随机误差项，假定$u_{it} \sim N(0,\sigma_u^2)$。$c_i + u_{it}$作为混合误差，定义$\rho = \sigma_c^2/(\sigma_c^2 + \sigma_u^2)$，该式体现个体特征在混合误差中所占的比重。当$\rho$越大时，表明个体效应越强。

面板数据中，如果不考虑个体效应，即把混合误差视作一个整体，则称之为混合效应。个体效应分为随机效应和固定效应。随机效应假定个体效应与解释变量不相关，即解释变量是外生的；固定效应允许个体效应与解释变量相关，即解释变

量是内生的。与实验数据不同,观测数据中往往存在很多不可观测的混淆变量,导致个体效应与解释变量相关。比如,不同地区的历史、文化、地理位置等因素既影响了教师资源配置的均衡性,又影响了工资、学生数量等解释变量,导致解释变量的内生性问题。也正因如此,固定效应模型比随机效应模型更吻合现实情况。固定效应估计是比较稳健的估计方法。在线性面板模型中,可以通过差分或组内离差消除个体效应来解决由个体效应导致的内生性问题,但上述 Tobit 模型由于其非线性特征不能消除掉个体效应,因此 Tobit 模型自然不存在传统意义上的固定效应。但为了放松随机效应模型中的严格外生性假定,本书采用相关的随机效应模型,即假定个体效应是解释变量组均值的函数

$$c_i = a_0 + \overline{x}_i \alpha + v_i \tag{5.3}$$

其中,v_i 与解释变量不相关。将式 5.3 代入式 5.1,得到

$$y_{it}^* = (\beta_0 + a_0) + x_{it}'\beta + \overline{x}_i \alpha + v_i + \gamma_t + u_{it} \tag{5.4}$$

模型中 v_i 为新的个体效应,满足随机效应假定。也就是说,相关的随机效应是在模型中加入所有解释变量的组均值的随机效应模型。

依据第三章对西部地方高校教师资源配置均衡性分析中 2014—2017 年高校生师比泰尔指数、正高级职称教师数泰尔指数和博士学历教师数泰尔指数的结果,并对各变量进行描述性统计分析,结果如表 5-1 所示。可以看到,被解释变量所涉及的三个指标的泰尔指数分布在[0,1]区间内,适合采用面板 Tobit 模型。博士学历教师数的泰尔指数标准差最大,表明差异最大。考虑到地方高校内部财力和物力资源情况会对教师资源的配置和使用产生影响,本书还从样本高校的《本科教学质量报告》中获取了生均本科教学日常运行支出、生均教学行政用房面积、生均教学科研仪器设备值和生均纸质图书册数四个指标的统计数据,并计算了 4 个指标的泰尔指数,旨在分析西部地方高校财力和物力资源的差异对教师资源配置差异的影响。另外,考虑到区域经济社会发展、地方高等教育财政投入和区域高等教育学生规模等对地方高校教师资源配置的影响,解释变量选择了人均地区生产总值、城镇化率、市场化总指数评分、城镇国有单位就业人员平均工资、地方普通高等本科学校生均一般公共预算教育事业费支出和普通高校在校本科生和研究生总人数 6 个宏观指标。其中市场化总指数评分来自《中国分省份市场化指数报告(2021)》,其他 5 个指标数据来自《中国统计年鉴(2015—2018)》《中国教育统计年鉴(2014—2017)》《中国教育经费统计年鉴(2015—2018)》和国家统计局网站并经整理得到。

表 5-1 西部地方高校教师资源配置均衡性及影响因素指标的描述性统计结果

变量名	观测数	均值	标准差	最小值	最大值
生师比泰尔指数	44	0.0320	0.0430	0	0.1610
正高级职称教师数泰尔指数	44	0.2070	0.1110	0	0.5040

续表

变量名	观测数	均值	标准差	最小值	最大值
博士学历教师数泰尔指数	44	0.3940	0.1910	0	0.8630
生均本科教学日常运行支出泰尔指数 F7	30	0.0022	0.0013	0.0004	0.0053
生均教学科研仪器设备值泰尔指数 F7	29	0.0308	0.0514	0.0004	0.1595
生均教学行政用房面积泰尔指数 F8	31	0.0099	0.0231	0.0003	0.1313
生均纸质图书册数泰尔指数 F8	32	0.0050	0.0192	0.0005	0.1097
ln(人均地区生产总值) F1	48	10.6070	0.2750	10.1720	11.1850
ln(城镇国有单位就业人员平均工资) F2	48	11.1110	0.2010	10.7380	11.6660
城镇化率 F3	48	0.4900	0.0890	0.2580	0.6410
市场化总指数评分 F4	48	4.8930	1.6780	0.7100	8.1500
ln(普通高校在校本科生和研究生总人数) F5	48	12.3600	1.1020	10.0680	13.8040
ln(地方普通高等本科学校生均一般公共预算教育事业费支出) F6	48	9.8200	0.2850	9.4290	10.4740

根据第三章计算出的三个指标的泰尔指数值以及影响因素的指标值,书中依次将生师比泰尔指数、正高级职称教师数泰尔指数和博士学历教师数泰尔指数作为被解释变量,表 5-1 中呈现的各影响因素作为解释变量,采用 Stata 16 软件进行回归分析,并分别估计出混合 Tobit 模型、随机效应模型和相关随机效应模型的参数,具体结果见表 5-2、表 5-3 和表 5-4。剔除部分缺失值,样本包含了除西藏、宁夏和青海以外的 9 个省区的 2014—2017 年的宏观面板数据,共 26 个观测值。

二、西部地方高校教师资源数量配置均衡性的影响因素

如表 5-2 所示,从回归后的结果可以看出,不同因素对西部地方高校生师比的均衡性影响是不同的。对比第二列和第三列,所得结果几乎相同,说明在宏观数据层次上个体效应对于生师比泰尔指数的影响并不明显,个体效应的表现可能在与解释变量的共同作用下才能显现出来。从第四列高校内部财力和物力资源相关指标的影响来看,生均本科教学日常运行支出的泰尔指数对于生师比泰尔指数的影响在 1‰ 的统计水平上显著为负,说明生均本科教学日常运行支出的差距越大,生师比的差异反而越小越均衡。究其原因,一方面,结合第三章西部省区间和省区内地方高校教师资源配置差异的变化特征分析结果,2014—2017 年西部地方高校生师比差异都相对较小,说明在教育部设定的高校生师比标准下,尽管西部地方高校生均本科教学日常运行支出的差距较大,但绝大多数地方高校较重视从教师资源基本数量上进行统筹调整,故生师比的差距不大。另一方面,由于西部地方高校之间的办学实力存在一定的差距,发展较好的高校一般能得到更多的教育资源,对其本科教育的投入也相对更多,办学规模也较大;而办学实力薄弱的地方高校因生源

和教育资源有限,学生规模也往往不大。因此,综合来看,西部地方高校生师比差距不会过大。生均教学科研仪器设备值的泰尔指数和生均纸质图书册数的泰尔指数对于生师比泰尔指数的影响也在1%的统计水平上显著为负,其结果的解释与本科教学日常运行支出结果的解释类似。生均教学行政用房面积的泰尔指数对于生师比泰尔指数的影响在1%的统计水平上显著为正,这说明高校教学行政用房面积差异越大,生师比的差异也越大。主要原因是拥有行政用房面积越大,意味着高校的办公和教学条件越好,也更容易在引进教师时占据优势,从而影响高校教师资源的数量分布。

表 5-2 西部地方高校生师比泰尔指数影响因素的 Tobit 回归结果

变量名	混合 Tobit	随机效应	相关随机效应
生均本科教学日常运行支出泰尔指数	4.570 (6.061)	4.570 (6.061)	−12.340*** (2.288)
生均教学科研仪器设备值泰尔指数	−0.210 (0.182)	−0.210 (0.182)	−0.267*** (0.081)
生均教学行政用房面积泰尔指数	−1.917 (1.572)	−1.917 (1.572)	8.302*** (0.998)
生均纸质图书册数泰尔指数	2.782 (6.077)	2.782 (6.077)	−18.050*** (2.866)
ln(人均地区生产总值)	−0.165 (0.132)	−0.165 (0.132)	0.864*** (0.078)
ln(城镇国有单位就业人员平均工资)	0.157 (0.101)	0.157 (0.101)	−0.963*** (0.111)
城镇化率	1.011 (0.585)	1.011 (0.585)	−7.807*** (1.111)
市场化总指数评分	0.002 (0.014)	0.002 (0.014)	0.035*** (0.010)
ln(普通高校在校本科生和研究生总数)	−0.0453 (0.038)	−0.045 (0.038)	0.665*** (0.171)
ln(地方普通高等本科学校生均一般公共预算教育事业费支出)	−0.051 (0.102)	−0.051 (0.102)	0.596*** (0.084)
常数项	0.612 (1.613)	0.612 (1.613)	0.340 (5.209)
样本量	26	26	26

注:*、**、*** 分别表示在10%、5%和1%的检验水平上显著,括号内的数值为标准差,后同。

从区域经济社会发展和地区高校规模相关指标的影响来看,人均地区生产总值和市场化总指数评分对西部地方高校生师比泰尔指数有显著的正向影响。人均地区生产总值和市场化总指数评分代表着地区的经济发展水平,其水平越好,地方政府的财政收入水平也会越高,说明其在未来的发展中更具备优势,也更容易吸引和集聚人才。由于西部地区的经济发展呈现出不平衡发展格局,教师资源在一些核心城市的集聚也加剧了高校教师数量分布的不均衡。地方普通高等本科学校生均一般公共预算教育事业费支出在1%的统计水平上对生师比泰尔指数有显著的正向影响。该项支出越高,说明政府对地方高校发展的重视和支持程度越高,地方高校可以获得更多的财政投入用于人员经费和公用经费,在吸纳人才时会具有更多的优势,这也加剧了专任教师数分布不均的现象。普通高校在校本科生和研究生总数对生师比泰尔指数的影响在1%的水平上显著为正,说明区域高校的规模越大,拥有的在校生人数越多,对专任教师的需求越大。由于省会或中心城市和一些高水平地方综合大学往往聚集大量的高校教师,这也导致专任教师数量分布上的不均衡。

从表5-2中相关随机效应模型的回归结果可以看出,城镇化率对于生师比的泰尔指数有显著的负向影响,说明区域城镇化率的提高,会促进教师资源数量的均衡配置。城镇化率是城镇化水平的重要测量指标,这一指标更能真实地反映地区教育资源分配状况、个体获取教育资源可能性以及地区现代化水平的高低[①]。当前阶段,随着西部地区城镇数量增加和规模的不断扩大,更加需要高校在人力资本和技术积累以及文化传承创新等方面发挥重要作用,西部地方高校成为区域城镇化发展的重要引擎。同时城镇化进程也推动着高等教育资源从中心城市向中小城市流动,进一步拓宽和加强了人力资本与高级经济形态的紧密联系,从而有利于扭转高校专任教师数量分布不均衡的局面。同时,城镇国有单位就业人员平均工资对生师比的泰尔指数有显著的负向影响,国有单位就业人员的平均工资可以在一定程度上反映出一定时期国有单位职工工资收入的高低,该指标越高,说明西部地区高校教师的平均工资水平越高,这在很大程度上改善了专任教师分布不均的情况。

三、西部地方高校教师资源质量配置均衡性的影响因素

(一)影响正高级职称教师数量配置均衡性的因素分析

正高级职称教师数泰尔指数的回归结果如表5-3所示,对比三列的结果可以看出,个体效应在宏观层次上的表现并不明显,采用不同模型的结果在符号上相同,即相同的解释变量对于正高级职称教师数泰尔指数的显著影响在不同模型下的影响方向是一致的。生均教学科研仪器设备值泰尔指数对于正高级职称教师数

---

① 时昱,余鸿飞:《地区发展与高等教育获得的性别差异——基于全国12所高校调查数据的分析发现》,《大学教育科学》2021年第6期,第28-40页。

配置差异的影响在1%的统计水平上显著为负,说明高校教学科研仪器设备值差异越小,各高校正高级职称教师数量配置差异会变大。职称实质上扮演着学术鉴定分级和资源配置的双重角色,高校教师职称结构隐含着学术权力分级,会影响高校内外部资源的配置和掌握资源的多少[①]。职称所能配置的资源不仅包括工资待遇和社会福利等,也包括各种学术资源。高水平教师队伍是实现教育资源有效配置的关键路径,正高级职称教师作为高校资源获取的主体,只有在相对充足的教学和科研条件下才能获得经费和课题等方面的优势。在高校内部资源有限的条件下,正高级职称教师过多,也意味着高校内部存在更多的竞争。因此,有限的教学科研仪器设备等资源分布越均衡,反而影响西部地区部分高水平地方高校内部资源的分配和组合,一定程度上使得正高级职称教师数量的配置差异变大。生均教学行政用房面积泰尔指数对西部地方高校正高级职称教师数泰尔指数有显著的正向影响,这种影响的显著性相对于整个专任教师队伍被放大了。这意味着高校提供的教学和办公条件越好,差异越小,越容易稳定正高级职称教师,从而促使正高级职称教师的数量分布差距逐渐缩小。

表5-3 西部地方高校正高级职称教师数泰尔指数影响因素的Tobit回归结果

变量名	混合Tobit	随机效应	相关随机效应
生均本科教学日常运行支出泰尔指数	−3.926	−3.926	4.058
	(11.080)	(11.080)	(8.874)
生均教学科研仪器设备值泰尔指数	−1.026***	−1.026***	−0.521*
	(0.333)	(0.333)	(0.312)
生均教学行政用房面积泰尔指数	10.51***	10.510***	8.878**
	(2.874)	(2.874)	(3.870)
生均纸质图书册数泰尔指数	0.182	0.182	−5.308
	(11.110)	(11.110)	(11.110)
ln(人均地区生产总值)	0.518**	0.518**	−0.355
	(0.240)	(0.240)	(0.302)
ln(城镇国有单位就业人员平均工资)	−0.312	−0.312*	−0.726*
	(0.185)	(0.185)	(0.430)
城镇化率	−2.840**	−2.840***	4.627
	(1.070)	(1.070)	(4.310)
市场化总指数评分	0.002	0.002	−0.005
	(0.025)	(0.025)	(0.037)

---

① 陈文博,杨文杰:《怎样的大学教师职称结构有助于获取学术资源及提升产出》,《中国高教研究》2022年第2期,第48-54页。

续表

变量名	混合 Tobit	随机效应	相关随机效应
ln(普通高校在校本科生和研究生总数)	-0.058	-0.058	-0.029
	(0.069)	(0.069)	(0.663)
ln(地方普通高等本科学校生均一般公共预算教育事业费支出)	0.247	0.247	0.431
	(0.186)	(0.186)	(0.327)
常数项	-2.036	-2.036	-0.612
	(2.949)	(2.949)	(20.200)
样本量	26	26	26

另外，从混合 Tobit 和随机效应模型的回归结果可以看到，人均地区生产总值在5%的统计水平对正高级职称教师数泰尔指数有显著的正向影响。由于西部地区内部经济基础、历史因素、地理位置、资源禀赋、民族文化和区域政策等因素的影响，分省区内部和省区间也存在着明显的经济差距[①]。因此，正高级职称教师这类高层次人才会向部分经济较发达省区集聚，也使得这类高层次人才数量分布的区域差距逐渐扩大。同时，城镇化率对正高级职称教师数泰尔指数的影响在1%的统计水平上显著为负，说明城镇化水平的提高有利于吸引和稳定正高级职称的教师，促使高层次人才分布差距的缩小。另外，城镇国有单位就业人员的平均工资在10%的统计水平上对正高级职称教师数泰尔指数有显著的负向影响，也说明西部地区高校教师薪资水平越高，正高级职称教师数量分布越趋于相对均衡。

（二）影响博士学历教师数量配置均衡性的因素分析

如表5-4所示，从回归后的结果可以看出，生均教学科研仪器设备值泰尔指数在1%的统计水平上对博士学历教师数泰尔指数呈现显著的负向影响，与正高级职称教师数泰尔指数的影响的解释类似。拥有博士学历的教师作为高水平师资队伍的主体，其学术资源和科研能力相对更强，对学校科研成果数量和质量的贡献更大。在高校内部教学和科研等物力和财力资源有限的情况下，博士学历教师需要通过努力竞争获得更多的资源以取得更丰富和更高质量的学术成果。因此，高校间用于教学科研的仪器设备等资源差距越小，反而影响部分高水平地方高校内部资源的分配和组合，也会促使博士学历教师数量的配置差距变大。生均教学行政用房面积泰尔指数对于博士学历教师数泰尔指数的影响在1%的统计水平上显著为正，同样意味着地方高校提供的教学和办公条件越好，高校间的差异越小，也更容易稳定博士学历教师，从而促使其数量配置差距趋于缩小。

---

① 高志刚，张毅：《区域经济差距对西部地区经济高质量发展的影响研究》，《宁夏社会科学》2021年第1期，第99-110页。

表 5-4　西部地方高校博士学历教师数泰尔指数影响因素的 Tobit 回归结果

变量名	混合 Tobit	随机效应	相关随机效应
生均本科教学日常运行支出泰尔指数	−16.880 (15.740)	−16.880 (15.740)	8.660 (9.952)
生均教学科研仪器设备值泰尔指数	−0.845* (0.473)	−0.845* (0.473)	−1.026*** (0.350)
生均教学行政用房面积泰尔指数	26.400*** (4.083)	26.400*** (4.083)	15.450*** (4.340)
生均纸质图书册数泰尔指数	−1.838 (15.780)	−1.838 (15.780)	14.950 (12.460)
ln(人均地区生产总值)	0.511 (0.342)	0.511 (0.342)	0.0637 (0.339)
ln(城镇国有单位就业人员平均工资)	−0.795** (0.263)	−0.795*** (0.263)	−0.671 (0.483)
城镇化率	−2.913* (1.520)	−2.913* (1.520)	6.544 (4.833)
市场化总指数评分	−0.052 (0.036)	−0.052 (0.036)	−0.095** (0.042)
ln(普通高校在校本科生和研究生总人数)	0.054 (0.098)	0.054 (0.098)	−2.064*** (0.744)
ln(地方普通高等本科学校生均一般公共预算教育事业费支出)	−0.782** (0.265)	−0.782*** (0.265)	−0.590 (0.367)
常数项	12.210** (4.189)	12.210*** (4.189)	−67.830*** (22.650)
样本量	26	26	26

另外,从相关随机效应模型的回归结果可以看到,市场化总指数评分在5%的统计水平上对博士学历教师数泰尔指数有显著的负向影响。由于该评分可以较全面地反映出市场化程度,包括政府与市场的关系和要素市场的发育程度等。地区市场化程度的提高也意味着市场在资源配置中的作用在增强,要素市场包括人力资源市场的发育程度就越高。因此,在一定程度上能更好地促进教师的流动性,也有利于缩小地区间博士学历教师数量的配置差异。同时,可以看到,普通高校在校本科生和研究生总人数对博士学历教师数泰尔指数的影响在1%的统计水平上显著为负。这反映出在全国高校不断扩招的背景下,西部地方高校在校生数量和办学规模在逐步扩大,同时迫切需要扩大教师队伍的规模,不断增加具有博士学历的

教师数量,这也促使地方高校博士学历教师数量的配置差距逐渐缩小。

从混合 Tobit 和随机效应模型的回归结果可以看到,城镇国有单位就业人员平均工资和地方普通高等本科学校生均一般公共预算教育事业费支出在1‰的统计水平上对博士学历教师数泰尔指数有显著的负向影响。由于博士学位已逐渐成为公立本科高校认可的基本入职门槛[①],但西部地方本科院校具有博士学历的教师数量相对不足,对具有博士学历的新教师需求也一直很高,而高校新教师供给主体——博士毕业生在选择高校时仍将薪酬待遇作为关注的焦点。因此,地方对高等教育的支出和教师的薪资水平越高,才越能吸引和稳定博士学历的毕业生和教师,从而在一定程度上缩小了地方高校博士学历教师数量的配置差异。这也说明政府的财政拨款对于西部地区优质教师资源的配置和分布差距的调节起到至关重要的作用。

综上分析可知,高校的财政支出、教学和科研条件,以及地区的经济水平都会在不同程度上影响西部省区地方高校教师资源数量和质量上配置的均衡性。这也说明,总体上我国的经济建设还处于虹吸效应占据主导地位的阶段,高校教师资源更多地向经济发达地区聚集,经济欠发达的西部地区对人才的吸引力较低,人才流失严重,一定程度上造成教师资源区域配置的不均衡并且差异程度愈加严重。虽然各级政府都在努力解决这一问题,但这一问题不是短时间内可以解决的,仍需纳入西部高等教育发展的长期议题中。

四、西部地方高校教师资源配置均衡性影响因素的边际效应分析

边际效应体现了被解释变量如何随着解释变量的变化而变化。由于非线性模型中,估计系数并非边际效应,需要进行一定的转换。因此,在 Tobit 模型中,估计系数可以作为潜变量的边际效应,但无法直接作为被解释变量的边际效应。因此,表 5-5 展示了较为稳健的相关随机效应模型下的解释变量对三个指标泰尔指数的边际效应。第二列为解释变量对生师比泰尔指数无条件期望 $E(y_1)$ 的边际效应;第三列为解释变量对正高级职称教师数泰尔指数无条件期望 $E(y_2)$ 的边际效应;第四列为解释变量对博士学历教师数泰尔指数无条件期望 $E(y_3)$ 的边际效应。

表 5-5 西部地方高校教师资源配置均衡性影响因素的边际效应

变量名	生师比 $E(y_1)$	正高级职称教师数 $E(y_2)$	博士学历教师数 $E(y_3)$
生均本科教学日常运行支出泰尔指数	−11.170*** (2.159)	4.047 (8.853)	8.660 (9.952)

[①] 徐志平:《中国高校学术劳动力市场的供求结构研究》,博士学位论文,华中科技大学,2019,第 114 页。

续表

变量名	生师比 $E(y_1)$	正高级职称教师数 $E(y_2)$	博士学历教师数 $E(y_3)$
生均教学科研仪器设备值泰尔指数	−0.242*** (0.073)	−0.520 (0.311)	−1.026** (0.350)
生均教学行政用房面积泰尔指数	7.516*** (0.944)	8.856* (3.849)	15.450*** (4.340)
生均纸质图书册数泰尔指数	−16.350*** (2.631)	−5.294 (11.082)	14.950 (12.464)
ln(人均地区生产总值)	0.782*** (0.078)	−0.355 (0.302)	0.0637 (0.339)
ln(城镇国有单位就业人员平均工资)	−0.872*** (0.103)	−0.724 (0.429)	−0.671 (0.483)
城镇化率	−7.069** (1.058)	4.615 (4.302)	6.544 (4.833)
市场化总指数评分	0.031*** (0.009)	−0.00515 (0.037)	−0.0951* (0.041)
ln(普通高校在校本科生和研究生总人数)	0.602*** (0.156)	−0.0290 (0.662)	−2.064** (0.744)
ln(地方普通高等本科学校生均一般公共预算教育事业费支出)	0.539*** (0.078)	0.430 (0.326)	−0.590 (0.367)
样本量	26	26	26

由于模型中不同变量的形式和测度单位不同(比如有的采用了自然对数,有的变量为指数),对其系数的解释也不同。一般情况下,以解释变量的单位变量(即解释变量提高1个单位时)来考察被解释变量的变化幅度。但由于泰尔指数取值在0~1,按照传统的单位变化来解释是没有意义的。因此,研究中以0.01的变化来解释其边际效应。

如表5-5所示,对于所有样本高校整体而言,生均本科教学日常运行支出泰尔指数每提高0.01,生师比泰尔指数会降低0.112;生均教学科研仪器设备值泰尔指数每提高0.01,生师比泰尔指数会降低0.002;生均教学行政用房面积泰尔指数每提高0.01,生师比泰尔指数会增加0.075;生均纸质图书册数泰尔指数每提高0.01,生师比泰尔指数会降低0.164。人均地区生产总值每提高1%,生师比泰尔指数会增加0.008;城镇国有单位就业人员平均工资每提高1%,生师比泰尔指数会降低0.009;城镇化率每提高1%,生师比泰尔指数会降低0.071;市场化总指数评分每提高 1,生师比泰尔指数会增加 0.031;普通高校在校本科生和研究生总人数每提高 1%,生师比泰尔指数会增加 0.006;地方普通高等本科学校生均一般公共预算教育事业费支出每增加 1%,生师比泰尔指数会提高 0.005。从第三列的结果可以看出,生均教学行政用房面积泰尔指数每提高 0.01,正高级职称教师数泰尔指数会增加 0.089。从第四列的结果可以看出,生均教学科研仪器设备值泰尔指数每提高 0.01,博士学历教师数泰尔指数会降低 0.01;生均教学行政用房面积泰尔指数每提高 0.01,博士学历教师数泰尔指数会增加 0.15;市场化总指数评分每提高 1,博士学历教师数泰尔指数会降低 0.095;普通高校在校本科生和研究生总人数每提高 1%,博士学历教师数泰尔指数会降低 0.021。

综上可以看出,西部地方高校财力和物力资源、区域经济发展水平、城镇化水平、市场化程度、区域高等教育学生规模和地方政府高等教育财政投入等内外部影响因素对教师资源配置数量的均衡性有显著的影响,但边际效应的大小和影响方向有所不同。从教师资源配置质量均衡性的影响来看,地方高校的财力和物力资源、市场化程度和区域高等教育学生规模对其有显著的影响。

第三节 影响西部地方高校教师资源配置效率的因素

一、面板 Tobit 模型的设定

本节以第四章分析的西部地方高校教师资源配置的动态效率值为基础,探讨教师资源配置效率的影响因素。由于 Malmquist 指数值均大于 0,相当于观测值删失了指数小于 0 的数据,存在受限被解释变量,因此这里也采用面板 Tobit 模型进行分析:

$$y_{it}^* = \beta_0 + x_{it}'\beta + c_i + \gamma_t + u_{it} \quad (5.5)$$

$$y_{it} = \begin{cases} y_{it}^*, & y_{it}^* \in (0, +\infty) \\ 0, & y_{it}^* \in (-\infty, 0] \end{cases} \quad (5.6)$$

其中,y_{it} 为西部地方高校 i 第 t 年的教师资源配置效率,在这里引入潜变量 y_{it}^*,实际观测变量 y_{it} 是潜变量 y_{it}^* 的非线性函数,两者的关系由式 5.6 给出。x_{it} 为解释变量,即影响地方高校教师资源配置效率的因素,主要包含生均本科教学日常运行支出、生均教学科研仪器设备值、生均教学行政用房面积、生均纸质图书册数、人均地区生产总值、城镇国有单位就业人员平均工资、城镇化率、市场化总指数评分、普通高校本科生和研究生在校生总人数和地方普通高等本科学校生均一般公共预算教育事业费支出。c_i 为个体效应,包含了不可观测的不随时间变化的高校特征,比如高校的地理位置、历史和文化等,并假定 $c_i \sim N(0, \sigma_c^2)$。$\gamma_t$ 为时间效应,模型中加入年份虚拟变量来表示。u_{it} 为随机误差项,假定 $u_{it} \sim N(0, \sigma_u^2)$。$c_i + u_{it}$ 为混合

误差，定义 $\rho = \sigma_c^2/(\sigma_c^2 + \sigma_u^2)$，该式体现个体特征在混合误差中所占的比重。当 ρ 越大时，表明个体效应越强。

依据第四章对西部地方高校教师资源配置静态效率分析中 2014—2017 年 154 所高校的技术效率值和三个年度的 Malmquist 指数值，对其影响因素指标进行了统计分析，结果如表 5-6 所示。可以看出，西部地方高校教师资源配置的静态和动态效率几乎都高于 75%，标准差较小说明地方高校间教师资源配置效率并不存在过大的差距。Malmquist 指数的均值小于 1，说明大多数西部地方高校教师资源配置效率呈现下降趋势。从高校内部影响因素指标的描述性统计结果可以看出，西部地方高校在生均教学科研仪器设备值和生均本科教学日常运行支出方面存在着较大的差距，部分高校可以达到其他地方高校的数倍，也说明西部地方高校所提供的教学和科研条件还存在着相当大的差距。从地区经济指标的描述性统计结果可以看出，西部地区经济社会发展状况还较不平衡。人均地区生产总值和城镇国有单位就业人员平均工资存在一定的差距；城镇化程度普遍还比较低，与东部地区相比还有一定差距；西部省区间市场化总指数评分的差距较大，部分省区的指数评分甚至是个别省区的数倍，说明市场化发展水平和程度也较不平衡。另外，西部分省区间高校本科生和研究生总人数与生均一般公共预算教育事业费支出也存在不小的差距。

表 5-6 西部地方高校教师资源配置效率影响因素指标的描述性统计表

变量名	观测数	均值	标准差	最小值	最大值
技术效率值	331	0.971	0.039	0.784	1
Malmquist 指数值	462	0.994	0.055	0.787	1.281
ln(生均本科教学日常运行支出)	411	7.752	0.547	5.598	10.244
ln(生均教学科研仪器设备值)	396	9.010	1.556	−0.734	18.653
ln(生均教学行政用房面积)	422	2.678	0.360	−1.139	5.071
ln(生均纸质图书册数)	412	4.375	0.345	−0.105	5.945
ln(人均地区生产总值)	48	10.607	0.275	10.172	11.185
ln(城镇国有单位就业人员平均工资)	48	11.077	0.174	10.738	11.666
城镇化率	48	0.496	0.070	0.258	0.641
市场化总指数评分	48	5.477	1.320	0.710	8.150
ln(普通高校在校本科生和研究生总人数)	48	12.916	0.733	10.068	13.804
ln(地方普通高等本科学校生均一般公共预算教育事业费支出)	48	9.699	0.184	9.429	10.474

二、西部地方高校教师资源配置静态和动态效率影响因素的回归结果分析

(一)西部地方高校教师资源配置静态效率的影响因素

根据第四章计算出 2014—2017 年各样本高校教师资源配置的技术效率值以及相关影响因素的指标值,研究中将技术效率值作为被解释变量,表 5-6 中呈现的各影响因素作为解释变量,采用 Stata 16 软件进行回归分析,分别估计出混合 Tobit 模型、随机效应模型和相关随机效应模型的参数。

西部地方高校教师资源配置静态效率影响因素的回归结果如表 5-7 所示,可

表 5-7 西部地方高校教师资源配置静态效率影响因素的回归结果

变量名	混合 Tobit	随机效应	相关随机效应
ln(生均本科教学日常运行支出)	0.0326***	0.0250***	0.0233**
	(0.0083)	(0.0081)	(0.0110)
ln(生均教学科研仪器设备值)	0.0084	0.0039	0.0006
	(0.0130)	(0.0143)	(0.0155)
ln(生均教学行政用房面积)	−0.0600***	−0.0573***	−0.0569**
	(0.1567)	(0.0163)	(0.0221)
ln(生均纸质图书册数)	0.0083	0.0129	0.0263*
	(0.0103)	(0.0010)	(0.0138)
ln(人均地区生产总值)	0.0018	0.0138	0.0206
	(0.0400)	(0.0429)	(0.0437)
城镇化率	0.0844	0.0276	−0.0007
	(0.1721)	(0.1845)	(0.1864)
市场化总指数评分	−0.0102*	−0.0123*	−0.0129*
	(0.0060)	(0.0066)	(0.0067)
ln(城镇国有单位就业人员平均工资)	0.0393	0.0695	0.0730*
	(0.0394)	(0.0439)	(0.0442)
ln(普通高校在校本科生和研究生总人数)	0.0430***	0.0492***	0.0511***
	(0.0137)	(0.0144)	(0.0146)
ln(地方普通高等本科学校生均一般公共预算教育事业费支出)	0.0693	0.0683	0.0749*
	(0.0453)	(0.4334)	(0.0440)
常数项	−0.8590	−1.2732*	−1.3186*
	(0.7268)	(0.7394)	(0.7519)
样本量	278	278	278

以看出,部分变量在几个模型中的结果(系数及显著性)比较稳健,比如地方高校生均本科教学日常运行支出、生均教学行政用房面积、市场化总指数评分和普通高校在校本科生和研究生总人数等。有几个变量在不同模型中表现不同,考虑到高校的个体特征不仅影响教师资源配置静态效率,也会影响其解释变量的变化,故相关随机效应模型得到的结果更稳健。

无论是否考虑高校的个体效应以及个体效应是否和解释变量相关,可以看出,生均本科教学日常运行支出对西部地方高校教师资源配置静态效率有着显著的正向影响。不考虑个体效应时,生均本科教学日常支出对配置效率的影响在1%的统计水平上显著为正;考虑个体效应时,其对配置效率的影响分别在1%和5%的统计水平上显著为正。这个稳健的实证结果表明,无论是否考虑高校本身的特点,现阶段西部地方高校都可以通过提高本科阶段的教学支出,促进教师资源配置效率的提升。同时,其稳健的正向影响关系也说明对高校的本科教学投入所带来的效率提升仍处在上升期,还未达到其临界值。同样稳健的结果也表现在教学科研条件上,生均教学行政用房面积对西部地方高校教师资源配置效率有着显著的负向影响。不考虑个体效应时,生均教学行政用房面积的影响在1%的统计水平上显著为负,考虑个体效应时,其对教师资源配置效率的影响分别在1%和5%的统计水平上显著为负。这个实证结果表明,当一定时期内学生数量较为稳定时,一味地增加西部地方高校教学行政用房面积,并不能使教师资源配置效率得到提升,反而会造成资源的浪费。另外,可以看到在三个模型中,普通高校在校本科生和研究生总人数都在1%的统计水平上对西部地方高校教师资源配置效率有着显著的正向影响。这个实证结果表明,现阶段西部地方高校学生规模还远未达到高校所能承载的上限,大部分地方高校规模效益有待提高,高校在校生人数的增加可以使地方高校教师资源配置效率得到显著提升。

生均纸质图书册数的影响在不考虑个体效应和只考虑随机效应时不显著,当考虑相关随机效应时,其对于教师资源配置效率的影响在10%的统计水平上显著为正。这一结果说明,高校的纸质图书拥有量并不通过直接的方式去影响教师资源配置效率。这是因为高校的纸质图书数量在很大程度上与高校的历史文化底蕴等不随时间变化的特征有关,还受到高校声誉、类型和财政拨款收入等多方面的影响,这些高校的特征会通过不同的渠道去影响高校教师资源配置效率。结合现实来看,高校纸质图书拥有量在很大程度上会影响教师的日常教学科研活动,进而影响高校教师资源的配置和使用效率。另外,在只考虑相关随机效应时城镇国有单位就业人员平均工资和地方普通高等本科学校生均一般公共预算教育事业费支出这两个解释变量在10%的统计水平上对于教师资源配置效率有正向影响。这一实证结果表明,两者也是通过影响高校自身的特征来间接影响教师资源配置效率的。城镇国有单位就业人员平均工资作为替代教师薪资的变量,其水平越高,也间接说明地方高校教师薪资水平越高,从而有利于稳定教师和调动教师工作的积极性,进而促进教师资源配置效率的提高;地方普通高等本科学校生均一般公共预算教育事业费支出水平越高,说明保障地方高校运行的人员和公用经费越多,也间接促进教师资源配置和使用效率的提升。

在三种模型下,市场化总指数评分都在10%的统计水平上对高校教师资源配置效率有显著的负向影响。市场化总指数评分越高说明区域市场化程度越高,得到以上这一实证结果的主要原因在于,现阶段西部地区市场化程度普遍较低,人才市场建设滞后,人才开发管理和引进配套机制尚不健全,使得市场机制无法正常发挥在教师资源配置中应有的作用,制约了人才资源的合理和有效配置,出现了市场化程度越低的省区,教师资源配置效率越高的反常现象。

综上所述,生均本科教学日常运行支出、生均纸质图书册数、城镇国有单位就业人员平均工资、普通高校在校本科生和研究生总人数、地方普通高等本科学校生均一般公共预算教育事业费支出对教师资源配置静态效率具有正向影响,生均教学行政用房面积和市场化总指数评分对教师资源配置静态效率具有负向影响。

(二)西部地方高校教师资源配置动态效率的影响因素

根据第四章计算出各样本高校教师资源配置的 Malmquist 指数值以及相关影响因素的指标值,书中将 Malmquist 指数值作为被解释变量,表5-6中呈现的各影响因素作为解释变量,分别采用混合 Tobit 模型、随机效应模型和相关随机效应模型进行回归分析,得到的估计参数见表5-8。

表5-8 西部地方高校教师资源配置动态效率影响因素的 Tobit 回归结果

变量名	混合 Tobit	随机效应	相关随机效应
ln(生均本科教学日常运行支出)	0.0034	0.0034	0.0363**
	(0.0093)	(0.0093)	(0.0157)
ln(生均教学科研仪器设备值)	0.0160	0.0160	0.0015
	(0.0139)	(0.0139)	(0.0175)
ln(生均教学行政用房面积)	−0.0177	−0.0177	−0.0344
	(0.0167)	(0.0167)	(0.0254)
ln(生均纸质图书册数)	0.0006	0.0006	0.0325
	(0.0179)	(0.0179)	(0.0335)
ln(人均地区生产总值)	−0.0557	−0.0557	−0.0478
	(0.0413)	(0.0413)	(0.0405)
城镇化率	0.3110*	0.3110*	0.2860*
	(0.1690)	(0.1690)	(0.1670)
市场化总指数评分	−0.0061	−0.0061	−0.0028
	(0.0058)	(0.0058)	(0.057)

续表

变量名	混合 Tobit	随机效应	相关随机效应
ln(城镇国有单位就业人员平均工资)	0.0403 (0.0335)	0.0403 (0.0335)	0.0419 (0.0329)
ln(普通高校在校本科生和研究生总人数)	0.0088 (0.0151)	0.0088 (0.0151)	0.0018 (0.0150)
ln(地方普通高等本科学校生均一般公共预算教育事业费支出)	−0.0355 (0.0521)	−0.0355 (0.0521)	−0.0427 (0.0514)
常数项	1.1120 (0.7120)	1.1120 (0.7120)	1.3430* (0.7010)
样本量	192	192	192

从西部地方高校教师资源配置动态效率影响因素的回归结果,可以看出,部分变量在几个模型中的结果(系数及显著性)比较稳健,比如生均本科教学日常运行支出和城镇化率。同样有变量在不同模型中的表现不同,由于影响因素作用于教师资源配置效率的方式不同,故其在不同模型设定下的影响方式是不同的。高校的个体特征不仅影响教师资源配置动态效率,也会影响其解释变量的变化。因此,相关随机效应模型得到的结果更稳健。

从 Tobit 回归结果可以看出,生均本科教学日常运行支出对教师资源配置动态效率的影响只有在考虑了个体效应的相关随机效应模型下在 5% 的统计水平上显著为正。说明提高西部地方高校本科教学的支出对促进教师资源配置动态效率的提升同样具有重要的现实意义。

从回归结果中还可以看出,无论是否考虑高校的个体效应以及个体效应是否和解释变量相关,三种模型下城镇化率均在 10% 的统计水平上对高校教师资源配置动态效率有显著的正向影响。说明提高城镇化率有助于促进西部地方高校教师资源配置动态效率的提升,这种作用还处于上升期。城镇化建设带来的投资和人口流动效应会对人力资本配置产生重要的影响,一方面,随着城镇化水平的提高,城市的空间分布逐步从零星的"点"状向"网"状发展,高等教育资源的布局也必然随之由疏散逐步走向密集,从而可以充分发挥高等教育资源的集聚效应,实现资源共享[①],资源利用效率也可以得到提升。另一方面,城镇化水平和程度越高,就越能吸引更多的投资和技术,从而促进人力资源流动和合理配置,也在一定程度上有利于提高高校教师资源的使用和配置效率。当前,西部地区的城镇化率还普遍低于东部地区,西部地方高校在整体竞争环境中处于劣势地位,在市场条件下对人才的吸引力还相对不足。随着城镇化进程的不断深入,西部地方高校更应该注重不

---

① 张振助:《高等教育与区域互动发展论》,广西师范大学出版社,2004,第 34-35 页。

断根据地区经济社会发展的需要,对其教师资源配置策略做出战略性的调整,将挑战转化为机遇,促进教师资源配置效率的不断提升。

三、西部地方高校教师资源配置效率影响因素的边际效应分析

表 5-9 呈现了上述的实证结果中最为稳健的相关随机效应模型下的配置效率的两种边际效应。第二列为解释变量对配置静态效率无条件期望 $E(y_1)$ 的边际效应,即对所有样本高校来说解释变量对配置静态效率的影响;第二列为解释变量对配置静态效率条件期望 $E(y_1|0<y_1<1)$ 的边际效应,即对于配置静态效率低于 1 的样本高校来说,解释变量对配置静态效率的影响。第三列为解释变量对配置动态效率无条件期望 $E(y_2)$ 的边际效应,即对所有样本高校来说解释变量对配置动态效率的影响;第四列为解释变量对配置动态效率条件期望 $E(y_2|0<y_2<1)$ 的边际效应,即对于配置动态效率低于 1 的样本高校来说,解释变量对配置动态效率的影响。

表 5-9 西部地方高校教师资源配置效率影响因素的边际效应

	静态效率 $E(y_1)$	静态效率 $E(y_1\|0<y_1<1)$	动态效率 $E(y_2)$	动态效率 $E(y_2\|0<y_2<1)$
ln(生均本科教学日常运行支出)	0.0127*	0.0094*	0.0205**	0.0149**
	(0.0061)	(0.0045)	(0.0089)	(0.0065)
ln(生均教学科研仪器设备值)	0.0003	0.0003	0.0008	0.0006
	(0.0085)	(0.0063)	(0.0099)	(0.0072)
ln(生均教学行政用房面积)	−0.0311*	−0.0231*	−0.0194	−0.0141
	(0.0121)	(0.0090)	(0.0144)	(0.0105)
ln(生均纸质图书册数)	0.0144	0.0107	0.0184	0.0133
	(0.0076)	(0.0056)	(0.0189)	(0.0137)
ln(人均地区生产总值)	0.0113	0.0084	−0.0270	−0.0196
	(0.0238)	(0.0177)	(0.0229)	(0.0166)
城镇化率	−0.0004	−0.0003	0.1620*	0.1170*
	(0.1020)	(0.0756)	(0.0942)	(0.0686)
市场化总指数评分	−0.0070	−0.0052	−0.0016	−0.0012
	(0.0036)	(0.0027)	(0.0032)	(0.0023)
ln(城镇国有单位就业人员平均工资)	0.0399	0.0296	0.0237	0.0171
	(0.0242)	(0.0180)	(0.0186)	(0.0135)
ln(普通高校在校本科生和研究生总人数)	0.0279***	0.0207***	0.0010	0.0007
	(0.0080)	(0.0060)	(0.0090)	(0.0060)

续表

	静态效率 $E(y_1)$	静态效率 $E(y_1\|0<y_1<1)$	动态效率 $E(y_2)$	动态效率 $E(y_2\|0<y_2<1)$
ln(地方普通高等本科学校生均一般公共预算教育事业费支出)	0.0410 (0.0242)	0.0304 (0.0180)	−0.0241 (0.0290)	−0.0175 (0.0211)
样本量	278	278	192	192

如表 5-9 所示，从第二、三列西部地方高校教师资源配置静态效率影响因素的边际效应可以看出，对所有样本高校整体而言，生均本科教学日常运行支出每提高 10%，配置效率可以提高 0.0013；对配置静态效率低于 1 的地方高校而言，生均本科教学日常运行支出每提高 10%，配置效率可以提高 0.0009，小于所有样本高校的上升幅度；对样本高校整体而言，生均教学行政用房面积每增加 10%，配置效率下降 0.0031；对配置静态效率低于 1 的高校而言，生均教学行政用房面积每增加 10%，配置效率下降 0.0023；对所有样本高校而言，在校本科生和研究生总人数每提高 10%，其配置效率可以提高 0.0028，而对于配置静态效率低于 1 的高校而言，其配置效率提升的数值为 0.0021，小于总体样本的上升幅度。

从第四、五列西部地方高校教师资源配置动态效率影响因素的边际效应可以看出，对样本高校整体而言，生均本科教学日常运行支出每提高 10%，配置动态效率可以提高 0.0021；对教师资源配置动态效率低于 1 的高校，即配置效率呈下降趋势的高校而言，生均本科教学日常运行支出每提高 10%，配置动态效率可以提高 0.0015，小于所有样本高校的上升幅度。这个结果同样表现在城镇化率这一解释变量上，对所有样本高校而言，城镇化率每提高 1%，配置动态效率可以提高 0.162；而对于配置动态效率低于 1 的高校而言，其效率提升的数值为 0.117，也小于所有样本高校的上升幅度。

第四节　本章小结

本章对高校教师资源配置影响因素进行了文献的回顾和梳理，通过定性分析探讨市场、政府、高校三个配置主体视角下区域经济发展水平、教师薪资、城镇化水平、市场化程度、地方高等教育财政投入、区域高等教育学生规模和高校财力、物力资源等因素的影响，并提出对应的研究假设。在选择合适的评价指标基础上，研究中使用面板 Tobit 模型的三种估计方法，基于 2014—2017 年西部十二个省区高校生师比泰尔指数、正高级职称教师数泰尔指数和博士学历教师数泰尔指数和影响因素指标数据，对西部地方高校教师资源配置均衡性的影响因素进行回归分析和解释。同时，基于西部地方高校 2014—2017 年面板数据，对西部地方高校教师资源配置静态和动态效率的影响因素分布进行 Tobit 回归分析。通过对西部地方高校教师资源配置均衡性和效率影响因素的分析，得到以下结论。

从生师比泰尔指数的影响因素回归分析结果可以得知，生均本科教学日常运行支出的泰尔指数、生均教学科研仪器设备值的泰尔指数和生均纸质图书的泰尔指数对生均泰尔指数的影响都在 1% 的统计水平上显著为负，生均教学行政用房面积的泰尔指数对生师比泰尔指数的影响在 1% 的统计水平上显著为正。人均地区生产总值和市场化总指数评分对于西部地方高校生师比泰尔指数有显著的正向影响。城镇化率对于生师比的泰尔指数有着显著的负向影响。地方普通高等本科学校生均一般公共预算教育事业费支出、普通高校在校本科生和研究生总数都在 1% 的统计水平上对生师比泰尔指数有显著的正向影响。

从正高级职称教师数泰尔指数的影响因素回归分析结果可以得知，生均教学科研仪器设备值泰尔指数对于正高级职称教师数分布差异的影响在 1% 的统计水平上显著为负，生均教学行政用房面积泰尔指数对西部地方高校正高级职称教师数泰尔指数有显著的正向影响。从混合 Tobit 和随机效应模型的回归结果可以看到，人均地区生产总值在 5% 的统计水平上对正高级职称教师数泰尔指数有显著的正向影响。城镇化率对正高级职称教师数泰尔指数的影响在 1% 的统计水平上显著为负。城镇国有单位就业人员的平均工资在 10% 的统计水平上对正高级职称教师数泰尔指数有显著的负向影响。

从博士学历教师数泰尔指数的影响因素回归分析结果可以得知，生均教学科研仪器设备值泰尔指数在 1% 统计水平上对博士学历教师数泰尔指数呈现显著的负向影响，生均教学行政用房面积泰尔指数对博士学历教师数泰尔指数的影响在 1% 的统计水平上显著为正。从相关随机效应模型的回归结果可以看到，市场化总指数评分在 5% 的统计水平上对博士学历教师数泰尔指数有显著的负向影响。普通高校在校本科生和研究生总人数对博士学历教师数泰尔指数的影响在 1% 的统计水平上显著为负。从混合 Tobit 和随机效应模型的回归结果可以看到，城镇国有单位就业人员平均工资和地方普通高等本科学校生均一般公共预算教育事业费支出在 1% 的统计水平上对博士学历教师数泰尔指数有显著的负向影响。

从西部地方高校教师资源配置静态效率影响因素的回归结果可知，无论是否考虑高校的个体效应以及个体效应是否和解释变量相关，生均本科教学日常运行支出、普通高校在校本科生和研究生总人数对高校教师资源配置静态效率都有着显著的正向影响，生均教学行政用房面积对教师资源配置效率的影响都显著为负；当考虑相关随机效应时，生均纸质图书册数对教师资源配置效率的影响在 10% 的统计水平上显著为正。城镇国有单位就业人员平均工资和地方普通高等本科学校生均一般公共预算教育事业费支出这两个解释变量也只在考虑相关随机效应时，都在 10% 的统计水平上对教师资源配置效率有正向影响。在三种模型下，市场化总指数评分都在 10% 的统计水平上对高校教师资源配置效率有显著的负向影响。

从西部地方高校教师资源配置动态效率的影响因素的回归结果可以得知,生均本科教学日常运行支出对于教师资源配置动态效率的影响只有在考虑了个体效应的相关随机效应模型下在5%的统计水平上显著为正。稳健的实证结果表明西部地方高校现阶段注重对本科教学运行方面的支出,会较显著地促进教师资源配置效率的提高。同时,无论是否考虑高校的个体效应以及个体效应是否和解释变量相关,三种模型下城镇化率均在10%的统计水平上对高校教师资源配置效率有显著的正向影响。说明提高城镇化率有助于促进西部地方高校教师资源配置效率的提升,这种作用还处于上升期。

根据前文分析中建立的研究假设,验证后的假设总结如表5-10所示,可以看出,区域经济发展水平、教师薪资、城镇化水平、市场化进程、区域高等教育学生规模、地方高等教育财政投入以及地方高校财力和物力资源水平都会在不同程度上影响西部省区地方高校教师资源数量和质量配置的均衡性。生均本科教学日常运行支出、生均纸质图书册数、城镇国有单位就业人员平均工资、普通高校在校本科生和研究生总人数、地方普通高等本科学校生均一般公共预算教育事业费支出对西部地方教师资源配置静态效率具有正向影响,生均教学行政用房面积和市场化总指数评分对教师资源配置静态效率具有负向影响。高校生均本科教学日常运行支出、城镇化率对教师资源配置的动态效率有显著的正向影响。这些结论为优化西部地方高校教师资源配置提供了数据参考。

表5-10 验证后的假设总结

假设内容	结果
假设1:区域经济发展水平对西部地方高校教师资源配置均衡性有负向影响。	部分支持
假设1a:区域经济发展水平对西部地方高校生师比泰尔指数具有正向作用。	支持
假设1b:区域经济发展水平对西部地方高校正高级职称教师数泰尔指数具有正向作用。	支持
假设1c:区域经济发展水平对西部地方高校博士学历教师数泰尔指数具有正向作用。	不支持
假设2:区域经济发展水平对西部地方高校教师资源配置效率有正向作用。	不支持
假设3:高校教师薪资对西部地方高校教师资源配置均衡性有正向作用。	支持
假设3a:高校教师薪资对西部地方高校生师比泰尔指数具有负向影响。	支持
假设3b:高校教师薪资对西部地方高校正高级职称教师数泰尔指数具有负向影响。	支持
假设3c:高校教师薪资对西部地方高校博士学历教师数泰尔指数具有负向影响。	支持
假设4:高校教师薪资对西部地方高校教师资源配置效率具有正向作用。	部分支持

续表

假设内容	结果
假设 4a:高校教师薪资对西部地方高校教师资源配置静态效率具有正向作用。	支持
假设 4b:高校教师薪资对西部地方高校教师资源配置动态效率具有正向作用。	不支持
假设 5:城镇化水平对西部地方高校教师资源配置均衡性有负向作用。	**支持**
假设 5a:城镇化水平对西部地方高校生师比泰尔指数具有负向影响。	支持
假设 5b:城镇化水平对西部地方高校正高级职称教师数泰尔指数具有负向影响。	支持
假设 5c:城镇化水平对西部地方高校博士学历教师数泰尔指数具有负向影响。	支持
假设 6:城镇化水平对西部地方高校教师资源配置效率具有正向作用。	**部分支持**
假设 6a:城镇化水平对西部地方高校教师资源配置静态效率具有正向作用。	不支持
假设 6b:城镇化水平对西部地方高校教师资源配置动态效率具有正向作用。	支持
假设 7:市场化程度对西部地方高校教师资源配置均衡性具有负向影响。	**部分支持**
假设 7a:市场化程度对西部地方高校生师比泰尔指数具有正向作用。	支持
假设 7b:市场化程度对西部地方高校正高级职称教师数泰尔指数具有正向作用。	不支持
假设 7c:市场化程度对西部地方高校博士学历教师数泰尔指数具有正向作用。	不支持
假设 8:市场化程度对西部地方高校教师资源配置效率具有正向作用。	**不支持**
假设 9:区域高等教育学生规模对西部地方高校教师资源配置均衡性具有负向影响。	**部分支持**
假设 9a:区域高等教育学生规模对西部地方高校生师比泰尔指数具有正向作用。	支持
假设 9b:区域高等教育学生规模对西部地方高校正高级职称教师数泰尔指数具有正向作用。	不支持
假设 9c:区域高等教育学生规模对西部地方高校博士学历教师数泰尔指数具有正向作用。	不支持
假设 10:区域高等教育学生规模对西部地方高校教师资源配置效率具有正向作用。	**部分支持**
假设 10a:区域高等教育学生规模对西部地方高校教师资源配置静态效率具有正向作用。	支持
假设 10b:区域高等教育学生规模对西部地方高校教师资源配置动态效率具有正向作用。	不支持

续表

假设内容	结果
假设11:地方高等教育财政投入对西部地方高校教师资源配置均衡性具有负向影响。	部分支持
假设11a:地方高等教育财政投入对西部地方高校生师比泰尔指数具有正向作用。	支持
假设11b:地方高等教育财政投入对西部地方高校正高级职称教师数泰尔指数具有正向作用。	不支持
假设11c:地方高等教育财政投入对西部地方高校博士学历教师数泰尔指数具有正向作用。	不支持
假设12:地方高等教育财政投入对西部地方高校教师资源配置效率具有正向作用。	部分支持
假设12a:地方高等教育财政投入对西部地方高校教师资源配置静态效率具有正向作用。	支持
假设12b:地方高等教育财政投入对西部地方高校教师资源配置动态效率具有正向作用。	不支持
假设13:西部地方高校财力资源的均衡性对教师资源配置均衡性具有负向影响。	支持
假设13a:西部地方高校财力资源的均衡性对生师比泰尔指数具有负向影响。	支持
假设13b:西部地方高校财力资源的均衡性对正高级职称教师数泰尔指数具有负向影响。	支持
假设13c:西部地方高校财力资源的均衡性对博士学历教师数泰尔指数具有负向影响。	支持
假设14:西部地方高校财力资源水平对教师资源配置效率具有正向作用。	支持
假设14a:西部地方高校财力资源水平对教师资源配置静态效率具有正向作用。	支持
假设14b:西部地方高校财力资源水平对教师资源配置动态效率具有正向作用。	支持
假设15:西部地方高校物力资源的均衡性对教师资源配置均衡性具有正向作用。	部分支持
假设15a:西部地方高校物力资源的均衡性对生师比泰尔指数具有正向作用。	部分支持
假设15b:西部地方高校物力资源的均衡性对正高级职称教师数泰尔指数具有正向作用。	部分支持

续表

假设内容	结果
假设 15c：西部地方高校物力资源的均衡性对博士学历教师数泰尔指数具有正向作用。	部分支持
假设 16：西部地方高校物力资源水平对教师资源配置效率具有负向影响。	**部分支持**
假设 16a：西部地方高校物力资源水平对教师资源配置静态效率具有负向影响。	部分支持
假设 16b：西部地方高校物力资源水平对教师资源配置动态效率具有负向影响。	不支持

第六章 研究结论与政策建议

第一节 主要研究结论

本书立足于区域高等教育协调发展,以西部地区为研究区域,以教师资源配置为切入点,在对西部地方高校教师资源配置的现实状况、教师资源配置的均衡性分析和配置效率评价的基础上,基于政府、市场和高校三个配置主体视角,定量分析了区域经济发展水平、教师薪资、城镇化水平、市场化程度、地方高等教育财政投入、区域高等教育学生规模、高校内部物力和财力资源等因素对西部地方高校教师资源配置均衡性和效率影响。通过系统的实证分析,得到以下结论。

一、西部地方高校教师资源数量和质量配置亟待优化

西部地方高校专任教师数量增速在减缓,生师比过高的问题依旧比较严重,存在通过大量聘请外聘教师来缓解教师数量的不足的情况,部分地方高校的"双师型"教师较为匮乏;西部地方高校本科及以下教师学历比重过大,博士学历教师总数偏少,外聘教师整体学历水平也偏低,教师队伍学历层次亟待提升;正高级职称教师明显偏少,中级及以下职称教师占比过高,职称结构层次偏低;青年教师所占比重过大,"老龄化"现象较普遍;相对全国其他高校,西部地方高校教师来源比较单一,"近亲繁殖"率更高,教师队伍学缘结构的封闭性更强。此外,西部地方高校教师学术工作普遍超负荷,用于教学和研究的时间投入在增加,有九成以上的教师认为学校在聘用和晋升时看重科研,大多数老师主要兴趣偏向于科研工作,接近三成的教师不满意或者非常不满意目前的聘任状态,教师认为自身能力与岗位的要求有一定的差距,存在教师资源错配、短缺和浪费并存的情况。

二、西部地方高校教师资源配置的均衡性亟须提升

(一)正高级职称和博士学历教师不均衡程度呈现增大态势,部分省区校际差异较大

从西部地方高校教师资源配置的时间趋势来看,生师比差异程度有所缩小但有回升趋势,正高级职称教师占比不均衡程度有所减小,但有上升趋势,博士学历教师占比不均衡程度呈现增大趋势。从区域差异来看,新疆、内蒙古、重庆、四川四

个省区地方高校生师比校际差异程度较大,广西、内蒙古、贵州、云南四个省区地方高校正高级职称教师占比校际差异较大,云南、广西、四川、内蒙古、陕西五个省区地方高校博士学历教师占比校际差异较大。西部地方高校教师的资源数量和质量配置都存在明显的省区差异和校级差异,教师资源质量配置的不均衡程度在增大。

(二)高校教师资源的质量配置有明显的省区间和省区内差异,省区内差异更大

西部地方高校生师比泰尔指数值较小且变化幅度不大,省区内差异略高于省区间;正高级职称教师数量的差异相对较大且变化幅度较稳定,省区内差异明显高于省区间;博士学历教师数量的差异较大且变化幅度较小,省区内差异明显高于省区间。从差异的主要来源来看,西部地方高校生师比、正高级职称教师数和博士学历教师数三个指标均是省区内差异的贡献率大于省区间差异。区域内教师资源的合理布局和均衡配置较为重要,当前亟须进一步缩小西部区域内地方高校教师资源配置的差异,调整的方向应重点放在教师资源的质量方面,尤其是缩小省区内地方高校教师资源质量配置的差异,这将有助于促进区域高等教育的协调发展。

三、西部地方高校教师资源的配置效率有待提高

(一)高校教师资源配置效率呈下降趋势,规模效益有待提升

总体看来,西部地方高校教师资源配置的静态效率呈现出下降趋势,技术有效的高校数有所减少,规模报酬递增的高校数呈减少的趋势,还有三分之一的高校需要增加教师资源投入量以提高配置效率。技术无效的高校数有所增加,有三分之一的高校需要在优化教师资源管理水平的同时统筹规划办学规模;一半的西部地方高校教师资源配置的动态效率有所下降,五分之二的高校技术进步值小于1,一半以上的高校技术效率变化指数小于1,这些高校需要通过改善管理水平和制度建设充分发挥教师资源的效能;三分之一的高校呈规模收益递减状态,这些高校应当结合自身的优势学科和办学特色,适当缩招部分专业以优化办学规模,促进教师资源配置动态效率的提高。

(二)高校整体的教师资源配置动态效率有所下降,西藏、新疆和甘肃三省区较低

从整体来看,西部地方高校教师资源配置的动态效率呈现倒"V"形下降趋势,2015—2016年配置效率有所上升,主要源于技术进步和技术效率的提高,2014—2015年、2016—2017年配置效率有所下降主要是由于技术效率的下降。2014—2015年配置效率相对比较高的省区是宁夏、青海、陕西和内蒙古,最低的省区是西藏。2015—2016年大多数省区配置效率因技术效率的提升和技术进步而有所提升。2016—2017年,除了重庆、宁夏和陕西,其他省区因技术效率降低较上一年度配置效率有所下降。从三年度的整体情况而言,低于西部地方高校配置动态效率均值的省区有西藏、新疆和甘肃。西部地方高校亟须进行管理制度的改革与创新,以促进教师资源使用效率的提高。

（三）一般地方高校教师资源配置效率低于"211工程"高校，政法和民族类高校教师资源配置效率亟须提升

除了2014年，西部一般地方高校教师资源配置的静态效率都低于"211工程"地方高校，一般地方高校更多的技术无效单元是规模无效导致的。一般地方高校教师资源配置的动态效率也低于"211工程"高校。西部省区地方政府应统筹指导所属"211工程"高校利用自身的相对优势，辐射和帮助区域内其他地方院校，一般地方高校也应在争取区域内外重点高校支援的基础上逐步提高自身教师资源配置的效率。西部地方高校中有三分之一以上的师范类、体育类、理工类、医药类和农林类高校处于规模收益递增状态，亟须进一步增加教师资源投入，统筹优化高校的办学规模。财经类高校教师资源配置效率处于增长趋势，教师资源配置呈现较优状态，西部政法类和民族类地方高校教师资源配置效率整体呈现下降的趋势，技术效率变化指数均值较低，应重视提高高校管理水平以提升教师资源的配置效率。

四、西部地方高校教师资源配置的均衡性和效率受到多维因素的影响

（一）教师资源配置均衡性受到市场、政府和高校三方多维因素的显著影响

从西部地方高校教师资源数量配置均衡性的影响因素回归结果可知，城镇化率、城镇国有单位就业人员平均工资、生均本科教学日常运行支出泰尔指数、生均教学科研仪器设备值泰尔指数和生均纸质图书册数泰尔指数对生师比泰尔指数都有显著的负向影响。人均地区生产总值、市场化总指数评分、地方普通高等本科学校生均一般公共预算教育事业费支出、普通高校在校本科生和研究生总数、生均教学行政用房面积泰尔指数对生师比泰尔指数都有显著的正向作用。

从西部地方高校教师资源质量配置均衡性的影响因素回归结果可知，生均教学科研仪器设备值泰尔指数、城镇国有单位就业人员平均工资和城镇化率对正高级职称教师数泰尔指数都有显著的负向影响，人均地区生产总值和生均教学行政用房面积泰尔指数对正高级职称教师数泰尔指数都有显著的正向作用；城镇国有单位就业人员平均工资、城镇化率、市场化总指数评分、地方普通高等本科学校生均一般公共预算教育事业费支出、普通高校在校本科生和研究生总数和生均教学科研仪器设备值泰尔指数对博士学历教师数泰尔指数都有显著的负向影响，生均教学行政用房面积泰尔指数对博士学历教师数泰尔指数有显著的正向作用。

综上分析并由表6-1可知，与市场、政府和高校三个配置主体相关的因素对西部地区高校教师资源数量配置的均衡性都有显著影响；区域经济发展水平、教师薪资、城镇化水平和地方高校财力与物力资源对正高级职称教师数量配置的均衡性有显著影响；除了区域经济发展水平，其他因素对博士学历教师数量配置的均衡性有显著影响。教师薪资、城镇化水平和地方高校的财力、物力资源对西部地方高校

教师资源数量和质量的配置差异具有显著影响,对提高西部地方高校教师资源配置的均衡性具有重要意义。

表 6-1　西部地方高校教师资源配置均衡性影响因素的作用汇总表

	市场				政府	高校	
	区域经济发展水平	教师薪资	城镇化水平	市场化程度	区域高等教育学生规模	地方高等教育财政投入	财力资源	物力资源
生师比泰尔指数	√	√	√	√	√	√	√	
正高级职称教师数泰尔指数	√	√	×	×	×		√	
博士学历教师数泰尔指数	×	√				√		

注:"√"表示该因素对西部地方高校教师资源配置均衡性有显著影响,"×"表示该因素没有显著影响。

（二）教师资源配置效率受到市场、政府和高校三方多维因素不同程度的影响

从西部地方高校教师资源配置静态效率的影响因素的回归结果可知,城镇国有单位就业人员平均工资、普通高校在校本科生和研究生总数、地方普通高等本科学校生均一般公共预算教育事业费支出、生均本科教学日常运行支出和生均纸质图书册数对高校教师资源配置静态效率都有着显著的正向作用;生均教学行政用房面积和市场化总指数评分对高校教师资源配置静态效率都有着显著的负向影响。从西部地方高校教师资源配置动态效率的影响因素的回归结果可以得知,城镇化率和生均本科教学日常运行支出对于教师资源配置动态效率有显著的正向影响。

综上分析并由表 6-2 可知,与市场、政府和高校三个配置主体相关的因素对西部地区高校教师资源配置效率有不同程度的影响,教师薪资、市场化程度、区域高等教育学生规模、地方高等教育财政投入以及地方高校财力与物力资源等因素对地方高校教师资源配置静态效率有显著影响。城镇化水平和地方高校财力资源对教师资源配置动态效率有显著影响。高校的财力资源水平对西部地方高校教师资源配置的静态效率和动态效率都具有显著影响,是提升西部地方高校教师资源配置效率的关键因素。

表 6-2　西部地方高校教师资源配置效率影响因素的作用汇总表

	市场				政府	高校	
	区域经济发展水平	教师薪资	城镇化水平	市场化程度	区域高等教育学生规模	地方高等教育财政投入	财力资源	物力资源
配置静态效率	×	√	×	√	√	√	√	√
配置动态效率	×	×	√	×	×	×	√	×

注:"√"表示该因素对西部地方高校教师资源配置效率有显著影响,"×"表示该因素没有显著影响。

五、西部地方高校教师资源配置的优化思路

本书认为,宏观视角下,政府和市场是西部地方高校教师资源配置的主体,政府通过制定政策或法规以及行政干预来进行配置,主要解决政策制定的公平性和教师资源配置的均衡性等问题,实现政府管理职能的归位。市场通过需求波动、价格和竞争机制来影响教师资源配置,其作用重在效率导向下西部地方高等教育对社会经济发展贡献的最大化。政府与市场对教师资源配置各有侧重,可以形成有效的互补,最终实现西部地方高校教师资源配置中效率与均衡的协调。在微观配置过程中,在政府导向和市场推进的教师资源配置的制度创新中,西部地方高校自身掌控着教师资源配置的主动权,也是教师资源配置的参与主体。高校在既定资源集成能力基础上自主办学,根据学校的发展战略和目标,灵活地设置岗位和聘任教师,鼓励不同岗位人员之间的合理流动,优化教师资源结构,促进能岗匹配,使教师资源在人才培养和科学研究等方面的作用得以充分发挥。同样的条件下,不同的教师资源配置方式会影响西部地方高校教师资源配置的均衡性和效率。政府、市场和高校的三方权力的相互博弈与制衡是高校教师资源配置的客观要求,将政府的宏观调控和政策引导与市场机制的调节相结合,充分发挥西部地方高校的用人自主权,以促进教师资源在区域间和高校间的相对均衡配置,并提高教师资源配置和使用效率,从而推动西部地方高校的协同发展和区域高等教育的协调发展。

第二节 西部地方高校教师资源优化配置的策略

西部地方高校的发展水平影响着我国高等教育高质量发展的进程和区域经济社会的协调发展。随着西部地方高校办学规模的扩大和办学成本的增加,地方政府教育经费投入的压力也越来越大。经费不足、高层次人才流失严重和人才引进困难等问题给西部地方高校教育教学管理和办学质量带来了严峻的挑战。作为具有高度关联性的战略资源,如何配置教师资源是高校人力资源管理与改革中极具挑战的问题[1]。在"公平而有质量"的高等教育发展进程中,作为关乎西部地方高校生存与发展的战略性核心资源,其教师资源的优化配置是各级政府和高校需要高度重视的重大课题。

一、加强多元配置主体间的协同治理

任何资源的配置都是内力和外力共同作用的结果。高等教育资源配置是指与高等教育资源分享有关的利益主体的相关关系的规则。规则不同,则资源配置方

---

[1] 谢维和:《双一流建设离不开教师这个"第一资源"》,《光明日报》,2018年2月17日,第3版。

式不同①。在我国现行的高等教育管理体制中,资源配置的主体逐渐由单一政府主体转变为政府、市场和高校的多元主体。高等教育资源的宏观和微观配置中,因配置的资源要素不同,资源配置的主体和价值导向也有所区别。基于不同的价值导向,教师资源优化配置的方式和路径也有差异。影响高校教师资源权属关系的活动主体就是教师资源配置的主体,主要包括市场、政府和高校。在教师资源配置的过程中,市场机制是基础性机制,政府是系统的统筹调控者,高校是中观系统的整合者。高校在了解教师的需求和特点后,总结出教师资源配置活动和制度构建的原则或规律,基于此,不同教师资源配置主体间进行合理的分工和功能定位,开展配置活动并构建和变革配置制度,以促进教师资源配置目的的实现②。在多元主体共同参与和协作下,推动政府和市场更好地结合,充分发挥市场的基础性作用、政府协调各主体间利益冲突的作用和高校自主配置教师资源的权力。

首先,应逐步建立以市场为主导的教师资源配置机制。高校教师资源市场配置所形成的教师劳动力市场是学术劳动力市场的组成部分。学术劳动力市场程度较高的表现之一是薪酬调节,但由于我国高校教师工资与学历、职称和职位紧密相关,工资结构缺乏弹性,学术劳动力市场的供求关系无法通过教师薪酬得到准确的反映③,基于价格机制配置教师资源时会出现市场失灵的情况。其主要的表现是忽视了高层次人才市场的"配对属性",即在配对市场中每一次交易都需要单独考虑,价格不是唯一的决定因素④。同时,由市场配置失灵而产生的高校教师的流动失序以及区域间教师资源失衡的问题也更加严重。因此,高校教师资源市场配置机制作用的发挥必须在"有为政府"相应的制度规范下,逐步建立完善的全国性的教师劳动力市场,引入和运用公平统一的竞争机制调节教师劳动力的供求关系,规范教师劳动力市场价格的动态监管,搭建开放共享的教师流动信息平台,保证市场信息的准确性并降低流动的信息成本,使教师和高校根据个人意愿和需要进行双向选择并有序、自由流动。

其次,完善以政府为主导的教师劳动力市场调控机制。随着高校教师聘任制的全面推行,政府通过传统行政命令或干预方式不能有效地实现教师资源配置中的供需平衡。同时,政府制定法失灵和自身能力不足等,导致高校教师流动失序的治理失灵⑤,给市场配置基础性作用的发挥带来了一定影响。因此,政府需要对全

---

① 康宁:《中国高等教育资源配置转型程度指标体系研究》,北京:教育科学出版社 2010 年版,第 8-9 页。
② 彭江:《大学教师资源配置制度变革:基于配置主体的视角》,《高教探索》2009 年第 2 期,第 11-16 页。
③ 徐志平:《中国高校学术劳动力市场的供求结构研究》,博士学位论文,华中科技大学,2019 年,第 43 页。
④ 徐娟、贾永堂:《大学高层次人才流动乱象及其治理——基于政府规制与市场设计理论的探析》,《高校教育管理》2019 年第 3 期,第 97-106 页。
⑤ 苟学珍:《激励性法律规制:面向要素市场化的高校教师流动治理策略》,《中国高教研究》2021 年第 8 期,第 92-99 页。

国高校教师资源进行系统的统筹与调控,为市场和高校提供宏观政策和法律框架,保证整个系统的结构优化。这里需要把握三个关键问题。一是政府应在尊重市场规律的前提下,基于激励与强制并行的理念,通过综合法律规制体系的构建,对市场进行有效监管。如在高校教师流动的治理中,一方面,采取能够有效弥合政府与市场关系的治理策略——激励性法律规制,通过给予高校教师经济利益、特殊荣誉和特殊资格、出台各种"照顾性"政策等来引导教师的行为选择和合理流动。另一方面,辅以必要的强制性规制工具,通过行政管理体制维护正常的市场秩序和竞争机制[1]。二是政府应通过法制化手段和保护倾斜政策进行宏观调控,制定缩减校际教师资源配置差距、扩大弱势高校的人才回流吸引力、协调教师资源空间配置和疏导区域人才集聚与分散等问题的相关引导性和倾斜性政策和法规,保证区域间高校教师资源配置的均衡性,以维护区域高等教育的公平和协调发展。特别要强化地方政府的主体责任意识,将地方高校发展纳入经济社会发展总体规划,不断完善和优化地方高校治理体系和机制,合理统筹本区域内"双一流"建设高校与地方高水平大学建设的政策引导和资源投入,持续加大对地方高校发展的专门性资金投入、高层次人才引进和日常服务等支持力度,鼓励、引导和支持地方高校坚持特色的内涵式发展,加强校地合作并深化产教融合,提高整体发展和学科建设水平,全面提升地方高校支撑服务地方经济社会发展的能力。三是政府必须严格限定自己的角色,完善法律制度环境和制定高校教师资源管理和开发的宏观战略,但不能挤压高校的教师资源配置权,应进一步落实高校用人自主权和教师管理权限,不干涉高校内部的教师人事事务,减少不必要的行政干预造成的教师资源配置低效的问题,对高校的监督和控制不应直接进行,而应大力发展各种中介组织,如教师交流中心、人才服务中心和人事代理服务中心等,实现对高校教师资源配置的管理和控制的法制化与科学化[2]。

最后,高校的教师资源配置自主权亟须进一步落实。在微观高校层面,教师资源的优化配置实质是调整教师资源与物质资源、教师资源之间的空间关系,以教师岗位为基础,实现教师与岗位有机结合的能岗配置,并在此基础上,调整和改善教师资源之间的空间关系,实现人尽其才,建立和谐共进的人际关系环境。当前,由于教师编制、专业的岗位配置、工资标准等方面受到政府的约束,高校教师资源配置的主体地位并"不到位",教师资源配置效率也受到一定的影响。由于不同类型的高校有不同的发展定位和目标,在一定发展阶段内,其人才培养、科学研究和社会服务等方面的任务也有所不同。因此,高校应根据自身特点和需求,制定科学、灵活的教师资源配置制度,政府应引导西部地方高校合理定位,在招生、教学、研究和人事等方面给予其最大限度的自主权。西部地方高校应进一步深化聘任制改

---

[1] 苟学珍:《激励性法律规制:面向要素市场化的高校教师流动治理策略》,《中国高教研究》2021年第8期,第92-99页。

[2] 彭江:《大学教师资源配置制度变革:基于配置主体的视角》,《高教探索》2009年第2期,第11-16页。

革,针对教师群体的特殊性,制定更加细致、完整的程序,设计科学有效的激励机制,使教师的招聘、任用、考核、流动等管理工作更加规范化和科学化,提高办学效率,能够根据岗位需求选聘合格教师,充分发挥教师资源的使用效益。

二、中央政府加大对西部高等教育的投入力度

长期以来,西部高校由于历史、经济和地缘环境等因素的影响,整体发展水平明显滞后于东部高校,面临着教育经费投入不足、师资队伍水平参差不齐和办学条件普遍较薄弱等诸多问题。如果"东高西低"现象得不到有效缓解,东西部高等教育之间的差距必将进一步扩大,进而导致西部高校人才培养质量的持续下滑,区域经济社会均衡发展的智力基础也会更加薄弱[1]。与部属高校相比,由于地方高校教育经费主要来源于省、直辖市或地区政府的财政拨款,在投入水平和区域差异方面高校间的区别都很大。对于西部地方高校来说,由于西部经济、社会发展的现实情况,地方财政较为紧张,还不能完全满足地方高校的快速、健康发展[2]。加之地方财政拨款又存在较大的灵活性和不确定性,经费投入不足成为制约其可持续发展的重要影响因素,也直接影响教师资源的数量、质量和效能的发挥,阻碍着西部地方高校的内涵式发展和我国高等教育整体实力的提升。

(一)优化西部高等教育财政投入和管理制度

高等教育作为社会公益性事业的教育领域之一,高等教育发展区域差距的缩小和协调发展是政府理应承担的公共责任。近年来,西部高等教育发展的滞后引起了中央政府的高度关注,国家先后出台了《中西部高等教育振兴计划(2012—2020年)》《加快中西部教育发展的指导意见》等一系列政策文件,相继实施了"中西部高校基础能力建设工程""中西部高校综合实力提升工程""对口支援西部地区高等学校计划"等一揽子工程和措施。经过多年的努力,这些建设工程在西部高校办学条件的改善、办学能力和人才培养质量的提升等方面取得了一定成效。但由于工程的覆盖面有限,实施的有效性和带动引领示范辐射作用还远未达到理想效果。绝大多数西部一般地方高校仍然存在经费投入不足和由经费短缺带来的办学整体条件较差、高层次人才缺乏和引进困难等一系列问题。

为保证西部地方高校稳定和持续发展,在教育经费投入与管理方面,可以从以下几个方面进行调整和优化。第一,建立西部地方高校多元化的经费筹措渠道,中央政府应制定刚性制约制度和措施,明确西部地方高校办学经费保障的基本标准。建立经费的联动投入机制,中央政府应集中财力与地方政府按比例共同承担支出责任,保证落实地方高校每年财政性教育经费投入的稳定增长。第二,进一步完善

---

[1] 徐小洲,倪好,辛越优:《走向新时代:我国高等教育均衡发展的难题与策略》,《高等教育研究》2017年第12期,第30-34,42页。

[2] 游建军,王成端等:《"中西部高校基础能力建设工程"及其在西部的有效推进》,《高等教育研究》2014年第1期,第46-49页。

西部地方高校预算拨款制度,逐步提高地方高校生均经费拨款标准,建立地方高校生均拨款中央奖补资金动态调整机制,激励地方政府主动作为。第三,加大对西部的财政转移支付力度,完善教育成本补偿机制。继续实施"中央财政支持地方高校发展专项资金",通过持续、稳定、大面积覆盖的专项拨款和落实中央财政的"以奖代补"机制,补偿地方利益并强化地方政府对高等教育投入的积极性。同时,加强西部地方高校教学、学科研究和人才队伍发展等平台建设,充分考虑发展基础较差或与西部经济社会发展密切相关的农林类、民族类、医药类和师范类等地方高校的实际,结合在校生人数、教学和科研条件、基础设施和外部环境等因素,适当给予经费倾斜并进行动态调整。第四,要进一步发挥校友和社会支持的作用,出台相关政策,引导社会资金投入西部高等教育,例如,采取税收优惠等措施鼓励社会组织对教育的投资和捐赠,设立如高校科技产业投资基金等创新高教融资的政策途径[①],鼓励和支持西部地方高校多渠道筹措社会资金。

(二)提高西部高校教师薪酬待遇,建立教师流动补偿机制

与国际大学或国内其他知识密集行业相比,我国高校教师薪酬待遇的平均水平都相对较低,尤其是青年教师,造成引进人才难,稳定人才更难的局面[②]。长期以来,西部高校教师薪酬待遇与东部发达地区相比差距很大,对于资源、区位等都处于劣势的西部地方高校而言,教师队伍的稳定和人才引进问题更是异常突出。区域间、高校间的薪酬差距与人才流动密切相关,薪酬差距越大,人才流动的势能也越大,减少薪酬差距,人才流动的势能自然也会变小[③]。在新的历史时期,为了促进西部地方高校的快速充分发展,教师队伍的建设尤为重要,而首先需要解决的就是教师的薪酬待遇和人才无序流动的问题。

1. 全面提高西部高校教师薪酬待遇

高校教师薪酬对保障教师队伍的稳定、提高教师职业吸引力和激励教师的学术产出都具有重要作用。由于目前教师收入中工资收入比例较低,岗位津贴比例较高,且要依据在岗情况进行发放,也未纳入退休待遇,致使收入分配中保障部分占比过低,其他津贴补助的调节作用较小。因此,首先,中央政府应尽快提高西部高校教师整体的岗位薪酬水平,逐步提高基本工资占比,在核定绩效工资总量时,适当向西部高校予以倾斜。同时,发挥津贴奖金制度的灵活性,提高教师的保障性收入和占比,给予青年教师适当的调节性收入补贴。其次,地方政府和高校应参照市场薪酬水平,控制高层次人才与普通教师的合理工资差距,合理设计符合教师能力与实际贡献的薪酬政策,不断完善与不同类型地方高校岗位特点相适应的内部

---

① 闫坤,卫婷婷:《公共财政促进高等教育均衡发展的责任研究》,《财经问题研究》2011年第10期,第76-83页。
② 甘晖:《破解西部高校人才队伍建设难题的战略思考》,《中国高等教育》2017年第5期,第7-10页。
③ 胡咏梅,元静:《中国高校教师工资差距的实证研究》,《北京师范大学学报(社会科学版)》2021年第6期,第27-49页。

激励机制。在完善教学业绩的激励性薪酬制度方面,在公平和效率兼顾的原则上,将薪酬与教学业绩挂钩,制定差异化的教学激励措施①,从而吸引、稳定和激励在教学岗位上工作的大多数专任教师。最后,建立西部高校教师特殊津贴制度和专项基金。建议对长期工作在西部高校的教师给予一定的津贴补助,可以依据在西部工作的年限制定津贴标准,并在退休后依然享受该津贴待遇。同时,建议由中央及各地方政府财政共同设立西部专项补偿基金、优秀博士毕业生援助西部专项基金和西部高校特色学科支持项目。西部专项补偿基金的额度根据人才的外溢收益和地方收益的比例确定,总的外溢收益和人才流入地区的外溢收益越大,中央政府的基金比例和流入地区政府所缴基金比例就应越大,西部高校的外溢越多,所获补偿基金也应越多。优秀博士毕业生援助西部专项基金用于对优秀博士毕业生到西部地区高校就业的支持和奖励,并对这些毕业生给予配套住房、生活津贴和科研启动项目资助等优惠政策。西部高校特色学科支持项目通过专项基金重点支持与西部地区经济社会发展和自然资源环境等密切相关的重点学科和特色学科,在重点实验室、科研基地或重大科研项目方面向特色学科倾斜,并加大力度支持西部高校教师研究西部的相关问题以提升其学术水平和科研能力。此外,各级政府应在人才引进与进修、出国深造、社会福利、购房置物、子女教育等层面给予西部高校教师以补贴或支持,增强教师的归属感与职业安全感。建立全国高校劳动力市场薪酬调查和监管制度,缩小区域间、高校间的薪酬差距。

2. 建立教师流动补偿机制

由于不同地区、层次和类型的高校教师待遇相差较大,即便是相同岗位和级别的教师,高层次人才的薪酬标准差别更为悬殊。因此,从国家层面着力缩小区域间、高校间的薪酬差距成为治理高校教师尤其是高层次人才无序流动的关键②。首先,国家相关部门应尽快出台文件,对各类人才计划中的年薪标准给予指导意见,制定不同地区各类人才的年薪标准以及浮动范围③。同时,充分考虑学术劳动力的市场定价、区域和学科等因素,设定合理的教师流动薪资上限,并对违反要求者的惩罚方式进行详细说明。其次,尽快建立政府主导的教师流动补偿机制,制定相关补偿参考标准。依据"谁引进、谁补偿"原则,由教师引进高校和受益地方政府共同向流失高校依照标准支付人才流动补偿费用,补偿额度和方式等可由三方协商解决,补偿范围包括用于教师学历教育提升、岗位培训和访问进修等培养成本和用于教师引进时的安家费、科研启动资金、购房补贴和薪酬等引进成本。最后,设立"走一补一"的专项培养基金,将补偿资金再用于教师流失高校补充人才培养的

---

① 王维维,崔洁:《地方高校教师教学业绩激励机制构建现状调查与改进对策》,《陕西学前师范学院学报》2021年第5期,第127-132页。

② 李木洲,曾思鑫:《"双一流"背景下高校人才市场治理探析》,《宁波大学学报(教育科学版)》2020年第1期,第86-92页。

③ 甘晖:《破解西部高校人才队伍建设难题的战略思考》,《中国高等教育》2017年第5期,第7-10页。

成本和高层次人才的引育,以保持西部地方高校教师队伍总量的相对稳定。

三、构建西部高校教师资源共享机制

在西部高等教育资源存量一定、优质资源相对稀缺的条件下,为了促进区域高等教育的协调发展,需要建立西部高等教育资源共建与共享机制。由于西部地区内部地理、经济、区域文化和环境等因素有一定程度的相似性和互补性,优质高等教育资源可以更为方便地进行共建共享。要实现西部区域高等教育联盟和协作组织的有效运转,需要从政策和制度层面保障高校开放办学,以政府为主导成立多层次、立体式区域教育资源共享管理中心,如建立西部省级区域高等教育资源共享管理中心,管理和推动省区内各高校教育资源的共享,通过建立高校联席会议制度,促进定期举行会议进行磋商,就区域高等教育资源布局结构、共建共享和转移补偿等全局性问题展开充分的交流,商讨解决办法,制定共享协议和保障政策。高校内部也应成立资源共享管理部门,各级管理中心和部门之间相互合作,促进高校在保持自身办学特色和优势的前提下最大限度地减少各种教育资源的浪费和损失,实现教育资源的共享和整合。

东西部地区之间、西部省区之间和省区内高校之间的教师资源无论在数量上还是质量上都存在较大的差异,教师资源共享是区域高等教育资源共享的重要内容之一,在西部高校教师资源整合和共建共享机制方面,应着力做到以下几点。

一是建立区域学分互认系统,创设优质资源共建共享的良好内部环境。西部地方高校应加强教学和科研规章制度建设,选择综合实力较强的地方高校进行示范合作,建立高校间共同认可、可操作和监控的学分转换标准、学分认证与考核体系,加强区域合作高校间师生学习科研,为西部高等教育的区域合作奠定基础。

二是促进区域间教师资源的互动和共享。要打破人才单位所有制观念的限制,树立"不求所有,但求所用"的新型用人理念,通过制度支持和激励措施,促进不同高校间教师的互聘、联聘等形式的教师资源共享,充分发挥各学科领域权威教授的作用。通过教师讲学和学术报告、会议交流和研讨、教学活动竞赛以及跨省和跨校高水平团队建设等方式,促进区域间高校教师资源的互动。建立师资交流、培养的共享平台,通过互联网技术和区域内系统,展示和共享教师教学和科研成果资源,方便区域内外的教师和专家共同指导学术研究,促进教师的专业化发展和人才培养质量的提升。

三是建立人才柔性引进和流动机制。首先,国家应尽快出台高校人才管理的相关政策、法规和管理制度,规范高校教师的流动程序,有效统筹指导和监管高校的人才引进行为,政策上鼓励国内外各级各类人才和离退休高层次教师投身西部教育事业,杜绝区域人才引进的恶性竞争,积极构建高校人才互助联盟。其次,应积极推动人才柔性引进政策集聚更多优秀人才,在不改变和影响人才的人事、档案、户籍、社保等关系的前提下,通过挂职、兼职、退休特聘、技术咨询、项目合作和

联合研发等灵活多样的方式进行人才聘用,提供必要的工作条件和实质性的生活待遇,充分发挥他们在培养硕博研究生、指导青年教师合作研究和学科建设方面的重要作用。最后,建立高校教师流动的三方协商机制,防止因教师流动引起三者关系的恶化,建立科学合理的教师资源再利用机制,教师流出高校可以聘任流动教师为兼职或者客座教授为其继续服务,并可以争取与流入高校展开深度合作。此外,政府和高校要创造有利条件,支持教师针对区域经济社会和市场需要潜心研究并进行成果转化,鼓励教师深入企业挂职、兼职、参与项目合作或在职创办企业、离岗创业,促进人才在事业单位和企业间合理流动,为高等教育与区域的良性互动提供人才保障。

四、推动区域高等教育的联动协调发展

高等教育是区域发展水平的重要标志,对区域经济社会发展的支撑引领作用日益显著。当前,区域高等教育及其资源配置的较大差异是实现高等教育强国和教育公平的巨大障碍。要实现区域高等教育的协调发展,需要努力缩小区域之间高等教育发展的差距。尤其是在地理位置上相邻或相近、文化特征相似或相容的省域间、省域内地区间、城市间,需要通过科学合理的分工与协作,提升高等教育对区域经济社会的贡献率,促进区域共同繁荣[①]。区域高等教育联动发展可以拓宽区域间和校际的合作领域,有利于高等教育结构优化和资源的整合与统筹规划,从而促进区域高等教育质量的提升和协调发展。

(一)完善政府顶层设计

在区域经济社会协调发展的背景下,做好区域高等教育联动发展政策的顶层系统设计,要兼顾东西部高等教育、部属高校与地方高校的协调发展。尤其应结合对口支援西部高校计划和"一带一路"倡议等战略部署,共同推进西部地区和高校的协同发展与良性互动。

一是以政府为主导,制定统一的区域高等教育统筹规划、互动的区域高等教育协作和发展机制。在国家重大战略和区域发展框架下,建设跨省级行政区划范围的高等教育联动区域,通过对区域高等教育发展的框架设计、组织设置、战略调整和政策制定等多方面充分、科学的分析和论证,突破各种体制机制障碍。《国家中长期教育改革和发展规划纲要(2010—2020年)》明确指出,要探索省际教育协作改革试点,建立跨地区教育协作机制,这也为区域高等教育的联动改革与发展提供了政策依据。首先,当前最为紧迫的是通过制度创新,在中央政府的统筹领导下,以教育部和省级政府为主导,构建统一的区域协调发展领导机构,给予联动发展区域以相应的自主权,推动跨区域资源、要素的流动和统筹区域教育资源配置,以高

---

① 崔玉平,夏焰:《区域高等教育联动改革与协调发展的经济意义》,《清华大学教育研究》2012年第1期,第40-45页。

校为主体,在项目合作中实现联动发展,提升区域高等教育的凝聚力。其次,构建多层次、宽领域的区域高等教育联动发展的利益协调机制。通过完善制度建设,建立健全区域内政府高层之间和各省区高等教育与相关职能部门间的合作和磋商机制,消除地区间政策和行政壁垒,建立相容激励机制和合理的利益补偿机制,充分调动不同地域、层次、类型利益主体的积极性,在互惠共赢、利益共享与辐射带动中实现联动发展,增强区域高等教育持续联动发展的内在活力。

二是加强东中西部高等教育联动发展,建立东中西部协同发展的联席机制、咨询机制等沟通协调机制,探索发达地区和欠发达地区高等教育协同发展的有效方式和典型模式[①],缩小彼此间的差距,提高西部欠发达地区高等教育的发展水平。首先,强化各级政府和高校的政策性和制度性供给,发挥优质高等教育资源的辐射作用,持续实施对口支援西部高校计划,通过对口支援重点建设高校带动省域内其他高校,实现区域间和省域内高校教育资源共享。继续扩大对口支援规模和范围,增加内蒙古、云南和广西等省区受援高校的数量,提高对地方普通本科院校的关注度。同时,紧密结合区域经济社会发展实际,根据不同受援高校的办学定位,采取分层、分类的方式,运用不同模式的团队式支援方案,促进区域内地方高校错位发展。其次,需要建立互利共赢的长效机制,深入推进对口支援工作。根据受援高校的情况,支援高校要充分发挥自身的学科和科研优势,重点解决阻碍和制约受援高校以及所在地区经济社会发展的根本问题。支援高校可以基于受援高校所在地区的资源优势、西部地区独特的人文现象等进行课题研究。受援高校要利用支援高校的办学经验,主动谋求自身发展,树立符合地区发展和本校实际的教育办学理念,积极将区域实际发展需要纳入学校的长期发展规划和对口支援工作中,通过建立对口支援基金、人才互聘和校、院级联合课题研究等方式,寻求合适的领域,与支援高校共谋发展。受援高校应积极选拔优秀的青年教师分批、轮流到支援高校进行访学、进修或者攻读硕博学位,进行连续滚动培养,参与支援高校的教学和科研工作,逐步提高西部高校教师队伍的整体素质和能力。

三是制定"一带一路"沿线国人才引进和培养政策。西部高校应以"一带一路"倡议为契机,立足于区域、学科和专业发展的前沿,加强与沿线国家及地区的交流互动和深度合作,将"引才"视野拓宽到国际市场。国家应给予政策支持和帮扶,分担西部高校部分境外人才引进的成本,并确保引进人才待遇不低于东部高校,通过大量引入国际化人才来获得更多的学术精英[②],以促进技术与成果的转化和学术共同体的形成。同时,政府应充分发挥组织协调功能,积极搭建各类平台,畅通和

---

① 唐玉光:《中西部高等教育跨越式发展路径探索》,《团结》2020年第5期,第45-48页。
② 刘进,哈梦颖:《"一带一路"背景下中国东西部高校教师流动的"拐点"研究》,《重庆高教研究》2016年第5期,第20-25页。

拓展西部地方高校服务"一带一路"倡议的途径和渠道①。与沿线国家及地区的名校建立战略合作关系,可以通过教师进修培养和科研合作、学术交流和研讨、课程共建、学分互认和学位互授等方式,不断提高西部高校师资队伍的国际化水平,促进人才培养的全面合作和师生的自由流动与交流,拓展西部高校师生的国际视野。

(二)建立西部区域高等教育联盟

全面振兴西部高等教育是推动高等教育高质量发展的重要内容,其实现的关键是形成全面协调、可持续的区域高等教育结构,促进区域高等教育的一体化建设②。近些年来,国家相关教育管理部门在西部大开发战略的推动下,制定和实施了多项举措,有效促进了西部高等教育的发展。2020年国务院出台《关于新时代振兴中西部高等教育的意见》,强调推动中西部高等教育发展模式转变,高校协同发展,使中西部高等教育的内生动力和发展活力得到有效激发。2021年《中华人民共和国国民经济和社会发展第十四个五年规划和2035年远景目标纲要》中明确指出要优化区域高等教育资源布局,推进中西部地区高等教育振兴。这些政策的出台为西部高等教育建设和振兴发展指明了方向。为了促进与区域发展相适应的西部高等教育新格局的形成,应从以下几个方面着力推进。

一是构建西部区域高等教育联盟。由于西部省区间高等教育发展水平存在一定的差异,陕西省和四川省优质教育资源分布相对集中,其他省区,尤其是少数民族聚集的省区优质教育资源相对匮乏。因此,在政府主导下,以成都、西安、兰州和重庆、成都、西安两个"西三角"为战略支点,充分发挥高等教育发展的教育资源优势和扩散效应,促进西部区域内高水平大学与地方高校的对口支援。同时,发挥"中西部高校综合实力提升工程"入选高校协作联盟的引领示范作用,通过资源共享和科研项目合作等,辐射和带动区域内地方高校的发展。逐步建立多层次、分领域的西部高校发展联盟,如西部地方高校战略联盟(适应资源短缺的竞争环境的一种组织安排),西部地方高校可以依靠地域临近的其他同类型高校的力量,克服战略资源的薄弱环节,用自身最有优势的战略资源和其他高校的战略资源重新整合和展开合作,积极创造条件,实现内外部资源的优势相长和资源共享,并集中精力在核心优势特色上追求卓越。战略联盟成员之间通过频繁和密切的合作交流形成的集聚效应和协同创造效应,也有利于地方高校的创新和知识学习,从而获得更大的持续竞争优势。综上,在大区域高校联盟发展的基础上,逐步推动小区域或分领域、层次的其他高校联盟的建立,加强区域内院校联手和深度合作,在师资、课程、设施和支持服务等方面资源共享,促进联盟内部教师的适度流动,使高校间保持密切的联系,实现资源的优势互补和充分利用,以促进知识生产和学术创新。

---

① 郭霄鹏,马多秀,张笑予:《西部高校服务"一带一路"倡议现状及对策研究》,《宝鸡文理学院学报(社会科学版)》2021年第5期,第98-106页。

② 蔡群青,袁振国,贺文凯:《西部高等教育全面振兴的现实困境、逻辑要义与破解理路》,《大学教育科学》2021年第1期,第26-35页。

二是推动西部省域高等教育集群化发展。集群发展具有促进专业化分工、降低成本和增强创新能力等优势①。西部省域高校的集群发展,可以发挥高校资源和学科门类方面的优势,重点打造一批一流学科和重点学科群。高校集群可以采取多种形式,可以基于同类分工职能,如西部地方师范院校集群,西部某省区地方工科院校集群或者西部省会城市的高校集群等,推动教育资源的整合和共享。同时,在各级政府的积极引导和大力推动下,既要在合理规划的基础上,推进有形的集聚,促使高等教育资源的空间配置向有利于高校发展的地区集中,又要推进无形的集聚,形成新的发展平台和创新基地。教育部"十四五"时期为振兴中西部高等教育的重点工作部署其中之一就是要打造西北和西南高等教育发展战略支点。西北地区以西安和兰州为战略支点,发挥高水平大学的龙头作用,带动和引领西北高等教育的整体发展;西南地区以重庆和成都为战略支点,发挥高校集群的集聚溢出效应,打造西南高等教育对外开放的桥头堡。此外,支持和引导西部高校聚焦西部地区发展的需要,加快推进新工科、新医科、新农科、新文科建设,调整和优化专业结构,打造基于一定产业发展或者科学研究项目的学科集群和具有鲜明特色的优势专业群。

---

① 丁晓昌:《做强省域高等教育研究》,北京:高等教育出版社2016年版,第223页。

结语

一、研究创新

高等教育系统教师资源配置是一个极为复杂的问题,也是区域高等教育协调发展和高校内涵式发展中面临的一项长期的任务。本书以教师资源配置为切入点,立足于西部高等教育与区域经济社会发展的现实情况,探讨西部地方高校教师资源配置均衡性和效率问题,不仅可以为政府合理配置教师资源提供政策参考,也有利于促进西部地方高校充分发挥教师资源的效能,推进区域高等教育的协调发展。

创新点一:采用纵横交错的视角探究教师资源配置的空间格局变化及其影响因素。已有的研究主要从微观或静态视角分析高校教师资源配置的相关问题,本书重点从宏观层面和动态视角,深入探讨西部省区间和省区内地方高校教师资源配置均衡性和效率的情况以及变化态势。同时,相关研究中缺乏对教师资源配置影响因素的探讨和定量分析,本书运用定性和定量相结合的方法,首次探讨了政府、市场和高校三个配置主体视域下,区域经济发展水平、城镇化水平、市场化程度、区域高等教育学生规模、地方高等教育财政投入和高校财力、物力资源等因素对西部地方高校教师资源配置的影响。

创新点二:系统构建了西部地方高校教师资源配置效率的评价指标体系,并综合运用数据包络分析方法和面板数据模型进行量化分析。已有的研究以省域层面或者具体高校内部分析为主,对特定区域范围特定类型高校教师资源配置研究中数据获得成为难题和关键。本书首次综合运用西部地方高校《本科教学质量报告》中有关教师资源、财力和物力资源的指标数据和对应年份的地方高校教育产出以及区域经济社会发展各维度指标的统计数据,在构建的教师资源配置效率评价指标体系的基础上,采用数据包络分析方法进行了静态和动态两个维度的配置效率评价。在此基础上,选取了面板 Tobit 模型三种估计方法,定量分析了多维因素对西部地方高校教师资源配置均衡性和效率的影响。

创新点三:提出了契合西部地区经济社会发展实情的地方高校教师资源配置优化策略。本书以西部地方高校这一地方高校的重点和难点为研究对象,其具有特殊性、复杂性和重要性。书中在西部地方高校教师资源配置问题的调查和深入剖析基础上,提出了西部地方高校教师资源优化配置的路径,为政府促进区域高校教师资源配置的优化和区域高等教育的协调发展提供了政策参考。

二、研究局限

首先,书中实证分析仅聚焦在西部省区地方高校。鉴于现有大量研究已经验证和分析了东西部高等教育资源配置的较大差距,本书在已有研究基础上,未再分析东西部地区之间教师资源配置的差异,只聚焦于西部省区,以西部地方高校为研究单元,深入讨论西部各省区间和地方高校间教师资源配置的均衡性和效率及相关影响因素,以期为欠发达的西部地区高等教育质量的整体提升和区域高等教育协调发展进程的推进提供政策参考。

其次,对西部地方高校教师资源配置具体案例的研究相对缺乏。鉴于研究对象涉及的省区和数量较多,而地方高校所处的区域经济社会环境、地理位置、历史文化和办学类型各异,无法在众多高校中选择外部环境和办学类型等方面兼具典型性的案例进行深入剖析。因此,本书将重点放在地方高校这一特定类型高校教师资源的宏观配置分析上,分析中以西部地方高校为具体分析单元,客观呈现了一定时期内西部省区地方高校教师资源配置数量、质量以及效率情况和校际差异。缺乏微观视角下对于高校内部教师资源配置具体案例的分析和相关问题的探讨,使得研究结果难以为高校人力资源管理的具体工作提供切实可行的改进策略。

再次,部分年份统计数据的缺失等问题影响了分析的时间跨度。由于研究涉及的地方高校数量比较大,造成数据的整理、筛选、录入、核对和统计分析的工作量非常大。为了尽可能保证数据的准确性和完整性,为研究奠定扎实的数据基础,在研究时间和能力的限制下,只建立了近六年的西部地方高校教师资源配置情况分析的数据库。同时,由于2017年以后各高校层面的科技活动相关指标统计数据的缺失,在分析教师资源配置效率时只用了四年的数据。如果数据能够涵盖更长的时间跨度,研究中则可以对比分析地方高校不同发展阶段下教师资源的数量、质量以及配置效率的变化情况,这也在一定程度上制约了研究的深度。

与此同时,囿于个人理论知识的限制,仍有一些问题未能展开讨论,未来研究有待进一步思考和探索。书中发现,西部省区内地方高校间教师资源配置差异较省区间更大。鉴于各省区高校教师资源的存量、增量及其内在结构的生成过程受特定的经济、政治、文化和地理位置等环境因素的影响。因此,未来的研究中可以缩小研究尺度,从中观层面探究特定区域经济社会发展水平和环境下,欠发达省区内地方高校教师资源配置的问题。另外,由于地方高校的相关资料获取和数据整理困难,未来研究中可以关注地方高校更长时间跨度的状态数据,以便系统分析教师资源配置的空间格局变化规律。此外,可以进一步考虑教师资源的流动性以及所带来的知识和文化的外溢效应,以及对邻近地区的经济发展产生的影响,未来研究中可尝试利用空间经济计量分析方法,测度区域间教师资源配置效率的空间溢出效应,并深入探讨具有密切经济关系和合作潜力的区域间或省际地方高校的协同发展。

参考文献

[1] 胡佛,杰莱塔尼. 区域经济学导论[M]. 上海:上海远东出版社,1992: 220-223.

[2] 贝克尔. 人力资本[M]. 梁小民,译. 北京:北京大学出版社,1987:64.

[3] 舒尔茨. 论人力资本投资[M]. 吴珠华等,译. 北京:北京经济学院出版社,1990:43,205.

[4] 舒尔茨. 人力资本投资——教育和研究的作用[M]. 蒋斌,张蘅,译. 北京:商务印书馆,1990:40.

[5] 斯密. 国民财富的性质和原因的研究(上卷)[M]. 郭大力,王亚南,译. 北京:商务印书馆,2008:257-258.

[6] 鲍威. 未完成的转型高等教育影响力与学生发展[M]. 北京:教育科学出版社,2014:118-120.

[7] 陈明立. 人力资源通论[M]. 成都:西南财经大学出版社,2004:249.

[8] 陈鹏. 教师职业发展的法治保障研究[M]. 西安:陕西师范大学出版总社,2019:179-188.

[9] 陈远敦,陈全明. 人力资源开发与管理[M]. 北京:中国统计出版社,2001:5.

[10] 崔玉平,张杨,夏焰. 苏南高等教育与地区经济互动关系研究[M]. 苏州:苏州大学出版社,2013:3.

[11] 崔玉平. 区域高等教育的经济学分析[M]. 哈尔滨:黑龙江人民出版社,2011:231-232.

[12] 丁晓昌. 做强省域高等教育研究[M]. 北京:高等教育出版社,2016:223.

[13] 董泽芳,张继平,聂永成,等. 公平与质量:高等教育分流的目标追求[M]武汉:华中师范大学出版社,2018:352,363.

[14] 段从宇. 中国高等教育区域协调发展研究[M]. 北京:科学出版社,2015:15,167,171.

[15] 方大春. 区域经济学——理论与方法[M]. 上海:上海财经大学出版社,2017:120.

[16] 高等教育发展战略研究中心. 高等学校贯彻实施《国家中长期教育改革和发展规划纲要(2010—2020)指导手册(下卷)》[M]. 北京:中国教

[17] 高文兵,郝书辰,等.中国高等教育资源分布与协调发展研究[M].北京:高等教育出版社,2008:21-22,221-222.

[18] 郭鹏,等.数据、模型与决策[M].西安:西北工业大学出版社,2016:13-14.

[19] 郭裕湘.基于新结构经济学视角的西部地区高校学术竞争力研究[M].广州:暨南大学出版社,2020:74.

[20] 康宁.中国高等教育资源配置转型程度指标体系研究[M].北京:教育科学出版社,2010:8-9,13,49-50,218.

[21] 康宁.中国经济转型中高等教育资源配置的制度创新[M].北京:教育科学出版社,2005:347.

[22] 柯佑祥.民办高校定位、特色与发展研究[M].武汉:华中科技大学出版社,2013:153-154.

[23] 李宝元.人力资本与经济发展[M].北京:北京师范大学出版社,2000:21.

[24] 李娜.新时代下区域协调发展战略研究[M].上海:上海社会科学院出版社,2019:1.

[25] 李前兵.区域性中心城市的发展战略与路径研究[M].徐州:中国矿业大学出版社,2013:13.

[26] 李青.高校师资管理研究[M].天津:天津大学出版社,2019:21,66-70.

[27] 李志峰,等.漂移的学术:当代中国高校教师流动[M].北京:知识产权出版社,2020:172.

[28] 厉以宁.教育的社会经济效益[M].贵阳:贵州人民出版社,1995:32-34.

[29] 厉以宁.非均衡的中国经济[M].北京:中国大百科全书出版社,2015:3.

[30] 刘广明.高等教育环境论[M].西安:西安地图出版社,2007:130.

[31] 刘国瑞,赵昕.区域教育发展战略规划创新研究[M].沈阳:辽宁人民出版社,2014:78.

[32] 楼洪豪.区域经济协调发展——理论·方法与实证[M]北京:中央文献出版社,2008:25.

[33] 马洪,孙尚清.现代管理百科全书[M].北京:中国发展出版社,1991:661.

[34] 彭朝晖,杨开忠.人力资本与中国区域经济差异[M].北京:新华出版社,2005:53.

[35] 彭江. 中国大学学术研究制度变革[M]. 武汉:华中师范大学出版社,2009:231.

[36] 全国普通高校本科教育教学质量报告编委会. 全国普通高校本科教育教学质量报告(2019年度)[M]. 北京:高等教育出版社,2021:64.

[37] 孙久文. 区域经济学[M]. 北京:首都经济贸易大学出版社,2020:200-202.

[38] 王善迈. 教育经济学简明教程[M]. 北京:高等教育出版社,2000:30-31.

[39] 王小鲁,胡李鹏,樊纲. 中国分省份市场化指数报告(2021)[M]. 北京:社会科学文献出版社,2021:50,223-225.

[40] 王宇晖. 美国公立高校分层管理研究[M]. 广州:暨南大学出版社,2016:154.

[41] 魏权龄. 数据包络分析[M]. 北京:科学出版社,2004:76.

[42] 夏焰. 中国高等教育投入产出的空间组织研究[M]. 合肥:安徽科学技术出版社,2016:6.

[43] 萧鸣政. 人力资源开发与管理——在公共组织中的应用[M]. 北京:北京大学出版社,2005:8.

[44] 谢维和. 效率与公平:高等教育资源区域分布与协调发展研究[M]. 杭州:浙江教育出版社,2018:8-10.

[45] 颜爱民. 人力资源管理经济分析[M]. 北京:北京大学出版社,2010:119-120.

[46] 殷德生. 中国发展道路的政治经济学[M]上海:上海人民出版社,2018:197-198.

[47] 袁东. 高等学校人力资源配置机制与优化[M]. 北京:经济科学出版社,2009:80-83,170.

[48] 张碧雄,柳博. 现代人力资源管理[M]. 广州:华南理工大学出版社,2003:84-85.

[49] 张晋,赵履宽. 劳动人事管理辞典[M]. 成都:四川科学技术出版社,1987:215.

[50] 张有声. 高等教育可持续发展理论研究[M]北京:教育科学出版社,2009:129,146.

[51] 张振助. 高等教育与区域互动发展论[M]. 桂林:广西师范大学出版社,2004:17,34-35.

[52] 赵秋成. 人力资源开发研究[M]. 大连:东北财经大学出版社,2001:27.

[53] 赵文华. 高等教育系统论[M]. 桂林:广西师范大学出版社,2001:268.

[54] 王少媛. 区域高等教育的规模控制与结构优化[M]. 沈阳:辽宁人民出版社,2014:12.

[55] 周游. 西部民族地区高等教育自主创新模式与运行机制研究[M]. 北京:人民出版社,2012:155.

[56] 鲍威,刘艳辉. 公平视角下我国高等教育资源配置的区域间差异[J]. 教育发展研究.2009(23):37-43.

[57] 鲍威,刘艳辉. 我国高等教育资源配置差异影响因素的多层线性模型分析[J]. 教育发展研究.2011,31(19):1-7.

[58] 鲍威,吴红斌. 象牙塔里的薪资定价:中国高校教师薪资影响机制[J]. 北京大学教育评论.2016,14(2):113-132.

[59] 蔡群青,袁振国,贺文凯. 西部高等教育全面振兴的现实困境、逻辑要义与破解理路[J]. 大学教育科学,2021(1):26-35.

[60] 蔡思复. 我国区域经济协调发展的科学界定及其运作[J]. 中南财经大学学报,1997(3):21-25+109.

[61] 陈东红. 地方高校人力资源管理机制探析[J]. 人民论坛,2010(12):164-165.

[62] 陈寒,顾拓宇. 新建本科院校教师队伍结构现状研究——基于37所新建本科院校教师队伍状态数据的分析[J]. 高教探索,2016(10):102-108.

[63] 陈惠雄,胡孝德. 基于职称—职能配置定位的高校教师分类管理模式研究[J]. 高教探索,2007(5):118-121.

[64] 陈清森. 供给侧改革中的高校教师资源配置对策研究[J]. 中国成人教育,2017(1):46-48.

[65] 陈文博,杨文杰. 怎样的大学教师职称结构有助于获取学术资源及提升产出[J]. 中国高教研究,2022(2):48-54.

[66] 陈志伟,刘莹,后慧宏. 欧美高校职称序列设置及框架模式探析[J]. 复旦教育论坛,2021,19(2):99-105.

[67] 崔玉平,夏焰. 区域高等教育联动改革与协调发展的经济意义——基于长三角地区的分析[J]. 清华大学教育研究,2012,33(1):40-45.

[68] 邓小妮. 我国高校教师队伍学缘结构成因及其发展新动向[J]. 黑龙江高教研究,2015(6):85-89.

[69] 杜友坚. 地方高校师资队伍建设发展研究[J]. 黑龙江高教研究,2014(10):79-81.

[70] 段从宇,张雅博. 高等教育资源的内涵阐释、配置过程、本质及实施[J]. 黑龙江高教研究,2014,245(9):28-30.

[71] 方超,黄斌. 我国高等教育经费投入的资源配置效率评价——基于空

间计量经济学的实证检验[J].重庆高教研究,2019,7(5):91-103.

[72] 方瑞贤.高校二级学院教师人力资源配置效率评价——以X大学为例[J].厦门理工学院学报.2021,29(2):59-64.

[73] 傅维利,贾金平.美国世界一流大学生师比的特征[J].比较教育研究,2019,41(1):24-31.

[74] 甘晖.破解西部高校人才队伍建设难题的战略思考[J].中国高等教育,2017(5):7-10.

[75] 高岩,陈琪.地方高校教师队伍建设研究——基于协同创新的视角[J].中国高校科技,2015(4):58-60.

[76] 高耀,乔文琦.我国高等教育生均经费的区域差异及影响因素研究[J].黑龙江高教研究,2021,39(9):45-50.

[77] 高志刚,张毅.区域经济差距对西部地区经济高质量发展的影响研究[J].宁夏社会科学,2021(1):99-110.

[78] 苟学珍.激励性法律规制:面向要素市场化的高校教师流动治理策略[J].中国高教研究,2021(8):92-99.

[79] 顾远飞.市场化背景下我国公立大学的经费来源及其行为研究[J].高等工程教育研究,2011(2):104-108.

[80] 顾志勇.基于人力资本视角的高校教师队伍建设[J].教育探索,2014(4):64-66.

[81] 管培俊.论教育人力资源配置的二元结构[J].高等教育研究,2008(8):60-66.

[82] 管培俊.效率取向与质量控制:教师资源有效配置的双重目标[J].教育发展研究,2008(17):25-30.

[83] 郭明维,杨倩,何新征.实施途径探析西部地方高校教师分类管理[J].中国高校师资研究,2012(1):41-46.

[84] 郭霄鹏,马多秀,张笑予.西部高校服务"一带一路"倡议现状及对策研究——基于西部8省(区)34所高校1149名教师调查数据的统计分析[J].宝鸡文理学院学报(社会科学版),2021,41(5):98-106.

[85] 韩延明,李春桥.教师资源配置的现行模式与改造[J].教育与经济,1997(1):21-24.

[86] 何雄浪,李国平.国外区域经济差异理论的发展及其评析[J].学术论坛,2004(1):89-93.

[87] 胡建华."双一流"建设对我国高校学科建设的影响[J].江苏高教,2018(7):5-8,13.

[88] 胡咏梅,段鹏阳,梁文艳.效率和生产率方法在高校科研评价中的应用[J].北京大学教育评论,2012,10(3):57-72,189.

[89] 胡咏梅,元静.中国高校教师工资差距的实证研究[J].北京师范大学学报(社会科学版),2021(6):27-49.

[90] 黄泰岩,赵雪梅,边金鸾.关于新时期高校教师资源优化配置的几点思考[J].中国高校师资研究,2007(6):6-9.

[91] 黄永林.1993—2018年普通高校教育经费投入的深度分析[J].教育财会研究,2020,31(6):7-23.

[92] 简新华,黄锟.中国城镇化水平和速度的实证分析与前景预测[J].经济研究,2010,45(3):28-39.

[93] 江龙华.改善西部高校教师团队能力的建设[J].中国高等教育,2006(5):25-26.

[94] 康宁.中国高等学校内部管理体制指标体系研究[J].高等教育研究,2010,31(12):41-48.

[95] 赖德胜,郑勤华.当代中国的城市化与教育发展[J].北京师范大学学报(社会科学版),2005(5):27-35.

[96] 李航,李成明,白柠瑞,等."双一流"背景下地区高等教育效率的驱动因素——基于DEA-Tobit模型的实证分析[J].技术经济与管理研究,2018(12):108-112.

[97] 李锦奇.区域高等教育结构调整的理论基础和实践路径[J].中国高等教育,2010(2):56-58.

[98] 李木洲,曾思鑫."双一流"背景下高校人才市场治理探析[J].宁波大学学报(教育科学版),2020,42(1):86-92.

[99] 李清贤,曲绍卫,齐书宇.教育部直属高校教师科技创新效率研究——基于2007~2011年Malmquist指数法的动态分析[J].高等工程教育研究,2014,146(3):167-171.

[100] 李仁贵.西方区域发展理论的主要流派及其演进[J].经济评论,2005(6):57-62.

[101] 李硕豪,王婉玥.我国中西部高等教育结构性差距指数分析[J].高等教育研究,2020,41(8):42-51.

[102] 李幼军,毛燕梅,谢朝阳,等.基于效率分析的高校教师队伍建设策略研究——以北方工业大学为例[J].北方工业大学学报,2020,32(2):29-35.

[103] 李云,杨振,刘会敏.我国高校教师资源布局演变及空间均衡性评价[J].甘肃科学学报,2013(1):155-158.

[104] 李志峰,孙小元.学术劳动力市场分割中的制度影响、院校选择与学科依附[J].高等工程教育研究,2012(5):69-76.

[105] 李祖超,陈学敏.高校教师资源的优化配置[J].现代教育科学,2000

(5):52-54.

[106] 刘富华,梁牧. 新型城镇化、人力资本与产业结构升级——基于人口老龄化的调节效应[J]. 湖南师范大学社会科学学报,2021,50(6):46-55.

[107] 刘海洋,袁鹏,苏振东. 精英治理、人才引进与高校教师资源配置[J]. 南开经济研究,2010(6):137-150.

[108] 刘建. 高校教师外包配置:内涵、功能与策略[J]. 教育发展研究,2010(10):26-29.

[109] 刘进,哈梦颖. "一带一路"背景下中国东西部高校教师流动的"拐点"研究[J]. 重庆高教研究,2016,4(5):20-25.

[110] 刘莉莉. 高校师资队伍结构优化及其对策研究——基于世界一流大学的经验分析[J]. 东南大学学报(哲学社会科学版),2010,12(6):126-129+136.

[111] 刘亮. 中国地区间高等教育经费差异的因素分解[J]. 统计与决策,2007(11):94-96.

[112] 刘琳. 大学教师"近亲繁殖"会抑制学术生产力吗——以东西部两所"双一流"建设高校 H 学科为例[J]. 中国高教研究,2019(12):76-83.

[113] 刘霄. 中日两国高校教师结构的比较研究——以我国 28 所公立高校与日本 10 所国立、公立高校为例[J]. 教师教育论坛,2019,32(9):4-11.

[114] 马海燕,周俊敏. 高校教师资源配置的经济学分析[J]. 当代教育论坛,2008(12):56-57.

[115] 马莉. 从"学缘结构"看高校人才流动[J]. 中南民族学院学报(人文社会科学版),2001(2):124-125.

[116] 马万华. 扩招后高等学校教学质量状况分析[J]. 高等教育研究,2002(5):69-74.

[117] 彭江. 大学教师资源配置制度变革:基于配置主体的视角[J]. 高教探索,2009(2):11-16.

[118] 邱均平,温芳芳. 我国高等教育资源区域分布问题研究——基于2010年中国大学及学科专业评价结果的实证分析[J]. 中国高教研究,2010(7):17-21.

[119] 尚钢. 高校分类与地方高校定位[J]. 黄冈师范学院学报,2006(2):54-56.

[120] 沈红. 中国大学教师发展状况——基于"2014 中国大学教师调查"的分析[J]. 高等教育研究,2016,37(2):37-46.

[121] 沈堰奇. 论在西部高校实行"教师互聘制"[J]. 教育评论,2008(2):110-112.

[122] 石丽,刘远.中国普通高校本专科教育规模空间分布格局及影响因素[J].教育与经济,2014(3):66-72.

[123] 石伟平,陆俊杰.城镇化市民化进程中我国城乡统筹发展职业教育策略研究[J].西南大学学报(社会科学版),2013,39(4):53-63+174.

[124] 时昱,余鸿飞.地区发展与高等教育获得的性别差异——基于全国12所高校调查数据的分析发现[J].大学教育科学,2021(6):28-40.

[125] 孙建波."双师型"教师研究的六个特点[J].职教论坛,2013(4):68-71.

[126] 孙士杰.论我国地方本科高师人力资源配置的现状及其优化[J].教育与经济,2000(4):45-48.

[127] 谭冠中.知识管理视阈的地方高校教师队伍建设[J].广东技术师范学院学报(社会科学版),2012(2):108-110.

[128] 唐玉光.中西部高等教育跨越式发展路径探索[J].团结,2020,23(5):45-48.

[129] 吐尔孙古丽·玉苏普,侯建,陈建成.创新型人力资本对区域发展质量的城市化异质门槛效应研究[J].科技与管理,2021,23(5):12-21.

[130] 王德广.地方高校人力资源开发面临的困境与对策[J].中国高教研究,2010(9):57-58.

[131] 王根顺.西部开发与西部高等教育发展[J].教育发展研究,2001(2):30-33.

[132] 王利爽,阳荣威."双一流"建设背景下"C9联盟"高校师资队伍及结构调查研究[J].大学教育科学,2017,4(6):32-37.

[133] 王秋燕.高校人力资源配置情况研究[J].科技与管理,2004(4):121-123.

[134] 王瑞娟,吴锁柱.高校教师资源市场化配置研究[J].社会科学论坛,2005(12):116-117.

[135] 王维维,崔洁.地方高校教师教学业绩激励机制构建现状调查与改进对策[J].陕西学前师范学院学报,2021,37(5):127-132.

[136] 王卫平.新疆独立学院教师资源配置影响因素分析[J].南昌教育学院学报,2012,27(8):77-78.

[137] 王叙红,赵丽,冯鸿.西部地方转型高校教师专业发展问题与对策研究[J].成都师范学院学报,2017(2):18-22.

[138] 王政贵,钱存阳,等.基于DEA模型的高校教师绩效的定量分析[J].高等工程教育研究,2011(5):134-138.

[139] 文雯.高等教育规模扩张中资源布局的实证研究[J].高等教育研究,2010,31(4):53-59.

[140] 吴伟伟.高等学校教师流动管制与师资配置效率[J].高教探索,2017,170(6):110-113,118.

[141] 吴卫东,李丽娟,高原.欧洲教师:欧洲一体化进程中教师教育的新概念[J].全球教育展望,2019(6):110-118.

[142] 吴务南,朱俊兰.论地方高校人力资源的优化配置[J].南昌大学学报(人文社会科学版),2005(6):177-181.

[143] 武春光,于成学.基于泰尔指数的我国区域差异多指标测度[J].统计与决策,2008(18):114-116.

[144] 奚昕,邢金卫.论地方高校兼职教师管理模式的构建[J].安徽师范大学学报(自然科学版),2009(3):302-306.

[145] 肖鸣政.试论人力资源配置及其作用与模式[J].中国地质大学学报(社会科学版),2001(4):26-29.

[146] 谢维和.高等教育:区域发展的新地标[J]中国高教研究,2018(4):12-15.

[147] 徐娟,贾永堂.大学高层次人才流动乱象及其治理——基于政府规制与市场设计理论的探析[J].高校教育管理,2019(3):97-106.

[148] 徐小洲,倪好,辛越优.走向新时代:我国高等教育均衡发展的难题与策略[J].高等教育研究,2017(12):30-34.

[149] 许烨.区域高等教育教师资源建设战略规划[J].湖南省社会主义学院学报,2016,17(3):78-81.

[150] 薛阳,秦金山,李曼竹,等.人力资本、高技术产业集聚与城镇化质量提升[J].科学学研究,2022,40(6):1014-1023+1053.

[151] 闫坤,卫婷婷.公共财政促进高等教育均衡发展的责任研究[J].财经问题研究,2011(10):76-83.

[152] 颜锦江,姜浩亮,程永忠,等.供给侧结构性改革背景下医院投入产出效率评价——基于因子分析和DEA模型[J].财经科学,2016,342(9):112-123.

[153] 杨光晔.西部地方大学师资建设的问题与对策[J].西安电子科技大学学报(社会科学版),2015(2):127-131.

[154] 杨学义.高校教师资源配置模式研究[J].中国高教研究,2005(5):15-16.

[155] 杨伊,胡俊男,谭宁.高等教育投入、人力资本结构对区域经济增长影响的外溢性研究[J].黑龙江高教研究,2021,39(9):36-44.

[156] 姚淑云.合理开发和优化配置高校人力资源[J].科技管理研究,2002(2):17-19.

[157] 游建军,王成端等."中西部高校基础能力建设工程"及其在西部的有

效推进[J]. 高等教育研究,2014,35(1):46-49.
[158] 于海棠. 基于知识管理的高校人力资源配置[J]. 研究与发展管理,2006(1):122-127+135.
[159] 袁占亭. 振兴中西部高等教育:我国高等教育现代化的必由之路[J]. 中国高教研究,2019(11):5-8.
[160] 岳昌君,吴淑姣. 人力资本的外部性与行业收入差异[J]. 北京大学教育评论,2005,(4):31-37+49.
[161] 翟志成,罗明姝. 二元结构下高校教师资源配置和素质的缺陷及其优化[J]. 教育与经济,2000(3):49-52.
[162] 张发旺. 区域高等教育协调发展:多维目标选择与战略统筹机制[J] 中国高教研究,2020(8):6-10.
[163] 张海水. 高等教育公共财政资源政府配置差异分析[J]. 教育学术月刊,2014(1):25-31.
[164] 张奎明. 我国高等教育规模与资源状况分析[J]. 高等工程教育研究,2004(2):33-36.
[165] 张万朋,李梦琦. 新常态下我国教育资源配置改革的特点、挑战与应对[J]. 苏州大学学报(教育科学版),2020,8(3):38-45.
[166] 张业超. 适应市场经济需要 合理配置使用高校教师资源[J]. 中国高校师资研究,2000(2):38-42.
[167] 赵荣侠. 新时期西部一般地方高校增强科研实力探讨[J]. 科技管理研究,2009(8):236-238.
[168] 赵翔宇,向朝春. 地方高校应用型师资队伍建设的制度研究[J]. 教育与职业,2015(19):57-59.
[169] 周海涛,李虔. 大学教师对内部资源满意水平及其影响因素的个案分析[J]. 高等工程教育研究,2014(3):172-176.
[170] 马体荣,马早明,卓泽林. 高等教育改革如何促进区域协调发展——以京津冀、长三角和粤港澳大湾区为例[J]. 江苏高教,2020(12):35-43.
[171] 蔡亚奇. 区域高等学校人力资源配置水平评价及其影响因素的研究[D]. 江苏:苏州大学,2015.
[172] 丁文惠. 基于DEA-Tobit两步法的普通高校人力资源利用效率研究[D]. 合肥:安徽农业大学,2014.
[173] 雷鑫. 基于DEA的研究型大学人力资源优化配置研究[D]. 广州:华南理工大学,2015.
[174] 徐志平. 中国高校学术劳动力市场的供求结构研究[D]. 武汉:华中科技大学,2019.

[175] 周琪. 中国高校教师人力资源优化配置研究[D]. 长江：湖南大学，2008.

[176] 朱青. 高等教育效率评价及影响因素研究[D]. 重庆：西南大学，2017.

[177] 国务院. 关于实施西部大开发若干政策措施的通知[EB/OL].（2000-10-26）[2017-6-15]. http://wap.moe.gov.cn/jyb_xxgk/gk_gbgg/moe_0/moe_7/moe_445/tnull_5921.html

[178] 教育部. 关于印发《普通高等学校基本办学条件指标（试行）》的通知[EB/OL].（2004-01-10）[2017-10-19]. http://www.moe.gov.cn/srcsite/A03/s7050/200402/t20040206_180515.html

[179] 国家中长期教育改革和发展规划纲要工作小组办公室. 国家中长期教育改革和发展规划纲要（2010—2020年）[EB/OL].（2010-07-29）[2018-5-23]. http://www.moe.gov.cn/srcsite/A01/s7048/201007/t20100729_171904.html

[180] 教育部办公厅. 关于开展普通高等学校本科教学工作合格评估的通知[EB/OL].（2012-01-10）[2017-12-28]. http://www.moe.gov.cn/srcsite/A08/s7056/201802/t20180208_327138.html

[181] 教育部、国家发展改革委、财政部. 关于印发《中西部高等教育振兴计划（2012—2020年）》的通知[EB/OL].（2013-02-28）[2017-8-15]. http://www.moe.gov.cn/srcsite/A08/s7056/201302/t20130228_148468.html?from=timeline&isappinstalled=0.

[182] 国务院办公厅. 关于加快中西部教育发展的指导意见[EB/OL].（2016-06-15）[2017-8-15]. http://www.gov.cn/zhengce/content/2016-06/15/content_5082382.htm

[183] 国家发展改革委. 关于印发西部大开发"十三五"规划的通知[EB/OL].（2017-01-11）[2017-07-15]. http://www.gov.cn/xinwen/2017-01/23/content_5162468.htm

[184] 教育部. 关于"十三五"时期高等学校设置工作的意见[EB/OL].（2017-02-04）[2017-08-20] http://www.moe.gov.cn/srcsite/A03/s181/201702/t20170217_296529.html

[185] 教育部. 中国教育概况——2019年全国教育事业发展情况[EB/OL].（2020-08-31）[2020-11-28]. http://www.moe.gov.cn/jyb_sjzl/s5990/202008/t20200831_483697.html

[186] 中共中央. 中华人民共和国国民经济和社会发展第十四个五年规划和2035年远景目标纲要[EB/OL].（2021-03-13）[2021-08-12]. http://www.gov.cn/xinwen/2021-03/13/content_5592681.htm

[187] 伊特韦尔，等. 新帕尔格雷夫经济学大辞典[Z]. 2卷. 陈岱孙，译.

北京:经济科学出版社,1992:736.

[188] 刘树成. 现代经济词典[Z]. 南京:凤凰出版社. 2005:1292.

[189] 谢维和. 双一流建设离不开教师这个"第一资源"[N]. 光明日报, 2018-02-17.

[190] BALL R. Allocation of academic staff in universities[J]. Higher Education,1980,9(4):419-427.

[191] BANKER R D, CHARNES A, COOPER W W, et al.. An introduction to data envelopment analysis with some of its models and their uses[J]. Research in Governmental and Nonprofit Accounting,1989, 5(1):125-163.

[192] BARNEY J. Firm resources and sustained competitive advantage[J]. Journal of Management,1991,17(1):99-120.

[193] BECKER G S. Human capital: A theoretical and empirical analysis, with special reference to education[J]. Revue Économique, 1967, 18(1): 132-133.

[194] BERTINELLI L, BLACK D. Urbanization and growth[J]. Journal of Urban Economics, 2004, 56(1):80-96.

[195] BLAUG M. Economics of education: A selected annotated bibliography[M]. Oxford:Pergamon Press,1978:1.

[196] BOUILLARD P. A multi-objective method to align human resource allocation with university strategy[J]. Perspectives: Policy and Practice in Higher Education,2016, 20(1):17-23.

[197] BOXALL P. The strategic HRM debate and the resource-based view of the firm[J]. Human Resource Management Journal, 1996, 6(3):59-75.

[198] CABALLERO R, GALACHE T, GÓMEZ T, et al.. Budgetary allocations and efficiency in the human resources policy of a university following multiple criteria[J]. Economics of Education Review, 2004, 23(1):67-74.

[199] CHARNES A, COOPER W W, RHODES E. Measuring the efficiency of decision making units[J]. European Journal of Operational Research, 1978, 2(6):429-444.

[200] DRUCKER P. The practice of management[M]. New York and Evanston:Harper& Row, Publishers,1954:264.

[201] GLAVATSKIH O B. Strategy formation of university human resource development[D]. PhD Thesis. Izhevsk, 2002:161.

[202] GOETZ S J, Hu D. Economic growth and human capital accumulation: Simultaneity and expanded convergence tests[J]. Economics Letters, 1996, 51(3):355-362.

[203] GOMES O. Decentralized allocation of human capital and nonlinear growth[J]. Computational Economies, 2008, 31:45-75.

[204] HACKMAN J D. Power and centrality in the allocation of resources in colleges and universities[J]. Administrative Science Quarterly, 1985:61-77.

[205] HONAN J P, TEFERRA D. The US academic profession: Key policy challenges[J]. Higher Education,2001,41(1-2): 183-203.

[206] KAMOCHE K. Understanding Human Resource Management[M]. Buckingham Philadelphia:Open University Press. 2001:46-47.

[207] LADO A A, WILSON M C. Human resource systems and sustained competitive advantage: A competency-based perspective[J]. Academy of Management Review, 1994, 19(4):699-727.

[208] LAYZELL D T. Faculty workload and productivity: Recurrent issues with new imperatives[J]. The Review of Higher Education, 1996, 19(3):267-281.

[209] LAYZELL D T. Linking performance to funding outcomes for public institutions of higher education: The US experience[J]. European Journal of Education, 1998, 33(1):103-108.

[210] LENGNICK-HALL C A, LENGNICK-HALL M L. Strategic human resources management: A review of the literature and a proposed typology[J]. Academy of Management Review,1988, 13 (3):454-470.

[211] LEPAK D P, SNELL S A. The human resource architecture: Toward a theory of human capital allocation and development[J]. Academy of Management Review, 1999, 24(1):31-48.

[212] LEVIN H M. Raising productivity in higher education[J]. The Journal of Higher Education,1991, 62(3):241-262.

[213] LIEFNER I. Funding, resource allocation, and performance in higher education systems[J]. Higher Education, 2003, 46(4): 469-489.

[214] MACE J. Funding matters: A case study of two universities' response to recent funding changes[J]. Journal of Education Policy, 1995, 10(1):57-74.

[215] MALMQUIST S. Index numbers and indifference surfaces[J]. Trabajos De Estadística,1953,4(2):209-242.

[216] MELCHIORI G S. Smaller and better: The University of Michigan experience[J]. Research in Higher Education, 1982, 16(1):55-69.

[217] MORGAN A W. The new strategies: Roots, context, and overview[J]. New Directions for Institutional Research, 1984, (43):5-19.

[218] PRAHALAD C K, HAMEL G. The Core Competence of the Corporation[J]. Harvard Business Review, 1990, 68(5):79-91.

[219] SCHMIDTLEIN F A, Taylor A L. Responses of American research universities to issues posed by the changing environment of higher education[J]. Minerva, 1996, 34(3): 291-308.

[220] SCHULTZ T W. Capital formation by education[J]. Journal of Political Economy,1960,68(6): 571-583.

[221] SMYTH R, MISHRA V. Academic inbreeding and research productivity in australian law schools[J]. Scientometrics, 2014, 98(1):583-618.

[222] VAN VUGHT F A. Combining planning and the market: An analysis of the government strategy towards higher education in the Netherlands[J]. Higher Education Policy,1997,10(3-4):211-224.

[223] WAGNER A. Financing higher education: New approaches, new issues[J]. Higher Education Management, 1996, 8(1):7-17.

[224] WERNERFELT B. A resource-based view of the firm[J]. Strategic Management Journal, 1984, 5(2):171-180.

[225] WILLIAMS G. The market route to mass higher education: British experience 1979—1996[J]. Higher Education Policy, 1997, 10(3-4):275-289.

[226] WOLF Jr C. Markets or Governments: Choosing between imperfect alternatives[M]. Cambridge:Mit Press,1993:2.

[227] WRIGHT P M, MCMAHAN G C, MCWILLIAMS A. Human resources and sustained competitive advantage: A resource-based perspective [J]. International Journal of Human Resource Management, 1994,5(2):301-326.

[228] ZEMSKY R, MASSY W F. Expanding perimeters, melting cores, and sticky functions toward an understanding of our current predicaments[J]. Change:The Magazine of Higher Learning,1995, 27(6):40-49.

附录

附表1　2020年西部分省区市地方公办普通本科院校名单

省区	高校名称	数量
内蒙古	内蒙古大学、内蒙古科技大学、内蒙古工业大学、内蒙古农业大学、内蒙古医科大学、内蒙古师范大学、内蒙古民族大学、赤峰学院、内蒙古财经大学、呼伦贝尔学院、集宁师范学院、河套学院、呼和浩特民族学院、内蒙古艺术学院、鄂尔多斯应用技术学院	15所
广西	广西大学、广西科技大学、桂林电子科技大学、桂林理工大学、广西医科大学、右江民族医学院、广西中医药大学、桂林医学院、广西师范大学、南宁师范大学、广西民族师范学院、河池学院、玉林师范学院、广西艺术学院、广西民族大学、百色学院、梧州学院、广西科技师范学院、广西财经学院、北部湾大学、桂林航天工业学院、桂林旅游学院、贺州学院、广西警察学院、广西职业师范学院	25所
重庆	重庆邮电大学、重庆交通大学、重庆医科大学、重庆师范大学、重庆文理学院、重庆三峡学院、长江师范学院、四川外国语大学、西南政法大学、四川美术学院、重庆科技学院、重庆理工大学、重庆工商大学、重庆警察学院、重庆第二师范学院	15所
四川	西南石油大学、成都理工大学、西南科技大学、成都信息工程大学、四川轻化工大学、西华大学、四川农业大学、西昌学院、西南医科大学、成都中医药大学、川北医学院、四川师范大学、西华师范大学、绵阳师范学院、内江师范学院、宜宾学院、四川文理学院、阿坝师范学院、乐山师范学院、成都体育学院、四川音乐学院、成都大学、成都工业学院、攀枝花学院、四川旅游学院、四川民族学院、四川警察学院、成都医学院、成都师范学院	29所
贵州	贵州大学、贵州医科大学、遵义医科大学、贵州中医药大学、贵州师范大学、遵义师范学院、铜仁学院、兴义民族师范学院、安顺学院、贵州工程应用技术学院、凯里学院、黔南民族师范学院、贵州财经大学、贵州民族大学、贵阳学院、六盘水师范学院、贵州商学院、贵州警察学院、贵州师范学院、贵州理工学院	20所

续表

省区	高校名称	数量
云南	云南大学、昆明理工大学、云南农业大学、西南林业大学、昆明医科大学、大理大学、云南中医药大学、云南师范大学、昭通学院、曲靖师范学院、普洱学院、保山学院、红河学院、云南财经大学、云南艺术学院、云南民族大学、玉溪师范学院、楚雄师范学院、云南警官学院、昆明学院、文山学院、滇西科技师范学院、滇西应用技术大学	23所
西藏	西藏大学、西藏农牧学院、西藏民族大学、西藏藏医药大学	4所
陕西	西北大学、西安理工大学、西安工业大学、西安建筑科技大学、西安科技大学、西安石油大学、陕西科技大学、西安工程大学、陕西中医药大学、延安大学、陕西理工大学、宝鸡文理学院、咸阳师范学院、渭南师范学院、西安外国语大学、西北政法大学、西安体育学院、西安音乐学院、西安美术学院、西安文理学院、榆林学院、商洛学院、安康学院、西安财经大学、西安邮电大学、西安航空学院、西安医学院、陕西学前师范学院	28所
甘肃	兰州理工大学、兰州交通大学、甘肃农业大学、甘肃中医药大学、西北师范大学、兰州城市学院、陇东学院、天水师范学院、河西学院、兰州财经大学、甘肃政法大学、甘肃民族师范学院、兰州文理学院、甘肃医学院、兰州工业学院	15所
青海	青海大学、青海师范大学、青海民族大学	3所
宁夏	宁夏大学、宁夏医科大学、宁夏师范学院	3所
新疆	新疆大学、石河子大学、塔里木大学、新疆农业大学、新疆医科大学、新疆师范大学、喀什大学、伊犁师范大学、新疆财经大学、新疆艺术学院、新疆工程学院、昌吉学院、新疆警察学院、新疆理工学院、新疆科技学院	15所
西部地区地方公办普通本科院校数合计		195所

资料来源:中华人民教育部《2020年全国高等学校名单》资料整理,截至2020年6月30日。http://www.moe.gov.cn/jyb_xxgk/s5743/s5744/202007/t20200709_470937.html

附表2 2014年西部地方高校教师资源配置效率统计分析结果

省区市	地方高校名	学校类型	技术效率	纯技术效率	规模效率	规模回报
内蒙古	内蒙古大学	综合类	0.967	0.967	1	—
内蒙古	赤峰学院	综合类	0.993	1	0.993	drs
内蒙古	呼和浩特民族学院	综合类	0.964	1	0.964	irs
内蒙古	呼伦贝尔学院	综合类	1	1	1	—
内蒙古	集宁师范学院	师范类	0.919	0.979	0.939	irs
内蒙古	内蒙古科技大学	综合类	1	1	1	—

续表

省区市	地方高校名	学校类型	技术效率	纯技术效率	规模效率	规模回报
内蒙古	内蒙古农业大学	农林类	1	1	1	—
内蒙古	内蒙古工业大学	理工类	0.972	0.976	0.995	irs
内蒙古	内蒙古师范大学	师范类	1	1	1	—
内蒙古	内蒙古医科大学	医药类	1	1	1	—
广西	广西大学	综合类	1	1	1	—
广西	百色学院	综合类	1	1	1	—
广西	北部湾大学	综合类	0.951	0.999	0.952	irs
广西	广西科技大学	综合类	0.937	0.946	0.990	irs
广西	广西民族大学	民族类	1	1	1	—
广西	广西民族师范学院	师范类	1	1	1	—
广西	广西师范大学	师范类	1	1	1	—
广西	广西中医药大学	医药类	0.986	0.997	0.990	—
广西	桂林理工大学	理工类	1	1	1	—
广西	桂林医学院	医药类	1	1	1	—
广西	河池学院	综合类	1	1	1	—
广西	贺州学院	综合类	1	1	1	—
广西	梧州学院	综合类	1	1	1	—
广西	右江民族医学院	医药类	1	1	1	—
重庆	长江师范学院	师范类	1	1	1	—
重庆	重庆交通大学	理工类	1	1	1	—
重庆	重庆科技学院	理工类	1	1	1	—
重庆	重庆理工大学	理工类	0.971	0.983	0.987	irs
重庆	重庆三峡学院	综合类	1	1	1	—
重庆	重庆师范大学	师范类	1	1	1	—
重庆	重庆文理学院	综合类	1	1	1	—
重庆	重庆医科大学	医药类	1	1	1	—
重庆	重庆邮电大学	理工类	1	1	1	—
四川	四川农业大学	农林类	1	1	1	—
四川	成都大学	综合类	1	1	1	—
四川	成都理工大学	理工类	1	1	1	—
四川	成都信息工程大学	理工类	1	1	1	—

续表

省区市	地方高校名	学校类型	技术效率	纯技术效率	规模效率	规模回报
四川	四川轻化工大学	理工类	1	1	1	—
四川	成都医学院	医药类	1	1	1	—
四川	川北医学院	医药类	0.917	0.951	0.964	irs
四川	乐山师范学院	师范类	0.982	0.987	0.995	irs
四川	绵阳师范学院	师范类	0.989	0.990	0.998	irs
四川	内江师范学院	师范类	0.947	0.962	0.984	irs
四川	攀枝花学院	综合类	1	1	1	—
四川	四川民族学院	民族类	1	1	1	—
四川	四川师范大学	师范类	1	1	1	—
四川	四川文理学院	综合类	1	1	1	—
四川	西昌学院	综合类	1	1	1	—
四川	西华大学	综合类	1	1	1	—
四川	西华师范大学	师范类	1	1	1	—
四川	西南科技大学	理工类	1	1	1	—
四川	西南石油大学	理工类	1	1	1	—
四川	宜宾学院	综合类	1	1	1	—
云南	楚雄师范学院	师范类	1	1	1	—
云南	大理大学	综合类	0.934	0.969	0.964	irs
云南	红河学院	综合类	1	1	1	—
云南	昆明学院	综合类	0.939	0.951	0.988	irs
云南	昆明理工大学	理工类	1	1	1	—
云南	曲靖师范学院	师范类	1	1	1	—
云南	云南民族大学	民族类	1	1	1	—
云南	云南农业大学	农林类	0.989	0.991	0.998	irs
云南	云南师范大学	师范类	1	1	1	—
云南	云南中医药大学	医药类	0.938	0.957	0.980	irs
陕西	安康学院	综合类	1	1	1	—
陕西	延安大学	综合类	0.979	0.993	0.986	irs
陕西	宝鸡文理学院	师范类	1	1	1	—
陕西	陕西科技大学	理工类	1	1	1	—
陕西	商洛学院	综合类	1	1	1	—

续表

省区市	地方高校名	学校类型	技术效率	纯技术效率	规模效率	规模回报
陕西	西安财经大学	财经类	1	1	1	—
陕西	西安工业大学	理工类	1	1	1	—
陕西	西安科技大学	理工类	1	1	1	—
陕西	西安文理学院	综合类	1	1	1	—
陕西	咸阳师范学院	师范类	1	1	1	—
陕西	榆林学院	综合类	1	1	1	—
陕西	渭南师范学院	师范类	1	1	1	—
甘肃	甘肃民族师范学院	师范类	1	1	1	—
青海	青海大学	综合类	0.921	0.937	0.983	irs
青海	青海师范大学	师范类	1	1	1	—
宁夏	宁夏大学	综合类	0.980	0.983	0.997	drs
宁夏	宁夏医科大学	医药类	0.784	0.955	0.822	irs
新疆	石河子大学	综合类	1	1	1	—
新疆	新疆大学	综合类	0.969	0.970	1	—
新疆	新疆农业大学	农林类	1	1	1	—
	平均值		0.987	0.993	0.994	

注：其中 irs 表示规模报酬递增，drs 表示规模报酬递减。

附表3 2015年西部地方高校教师资源配置效率统计分析结果

省区市	地方高校名	学校类型	技术效率	纯技术效率	规模效率	规模回报
内蒙古	内蒙古大学	综合类	1	1	1	—
内蒙古	内蒙古工业大学	理工类	1	1	1	—
内蒙古	内蒙古民族大学	综合类	1	1	1	—
内蒙古	内蒙古医科大学	医药类	1	1	1	—
广西	广西大学	综合类	1	1	1	—
广西	北部湾大学	综合类	0.891	0.965	0.923	irs
广西	广西科技大学	综合类	0.950	0.957	0.992	irs
广西	广西民族师范学院	师范类	0.994	1	0.994	irs
广西	广西医科大学	医药类	0.963	0.965	0.998	irs
广西	桂林电子科技大学	理工类	0.989	1	0.989	irs
重庆	重庆工商大学	财经类	1	1	1	—
重庆	重庆理工大学	理工类	0.986	0.994	0.992	irs

续表

省区市	地方高校名	学校类型	技术效率	纯技术效率	规模效率	规模回报
四川	四川农业大学	农林类	1	1	1	—
四川	成都大学	综合类	1	1	1	—
四川	成都工业学院	理工类	0.811	0.949	0.855	irs
四川	成都理工大学	理工类	1	1	1	—
四川	成都信息工程大学	理工类	0.972	0.981	0.990	irs
四川	成都医学院	医药类	1	1	1	—
四川	成都中医药大学	医药类	0.975	0.991	0.984	irs
四川	川北医学院	医药类	0.978	0.979	0.999	drs
四川	乐山师范学院	师范类	0.966	0.971	0.995	irs
四川	绵阳师范学院	师范类	0.957	0.972	0.984	irs
四川	内江师范学院	师范类	0.928	0.960	0.966	irs
四川	攀枝花学院	综合类	1	1	1	—
四川	四川民族学院	民族类	1	1	1	—
四川	四川轻化工大学	理工类	1	1	1	—
四川	四川师范大学	师范类	1	1	1	—
四川	四川文理学院	综合类	1	1	1	—
四川	西昌学院	综合类	1	1	1	—
四川	西华大学	综合类	1	1	1	—
四川	西南科技大学	理工类	1	1	1	—
四川	西南石油大学	理工类	1	1	1	—
四川	西南医科大学	医药类	1	1	1	—
四川	宜宾学院	综合类	0.985	1	0.985	irs
贵州	贵州大学	综合类	1	1	1	—
贵州	贵阳学院	综合类	0.987	1	0.987	irs
贵州	贵州财经大学	财经类	1	1	1	—
贵州	贵州民族大学	民族类	1	1	1	—
贵州	贵州师范大学	师范类	1	1	1	—
贵州	贵州医科大学	医药类	0.850	0.938	0.907	irs
贵州	贵州中医药大学	医药类	1	1	1	—
贵州	凯里学院	师范类	1	1	1	—
贵州	黔南民族师范学院	师范类	1	1	1	—

续表

省区市	地方高校名	学校类型	技术效率	纯技术效率	规模效率	规模回报
云南	楚雄师范学院	师范类	1	1	1	—
云南	曲靖师范学院	师范类	1	1	1	—
云南	玉溪师范学院	师范类	0.955	0.994	0.961	irs
云南	云南师范大学	师范类	1	1	1	—
云南	昭通学院	综合类	1	1	1	—
陕西	陕西中医药大学	医药类	1	1	1	—
陕西	西安医学院	医药类	1	1	1	—
陕西	榆林学院	综合类	1	1	1	—
甘肃	河西学院	综合类	0.956	0.970	0.985	irs
甘肃	陇东学院	综合类	1	1	1	—
甘肃	天水师范学院	师范类	0.984	1	0.984	irs
青海	青海民族大学	民族类	0.903	0.975	0.926	irs
青海	青海师范大学	师范类	1	1	1	—
宁夏	宁夏大学	综合类	0.939	0.946	0.992	irs
宁夏	宁夏师范学院	师范类	0.917	0.983	0.934	irs
新疆	新疆大学	综合类	0.965	0.966	0.999	irs
新疆	昌吉学院	综合类	1	1	1	—
新疆	喀什大学	综合类	0.932	0.971	0.960	irs
新疆	新疆农业大学	农林类	1	1	1	—
新疆	新疆师范大学	师范类	0.976	0.979	0.997	irs
新疆	新疆医科大学	医药类	1	1	1	—
新疆	伊犁师范大学	师范类	0.870	0.956	0.910	irs
	平均值		0.978	0.990	0.987	

注：其中 irs 表示规模报酬递增，drs 表示规模报酬递减。

附表 4　2016 年西部地方高校教师资源配置效率统计分析结果

省区市	地方高校名	学校类型	技术效率	纯技术效率	规模效率	规模回报
内蒙古	内蒙古大学	综合类	1	1	1	—
内蒙古	赤峰学院	综合类	0.993	1	0.993	drs
内蒙古	河套学院	综合类	1	1	1	—
内蒙古	呼和浩特民族学院	综合类	1	1	1	—
内蒙古	呼伦贝尔学院	综合类	1	1	1	—

续表

省区市	地方高校名	学校类型	技术效率	纯技术效率	规模效率	规模回报
内蒙古	集宁师范学院	师范类	1	1	1	—
内蒙古	内蒙古财经大学	财经类	1	1	1	—
内蒙古	内蒙古工业大学	理工类	0.982	0.987	0.995	irs
内蒙古	内蒙古科技大学	综合类	0.929	0.950	0.978	irs
内蒙古	内蒙古民族大学	综合类	1	1	1	—
内蒙古	内蒙古医科大学	医药类	0.996	1	0.996	drs
广西	广西大学	综合类	1	1	1	—
广西	北部湾大学	综合类	0.947	0.980	0.966	irs
广西	广西财经学院	财经类	1	1	1	—
广西	广西科技大学	综合类	0.916	0.934	0.981	irs
广西	广西民族大学	民族类	1	1	1	—
广西	广西民族师范学院	师范类	0.991	1	0.991	irs
广西	广西师范大学	师范类	1	1	1	—
广西	广西中医药大学	医药类	1	1	1	—
广西	桂林电子科技大学	理工类	0.969	0.976	0.993	irs
广西	桂林航天工业学院	理工类	0.997	1	0.997	irs
广西	桂林理工大学	理工类	0.942	0.981	0.961	irs
广西	桂林医学院	医药类	0.842	0.921	0.914	irs
广西	河池学院	综合类	0.978	0.988	0.989	irs
广西	贺州学院	综合类	1	1	1	—
广西	梧州学院	综合类	0.925	0.962	0.961	irs
广西	右江民族医学院	医药类	1	1	1	—
广西	玉林师范学院	师范类	1	1	1	—
重庆	长江师范学院	师范类	0.993	0.994	0.999	irs
重庆	重庆第二师范学院	师范类	0.869	0.957	0.908	irs
重庆	重庆警察学院	政法类	1	1	1	—
重庆	重庆科技学院	理工类	0.957	0.987	0.969	irs
重庆	重庆三峡学院	综合类	0.982	0.995	0.987	irs
重庆	重庆医科大学	医药类	0.910	0.915	0.994	irs
重庆	重庆邮电大学	理工类	1	1	1	—
四川	四川农业大学	农林类	1	1	1	—

续表

省区市	地方高校名	学校类型	技术效率	纯技术效率	规模效率	规模回报
四川	成都工业学院	理工类	0.839	0.965	0.869	irs
四川	成都理工大学	理工类	1	1	1	—
四川	成都体育学院	体育类	0.989	1	0.989	irs
四川	成都信息工程大学	理工类	0.949	0.981	0.967	irs
四川	乐山师范学院	师范类	0.942	0.949	0.993	irs
四川	绵阳师范学院	师范类	0.984	1	0.984	irs
四川	内江师范学院	师范类	0.922	0.955	0.965	irs
四川	攀枝花学院	综合类	1	1	1	—
四川	西南石油大学	理工类	1	1	1	—
贵州	安顺学院	综合类	1	1	1	—
贵州	贵州工程应用技术学院	师范类	1	1	1	—
贵州	贵州师范大学	师范类	0.957	0.986	0.971	irs
贵州	六盘水师范学院	师范类	1	1	1	—
贵州	遵义师范学院	师范类	1	1	1	—
贵州	遵义医科大学	医药类	0.932	0.955	0.975	irs
云南	云南大学	综合类	1	1	1	—
云南	保山学院	综合类	1	1	1	—
云南	楚雄师范学院	师范类	0.995	0.998	0.996	irs
云南	大理大学	综合类	0.910	0.958	0.950	irs
云南	昆明理工大学	理工类	1	1	1	—
云南	昆明学院	综合类	0.946	0.965	0.980	irs
云南	昆明医科大学	医药类	1	1	1	—
云南	普洱学院	综合类	0.920	0.962	0.957	irs
云南	曲靖师范学院	师范类	1	1	1	—
云南	西南林业大学	农林类	0.932	1	0.932	irs
云南	玉溪师范学院	师范类	0.918	0.967	0.949	irs
云南	云南财经大学	财经类	1	1	1	—
云南	云南民族大学	民族类	1	1	1	—
云南	云南农业大学	农林类	0.980	1	0.980	irs
云南	云南师范大学	师范类	1	1	1	—
云南	云南中医药大学	医药类	1	1	1	—

续表

省区市	地方高校名	学校类型	技术效率	纯技术效率	规模效率	规模回报
云南	昭通学院	综合类	1	1	1	—
西藏	西藏大学	综合类	1	1	1	—
陕西	西北大学	综合类	0.990	1	0.990	irs
陕西	安康学院	综合类	1	1	1	—
陕西	陕西科技大学	理工类	1	1	1	—
陕西	陕西理工大学	理工类	1	1	1	—
陕西	陕西学前师范学院	师范类	1	1	1	—
陕西	商洛学院	综合类	1	1	1	—
陕西	渭南师范学院	师范类	1	1	1	—
陕西	西安财经大学	财经类	1	1	1	—
陕西	西安工业大学	理工类	0.947	0.981	0.965	irs
陕西	西安科技大学	理工类	1	1	1	—
陕西	西安文理学院	综合类	0.926	0.977	0.947	irs
陕西	咸阳师范学院	师范类	0.929	0.949	0.978	irs
陕西	延安大学	综合类	0.976	1	0.976	irs
陕西	榆林学院	综合类	0.904	0.975	0.927	irs
甘肃	甘肃民族师范学院	师范类	1	1	1	—
甘肃	甘肃农业大学	农林类	1	1	1	—
甘肃	兰州城市学院	综合类	1	1	1	—
甘肃	兰州交通大学	综合类	1	1	1	—
甘肃	兰州理工大学	理工类	0.989	0.992	0.997	irs
青海	青海大学	综合类	0.911	0.950	0.959	irs
宁夏	宁夏大学	综合类	0.993	0.996	0.996	irs
宁夏	宁夏师范学院	师范类	0.875	0.976	0.896	irs
宁夏	宁夏医科大学	医药类	1	1	1	—
新疆	石河子大学	综合类	1	1	1	—
新疆	塔里木大学	综合类	0.971	1	0.971	irs
新疆	新疆医科大学	医药类	1	1	1	—
	平均值		0.975	0.989	0.986	

注：其中 irs 表示规模报酬递增，drs 表示规模报酬递减。

附表5　2017年西部地方高校教师资源配置效率统计分析结果

省区市	地方高校名	学校类型	技术效率	纯技术效率	规模效率	规模回报
内蒙古	河套学院	综合类	0.946	0.958	0.987	irs
内蒙古	呼和浩特民族学院	综合类	1	1	1	—
内蒙古	内蒙古财经大学	财经类	1	1	1	—
内蒙古	内蒙古民族大学	综合类	1	1	1	—
内蒙古	内蒙古师范大学	师范类	1	1	1	—
内蒙古	内蒙古医科大学	医药类	1	1	1	—
广西	百色学院	综合类	1	1	1	—
广西	北部湾大学	综合类	1	1	1	—
广西	广西财经学院	财经类	0.997	1	0.997	drs
广西	广西民族大学	民族类	0.982	0.983	0.999	irs
广西	广西民族师范学院	师范类	0.980	0.992	0.988	irs
广西	广西师范大学	师范类	0.960	0.960	0.999	irs
广西	广西中医药大学	医药类	0.889	0.930	0.956	irs
广西	桂林电子科技大学	理工类	0.959	0.963	0.996	irs
广西	桂林理工大学	理工类	1	1	1	—
广西	桂林医学院	医药类	0.918	0.936	0.980	irs
广西	河池学院	综合类	1	1	1	—
广西	贺州学院	综合类	1	1	1	—
广西	梧州学院	综合类	1	1	1	—
广西	玉林师范学院	师范类	1	1	1	—
重庆	长江师范学院	师范类	1	1	1	—
重庆	重庆科技学院	理工类	0.912	0.944	0.966	irs
重庆	重庆三峡学院	综合类	0.982	0.983	0.998	irs
重庆	重庆师范大学	师范类	1	1	1	—
重庆	重庆医科大学	医药类	0.917	0.967	0.949	drs
重庆	重庆邮电大学	理工类	1	1	1	—
四川	四川农业大学	农林类	1	1	1	—
四川	成都体育学院	体育类	0.976	1	0.976	irs
四川	乐山师范学院	师范类	0.981	0.985	0.996	irs
四川	内江师范学院	师范类	1	1	1	—
四川	攀枝花学院	综合类	1	1	1	—

续表

省区市	地方高校名	学校类型	技术效率	纯技术效率	规模效率	规模回报
四川	四川警察学院	政法类	0.958	1	0.958	irs
四川	四川文理学院	综合类	1	1	1	—
四川	西昌学院	综合类	1	1	1	—
四川	西南科技大学	理工类	0.995	1	0.995	irs
四川	宜宾学院	综合类	0.936	0.958	0.977	irs
贵州	贵州大学	综合类	1	1	1	—
贵州	贵州财经大学	财经类	1	1	1	—
贵州	贵州理工学院	理工类	1	1	1	—
贵州	贵州民族大学	民族类	0.976	0.978	0.998	drs
贵州	贵州师范大学	师范类	0.945	0.965	0.979	irs
贵州	贵州医科大学	医药类	0.910	0.943	0.964	irs
贵州	贵州中医药大学	医药类	1	1	1	—
贵州	黔南民族师范学院	师范类	0.969	0.990	0.978	irs
贵州	兴义民族师范学院	师范类	1	1	1	—
云南	云南大学	综合类	1	1	1	—
云南	保山学院	综合类	1	1	1	—
云南	楚雄师范学院	师范类	1	1	1	—
云南	大理大学	综合类	0.951	0.979	0.972	irs
云南	红河学院	综合类	1	1	1	—
云南	昆明学院	综合类	0.986	0.992	0.994	irs
云南	昆明医科大学	医药类	1	1	1	—
云南	普洱学院	综合类	0.843	0.952	0.886	irs
云南	文山学院	综合类	1	1	1	—
云南	玉溪师范学院	师范类	0.975	0.979	0.996	irs
云南	云南中医药大学	医药类	1	1	1	—
西藏	西藏民族大学	民族类	0.976	0.997	0.979	irs
西藏	西藏藏医药大学	医药类	1	1	1	—
陕西	西北大学	综合类	1	1	1	—
陕西	安康学院	综合类	1	1	1	—
陕西	宝鸡文理学院	综合类	1	1	1	—

续表

省区市	地方高校名	学校类型	技术效率	纯技术效率	规模效率	规模回报
陕西	陕西科技大学	理工类	1	1	1	—
陕西	陕西学前师范学院	师范类	1	1	1	—
陕西	陕西中医药大学	医药类	1	1	1	—
陕西	商洛学院	综合类	1	1	1	—
陕西	渭南师范学院	师范类	1	1	1	—
陕西	西安财经大学	财经类	1	1	1	—
陕西	西安工程大学	理工类	1	1	1	—
陕西	西安工业大学	理工类	0.893	0.930	0.961	irs
陕西	西安航空学院	理工类	1	1	1	—
陕西	西安科技大学	理工类	1	1	1	—
陕西	西安文理学院	综合类	0.971	0.988	0.982	irs
陕西	西安邮电大学	理工类	0.882	0.944	0.934	irs
陕西	延安大学	综合类	0.999	1	0.999	irs
甘肃	兰州交通大学	综合类	0.996	0.997	0.998	drs
甘肃	兰州城市学院	综合类	0.921	0.958	0.962	irs
甘肃	兰州工业学院	理工类	1	1	1	—
甘肃	天水师范学院	师范类	0.948	0.970	0.977	irs
青海	青海大学	综合类	0.969	0.969	1	—
宁夏	宁夏大学	综合类	1	1	1	—
宁夏	宁夏师范学院	师范类	0.930	1	0.930	irs
新疆	石河子大学	综合类	0.961	0.966	0.995	drs
新疆	新疆大学	综合类	0.899	0.915	0.983	irs
新疆	喀什大学	综合类	0.821	0.906	0.906	irs
新疆	新疆工程学院	理工类	1	1	1	—
新疆	新疆农业大学	农林类	0.904	0.944	0.958	irs
新疆	新疆医科大学	医药类	0.927	0.928	1	—
新疆	伊犁师范大学	师范类	0.929	0.974	0.954	irs
	平均值		0.975	0.985	0.989	

注:其中 irs 表示规模报酬递增,drs 表示规模报酬递减。

附表6 2014—2017年西部地方高校教师资源配置的Malmquist指数及其分解效率均值的变化统计结果

省区	地方高校名	学校类型	Malmquist指数	技术进步指数	技术效率变化指数	纯技术效率变化指数	规模效率变化指数
内蒙古	内蒙古大学	综合类	1.080	1.012	1.067	1.065	1.001
内蒙古	河套学院	综合类	0.880	0.961	0.916	0.932	0.983
内蒙古	集宁师范学院	师范类	1.022	1.026	0.995	0.986	1.010
内蒙古	内蒙古师范大学	师范类	1.004	1	1.004	1.004	1
内蒙古	内蒙古民族大学	综合类	1.043	1.008	1.035	1.033	1.002
内蒙古	内蒙古科技大学	综合类	0.983	0.975	1.008	1.019	0.990
内蒙古	内蒙古医科大学	医药类	0.980	0.995	0.985	0.985	1
内蒙古	内蒙古农业大学	农林类	1.014	1	1.014	1.014	1
内蒙古	内蒙古财经大学	财经类	1.015	1	1.015	1.015	1
内蒙古	赤峰学院	综合类	0.986	0.985	1.002	1.001	1
内蒙古	呼和浩特民族学院	综合类	1.015	1.023	0.992	0.987	1.005
内蒙古	内蒙古工业大学	理工类	0.998	0.989	1.009	1.009	1
内蒙古	呼伦贝尔学院	综合类	0.983	0.983	0.999	0.986	1.014
广西	广西大学	综合类	0.991	1	0.991	0.991	1
广西	百色学院	综合类	1.025	1.006	1.018	1.008	1.009
广西	广西科技大学	综合类	0.991	0.988	1.003	1.008	0.995
广西	玉林师范学院	师范类	1.003	1	1.003	1.003	1
广西	桂林电子科技大学	理工类	0.972	1	0.972	0.973	0.999
广西	广西医科大学	医药类	0.957	0.969	0.987	0.989	0.998
广西	广西财经学院	财经类	0.989	1	0.989	0.991	0.997
广西	河池学院	综合类	0.987	1	0.987	0.994	0.993
广西	贺州学院	综合类	1.012	1	1.012	1.012	1
广西	广西中医药大学	医药类	0.955	0.986	0.969	0.982	0.987
广西	广西民族师范学院	师范类	0.989	0.995	0.994	1.001	0.993
广西	桂林医学院	医药类	1.028	1.015	1.012	1.006	1.007
广西	广西师范大学	师范类	0.976	0.988	0.987	0.987	0.999
广西	桂林航天工业学院	理工类	1.012	1.027	0.985	0.982	1.003
广西	右江民族医学院	医药类	0.986	1.014	0.972	0.961	1.011
广西	北部湾大学	综合类	1.033	1.020	1.012	0.999	1.013

续表

省区	地方高校名	学校类型	Malmquist指数	技术进步指数	技术效率变化指数	纯技术效率变化指数	规模效率变化指数
广西	广西民族大学	民族类	0.982	0.992	0.990	0.989	1
广西	梧州学院	综合类	1.006	1.001	1.004	1.003	1
广西	桂林理工大学	理工类	1.001	1.001	0.999	0.998	1.001
重庆	重庆三峡学院	综合类	1.005	0.995	1.010	1.011	0.999
重庆	重庆邮电大学	理工类	1.027	1	1.027	1.027	1
重庆	重庆科技学院	理工类	0.987	0.978	1.009	1.019	0.991
重庆	重庆工商大学	财经类	1.001	1	1.001	1.001	1
重庆	重庆师范大学	师范类	1.004	1	1.004	1.004	1
重庆	重庆第二师范学院	师范类	0.970	0.990	0.979	0.998	0.981
重庆	重庆警察学院	政法类	0.995	1	0.995	0.995	1
重庆	重庆文理学院	综合类	1.004	0.993	1.012	1.015	0.997
重庆	重庆理工大学	理工类	1.005	0.988	1.017	1.014	1.003
重庆	重庆交通大学	理工类	1.006	0.996	1.010	1.011	0.999
重庆	重庆医科大学	医药类	0.961	0.978	0.986	0.986	0.999
重庆	长江师范学院	师范类	1.006	1	1.006	1.005	1
四川	四川农业大学	农林类	1.004	1	1.004	1.004	1
四川	成都工业学院	理工类	0.993	1.013	0.979	0.981	0.998
四川	四川文理学院	综合类	0.988	1	0.988	0.988	1
四川	川北医学院	医药类	1.039	1.024	1.015	1.010	1.005
四川	乐山师范学院	师范类	0.997	1	0.997	0.997	1
四川	四川旅游学院	综合类	0.965	0.989	0.979	0.989	0.989
四川	西昌学院	综合类	1.030	1.004	1.025	1.022	1.003
四川	攀枝花学院	综合类	1.022	1.006	1.015	1.015	1
四川	成都医学院	医药类	0.991	0.990	1.001	1.004	0.998
四川	西南科技大学	理工类	1.019	1.001	1.018	1.019	0.999
四川	成都体育学院	体育类	0.984	0.995	0.989	0.989	1
四川	西华大学	综合类	1.010	0.994	1.017	1.018	0.999
四川	成都理工大学	理工类	1.003	1	1.003	1.008	0.994
四川	四川师范大学	师范类	0.993	0.976	1.018	1.022	0.996
四川	四川民族学院	民族类	0.860	1	0.860	0.860	1

续表

省区	地方高校名	学校类型	Malmquist指数	技术进步指数	技术效率变化指数	纯技术效率变化指数	规模效率变化指数
四川	西南医科大学	医药类	0.996	1.007	0.989	0.986	1.003
四川	四川轻化工大学	理工类	0.999	0.992	1.007	1.014	0.993
四川	西南石油大学	理工类	0.994	1	0.994	0.994	1
四川	成都信息工程大学	理工类	1	0.989	1.011	1.009	1.001
四川	绵阳师范学院	师范类	0.998	1.006	0.992	0.995	0.997
四川	四川警察学院	政法类	0.940	0.999	0.941	0.953	0.986
四川	西华师范大学	师范类	1.005	1	1.005	1.005	1
四川	成都中医药大学	医药类	1.020	1.010	1.010	1.009	1.001
四川	成都大学	综合类	1.008	0.994	1.015	1.015	1
四川	内江师范学院	师范类	1.005	1.009	0.996	0.999	0.998
四川	宜宾学院	综合类	0.988	0.999	0.989	0.989	1
贵州	贵州大学	综合类	1.012	1	1.012	1.007	1.005
贵州	安顺学院	综合类	0.992	1	0.992	0.992	1
贵州	凯里学院	师范类	0.978	0.994	0.983	0.983	1.002
贵州	兴义民族师范学院	师范类	0.940	0.994	0.945	0.947	0.998
贵州	贵州师范大学	师范类	1.001	0.992	1.009	1.015	0.995
贵州	贵州中医药大学	医药类	1.013	1.013	0.999	0.998	1.002
贵州	贵州医科大学	医药类	1.032	1.015	1.016	1.010	1.006
贵州	六盘水师范学院	师范类	0.966	1	0.966	0.974	0.991
贵州	贵州工程应用技术学院	师范类	1.007	0.999	1.007	1.002	1.005
贵州	遵义师范学院	师范类	0.979	1.005	0.974	0.974	1
贵州	贵州理工学院	理工类	1.015	1	1.015	1.015	1
贵州	黔南民族师范学院	师范类	0.984	0.995	0.989	0.990	1
贵州	贵州民族大学	民族类	0.998	1.004	0.994	0.996	0.998
贵州	贵阳学院	综合类	0.985	0.993	0.992	1.001	0.991
贵州	遵义医科大学	医药类	0.990	1.011	0.980	0.983	0.997
贵州	贵州财经大学	财经类	1.002	1.003	0.999	0.999	1
云南	云南大学	综合类	1.014	1	1.014	1.014	1
云南	昆明医科大学	医药类	1.019	1.024	0.996	0.996	1

续表

省区	地方高校名	学校类型	Malmquist指数	技术进步指数	技术效率变化指数	纯技术效率变化指数	规模效率变化指数
云南	昆明学院	综合类	1.006	1.010	0.996	1	0.996
云南	玉溪师范学院	师范类	1.004	1	1.004	1.002	1.003
云南	云南民族大学	民族类	0.994	1	0.994	0.994	1
云南	云南农业大学	农林类	1.005	1.006	0.999	0.996	1.003
云南	楚雄师范学院	师范类	1.008	1	1.008	1.008	1
云南	保山学院	综合类	0.971	0.996	0.975	0.980	0.996
云南	大理大学	综合类	1.007	1.008	0.999	1.003	0.996
云南	曲靖师范学院	师范类	0.997	1	0.997	0.997	1
云南	云南师范大学	师范类	0.991	0.999	0.992	0.999	0.993
云南	云南中医药大学	医药类	1.045	1.035	1.010	0.999	1.012
云南	昭通学院	综合类	1.007	1.003	0.996	0.991	1.001
云南	云南财经大学	财经类	1.010	1	1.010	1.010	1
云南	昆明理工大学	理工类	0.998	1	0.998	0.998	1
云南	红河学院	综合类	1.017	1.009	1.008	1.006	1.002
云南	普洱学院	综合类	0.979	0.994	0.987	0.980	1.007
云南	西南林业大学	农林类	1.008	1.005	1.003	1.001	1.005
云南	文山学院	综合类	1.031	1.019	1.012	1.008	1.004
西藏	西藏大学	综合类	0.847	1	0.847	0.847	1
西藏	西藏民族大学	民族类	0.978	0.994	0.984	0.993	0.991
西藏	西藏藏医药大学	医药类	0.952	1	0.952	0.952	1
陕西	安康学院	综合类	1.003	1	1.003	1.003	1
陕西	陕西学前师范学院	师范类	0.996	1	0.996	0.996	1
陕西	西安航空学院	理工类	1.035	1.027	1.010	1.008	1.002
陕西	陕西理工大学	理工类	1.001	1	1.001	1.001	1.001
陕西	陕西中医药大学	医药类	0.996	1	0.996	0.996	1
陕西	西北大学	综合类	1.020	1	1.020	1.020	1
陕西	西安工程大学	理工类	1.018	1.016	1.002	0.991	1.011
陕西	商洛学院	综合类	1.005	1	1.005	1.004	1
陕西	咸阳师范学院	师范类	0.977	0.983	0.993	1.002	0.992
陕西	西安科技大学	理工类	1.006	1	1.006	1.006	1

续表

省区	地方高校名	学校类型	Malmquist指数	技术进步指数	技术效率变化指数	纯技术效率变化指数	规模效率变化指数
陕西	陕西科技大学	理工类	1.012	1	1.012	1.012	1
陕西	西安财经大学	财经类	1	1	1	1	1
陕西	延安大学	综合类	1.007	1.001	1.006	1.005	1
陕西	西安邮电大学	理工类	0.998	0.993	1.005	1.015	0.990
陕西	榆林学院	综合类	0.989	0.986	1.004	1.020	0.985
陕西	西安理工大学	理工类	1.024	1.004	1.020	1.019	1.001
陕西	渭南师范学院	师范类	0.999	0.996	1.003	1.003	1
陕西	宝鸡文理学院	综合类	1.003	1	1.003	1.003	1
陕西	西安工业大学	理工类	0.950	0.972	0.978	0.986	0.992
陕西	西安文理学院	综合类	0.983	0.990	0.992	1.001	0.991
陕西	西安医学院	医药类	0.986	1	0.986	0.986	1
甘肃	甘肃农业大学	农林类	1.006	0.995	1.011	1.007	1.004
甘肃	天水师范学院	师范类	0.967	0.986	0.979	0.994	0.984
甘肃	河西学院	综合类	0.984	1.004	0.981	0.986	0.995
甘肃	甘肃民族师范学院	师范类	0.991	1	0.991	0.985	1.006
甘肃	兰州交通大学	理工类	1.008	1.011	0.997	0.998	0.999
甘肃	兰州理工大学	理工类	1.015	0.997	1.019	1.017	1.002
甘肃	陇东学院	综合类	0.969	1	0.969	0.969	1
甘肃	兰州城市学院	综合类	0.975	0.981	0.992	1.005	0.986
甘肃	兰州工业学院	理工类	0.943	0.990	0.951	0.962	0.988
青海	青海大学	综合类	1.016	1.018	0.998	0.991	1.006
青海	青海民族大学	民族类	0.998	1.005	0.993	0.991	1.002
青海	青海师范大学	师范类	0.993	0.994	0.999	1.023	0.977
宁夏	宁夏大学	综合类	1.043	1.016	1.026	1.023	1.003
宁夏	宁夏医科大学	医药类	1.074	1.050	1.023	0.991	1.032
宁夏	宁夏师范学院	师范类	1.021	1.018	1.003	0.995	1.008
新疆	新疆大学	综合类	0.977	0.987	0.990	0.989	1.002
新疆	新疆医科大学	医药类	0.979	0.981	0.997	0.985	1.012
新疆	喀什大学	综合类	0.948	0.977	0.970	0.992	0.976
新疆	新疆师范大学	师范类	0.976	0.982	0.993	0.999	0.994

续表

省区	地方高校名	学校类型	Malmquist指数	技术进步指数	技术效率变化指数	纯技术效率变化指数	规模效率变化指数
新疆	昌吉学院	综合类	0.969	1	0.969	0.969	1
新疆	新疆农业大学	农林类	0.965	0.979	0.986	0.992	0.994
新疆	石河子大学	综合类	0.981	0.990	0.992	0.996	0.996
新疆	塔里木大学	综合类	0.962	0.986	0.976	0.989	0.986
新疆	伊犁师范大学	师范类	0.986	0.994	0.988	0.985	1.002
新疆	新疆工程学院	理工类	0.898	1	0.898	0.898	1